MIDHAT-PACHA

SA VIE — SON OEUVRE

PAR SON FILS

ALI HAYDAR MIDHAT BEY

PRÉFACE
DE MONSIEUR J.-L. DE LANESSAN

ANCIEN MINISTRE DE LA MARINE

PARIS

STOCK, ÉDITEUR

155, RUE SAINT-HONORÉ, 155

1908

MIDHAT-PACHA

SA VIE — SON ŒUVRE

MACON, PROTAT FRÈRES, IMPRIMEURS.

Midhat Pasha.

MIDHAT-PACHA

SA VIE — SON ŒUVRE

PAR SON FILS

ALI HAYDAR MIDHAT BEY

PRÉFACE

DE MONSIEUR J.-L. DE LANESSAN

ANCIEN MINISTRE DE LA MARINE

PARIS

STOCK, ÉDITEUR

155, RUE SAINT-HONORÉ, 155

1908

PRÉFACE

Le livre consacré par Ali Haydar Midhat Bey à la mémoire et à l'œuvre de son père Midhat Pacha mérite l'attention de l'Europe occidentale non seulement en raison de la valeur de l'éminent homme d'État turc dont il retrace la vie, mais encore par les enseignements que l'on en peut retirer au sujet de la situation politique et morale de la Turquie, et par la lumière qu'il projette sur quelques événements restés obscurs jusqu'à ce jour.

L'histoire de Midhat Pacha constitue une claire illustration du désordre anarchique et périlleux pour l'indépendance de la Turquie, dans lequel celle-ci est plongée sous le despotisme aveuglément capricieux et hypocritement brutal d'Abdul Hamid II.

En Midhat Pacha, on aperçoit la personnification d'une Turquie libérale, consciente de la valeur intellectuelle de son élite musulmane et chrétienne, consciente aussi de l'évolution qui lui permettrait de se hausser dans l'estime du monde, mais arrêtée, entravée, ligotée, étranglée par un régime dont l'incapacité n'a d'égale que son immoralité.

La père de Midhat n'était pas un de ces Turcs auxquels la fortune permet de faire instruire leurs enfants dans les établissements scolaires et les universités de l'Europe occidentale. Modeste fonctionnaire de l'Empire ottoman, il ne put élever son fils que modestement et ne lui fit donner qu'une instruction sommaire. C'est par lui-même, au moyen de son seul travail personnel, de ses efforts incessants et de son application assidue aux besognes administratives, que Midhat parvint à gravir peu à peu tous les échelons de la hiérarchie turque.

En 1836, il est attaché au secrétariat du Grand Vizir ; en 1858, il vient étudier à Paris, à Londres, à Vienne, à Bruxelles, l'organisation des pays occidentaux ; en 1861, il est nommé gouverneur de la Bulgarie, avec le titre de Vizir ; en 1868, il est appelé à la présidence du Conseil d'État qui venait d'être créé à Constantinople, mais l'indépendance de son esprit l'empêche de conserver ce poste. En 1869, il est nommé gouverneur de Bagdad et commandant du 6ᵉ corps d'armée, réunissant entre ses mains les deux autorités civile et militaire dont les conflits incessants sont l'une des causes principales de l'anarchie à laquelle est condamné l'Empire ottoman, mais dont les rivalités sont entretenues soigneusement par le Sultan parce qu'elles favorisent son autocratie.

En 1873, Midhat est récompensé de ses services administratifs par le haut poste de Grand Vizir qu'Abdul Aziz lui confie.

Dès ce moment, s'ouvre pour lui l'ère des déboires. Gouverneur de provinces, il a pu rétablir l'ordre partout où il était troublé, grâce à sa bienveillance envers les populations, à son équité reconnue également par les chrétiens et les musulmans, à son habileté d'organisation et à son souci des travaux publics les plus propres à développer la richesse. Certes, il n'était pas sans éprouver les ennuis inhérents à la situation des gouverneurs turcs ; tantôt il voyait le sultan rejeter ses propositions les plus sages, comme celle de la création d'écoles mixtes où les enfants

des chrétiens et des musulmans auraient été rapprochés,
tantôt il était aux prises avec l'hostilité sourde des Slaves
de la Bulgarie excités par la Russie, ou des Arabes de la
Mésopotamie rebellés contre les autorités turques ; mais,
par suite même de l'anarchie dans laquelle se trouvait
l'empire ottoman, il jouissait d'une certaine indépendance
et pouvait faire quelque bien.

Il se prenait alors à rêver d'une réorganisation de la Turquie où la tranquillité serait rétablie grâce aux libertés et
aux droits accordés également à toutes les races et à toutes
les sectes religieuses, et où la richesse se développperait par
les travaux exécutés dans une paix intérieure et extérieure
à laquelle seraient également intéressés les peuples de
l'Empire et les gouvernements européens.

Devenu Grand Vizir, c'est avec le sultan Abdul Aziz lui-
même que, bientôt, il se trouva aux prises. Resté honnête
dans ses gouvernements des provinces, au point que parfois il lui arriva de ne pouvoir faire face aux déplacements
de sa famille, et connaissant toutes les fissures par lesquelles se perdaient les ressources financières de l'Empire,
il pensa que son premier devoir était d'introduire de l'ordre
dans les finances de l'État. Il eut dès lors, pour ennemis,
avec les intrigants qui enviaient sa place, tous les gens du
Palais qui vivent aux dépens du peuple et le Sultan lui-
même qui, grisé par ce qu'il avait vu au cours d'un voyage
en Europe, s'était lancé dans les gaspillages publics et
privés les plus fous.

La dette publique, qui était seulement de 10 millions de
livres à l'avènement d'Abdul Aziz, avait atteint 200 millions de livres au moment où Midhat devint Grand Vizir.
Pour avoir voulu empêcher qu'elle augmentât encore,
Midhat perdit, au bout de quelques mois, son grand vizirat. Nommé ensuite, tour à tour, gouverneur de la province

de Salonique, puis ministre de la justice et Président du Conseil d'État, il se crut obligé, dès l'année 1874, de renoncer à toute fonction publique et de rentrer dans la vie privée.

Il en donnait les motifs dans une lettre au chambellan d'Abdul Aziz, où se trouve, avec un tableau fidèle de la triste situation de la Turquie, une prévision très nette de l'avenir : « Nos finances, disait-il, sont dans un état désespéré, et l'administration civile est en pleine désorganisation ; quant à l'armée, la triste condition où elle se trouve me dispense de tout commentaire. Tout ce désordre a compromis la sécurité et la confiance du pays, et les éléments non musulmans affichent hautement l'intention de se placer sous une protection étrangère. Tandis que les fautes commises depuis vingt ans ont amené les scandales et les désastres que nous déplorons aujourd'hui et dont nous voyons les conséquences dangereuses, notre politique étrangère, elle aussi, mal orientée, a provoqué à notre égard un changement dans les dispositions de celles mêmes parmi les Puissances qui nous témoignaient le plus d'amitié. » Il ne voulait pas assumer plus longtemps la responsabilité de cette situation et priait le sultan d'accepter sa démission.

Dès le printemps de 1875, les prévisions de Midhat étaient confirmées par les insurrections qui surgirent presque simultanément dans le Monténégro, la Bulgarie, la Serbie, l'Herzégovine et la Bosnie, — insurrections où figuraient ouvertement des officiers étrangers et qu'encourageaient non moins ouvertement les agents de l'Autriche et de la Russie. Partout était visible la main de cette dernière, tandis que son ambassadeur à Constantinople prenait officiellement la défense des insurgés.

La Russie travaillait, du reste, sans le savoir, beaucoup

plus au profit de l'Autriche que pour elle-même, car il paraît certain que l'instigateur de l'insurrection de la Bosnie et de l'Herzégovine était le prince de Bismarck. Tandis que l'Allemagne préparait ainsi l'agrandissement de l'Autriche au détriment de la Turquie, le tsar prenait à Reichstadt, dans une entrevue avec l'empereur d'Autriche restée célèbre, l'engagement de ne chercher pour la Russie aucun agrandissement en Europe.

Au printemps de 1876, « les choses, dit avec raison Ali Haydar Midhat Bey, en étaient arrivées à un tel point d'acuité, qu'un cataclysme général était à redouter. La Bulgarie, le Monténégro et l'Herzégovine en flammes, la Serbie s'armant jusqu'aux dents sous la direction d'officiers étrangers, la Roumanie se préparant à suivre son exemple; la banqueroute du Trésor; un Grand Vizir qui ne savait que s'inspirer des conseils perfides d'un ambassadeur ennemi juré de la Turquie; un souverain extravagant et sans souci du sort de son Empire : voilà le spectacle qu'offrait l'Orient. Mais ce n'était pas tout. Sous l'aiguillon de l'opinion publique et mue par des ressorts secrets qui agissaient dans le même sens, la diplomatie européenne brouilla les cartes. Les hommes d'Etat et les chefs de parti tenaient des meetings pour y discuter la situation de l'Orient; des « Notes » et des « Memorandums » pleuvaient dans les chancelleries. L'activité déployée par les diplomates était un danger aussi menaçant qu'était critique la situation à l'intérieur de l'Empire. »

Le but de toutes les puissances qui assaillaient la Turquie de leurs Notes et Mémorandums n'était pas unique : la France et l'Angleterre poussaient au rétablissement de l'ordre et aux réformes afin d'assurer l'existence et l'indépendance de la Turquie; l'Allemagne et l'Autriche visaient surtout son dépècement à leur profit; la Russie poussait

au désordre avec l'espoir de faire dans la Turquie d'Asie
ce que ses voisines se préparaient à faire en Turquie d'Europe.

Midhat Pacha et quelques autres libéraux pensèrent
que le moment était venu de faire sauver la Turquie par
les Turcs eux-mêmes. Pour cela, il fallait à tout prix se
débarrasser du Sultan, car, de tous les dangers auxquels
l'Empire était exposé, le plus grand se trouvait en la personne d'Abdul Aziz. Lui ôter le pouvoir et imposer à son
successeur une Constitution qui, en arrachant l'Empire
ottoman à l'autocratie, rendrait aux populations la confiance
en elles-mêmes, apparaissaient à Midhat et à ses amis
comme le seul moyen d'arracher l'Empire aux convoitises
des gouvernements européens, car déjà ceux-ci parlaient
de la réunion d'une Conférence où l'Europe, profitant des
désordres des provinces Balkaniques, substituerait son
autorité à celle du sultan et mettrait la main sur quelques
parties de ses États.

La pensée de Midhat et de ses amis avait, en quelque
sorte, jailli du cerveau du peuple entier en même temps
que du leur, car sir Henry Elliot qui, à cette époque, était
ambassadeur d'Angleterre à Constantinople, a écrit plus
tard : « Le 25 mai je transmis à mon gouvernement ma
conviction dans une dépêche où j'écrivais que le mot Constitution était dans toutes les bouches, que les Softas, représentant l'opinion publique intelligente de la capitale, soutenus par la masse de la nation — les chrétiens aussi bien
que les mahométans — ne se relâcheraient pas, dans leurs
efforts, tant qu'ils n'auraient pas réussi ; et que si le Sultan refusait d'accorder la Constitution, une tentative pour
le déposer serait inévitable : que des textes du Coran
étaient mis en circulation prouvant aux fidèles que la
forme du gouvernement qu'ils sanctionnaient était réelle-

ment démocratique, et que l'autorité absolue, exercée
maintenant par le Souverain était une usurpation des droits
du peuple, non sanctionnée par la loi sacrée. Ces sentences, ces textes rappelaient au peuple, qu'il ne devait
aucune soumission à un souverain qui négligeait les intérêts de l'État. Toutes les classes de la société se désaffectionnaient, en effet, de leur souverain et, depuis les pachas
jusqu'aux portiers des maisons et aux bateliers du Bosphore,
tout le monde manifestait hautement son opinion... Une
semaine après l'envoi de mon rapport, la déposition
d'Abdul Aziz était un fait accompli... »

Le Grand Vizir était alors un vieillard universellement
respecté, Mehmet Rudchi Pacha. Il avait adjoint Midhat
à son cabinet, en qualité de ministre sans portefeuille. Le
ministre de la guerre était un soldat énergique, expéri-
menté, d'un patriotisme à toute épreuve. Ce sont ces trois
hommes qui jouèrent le rôle principal lors de la destitution
du Sultan. Mais, conformément à la loi koranique, celle-
ci fut d'abord proclamée nécessaire par un *fetva* du Cheik-
ul-Islam, pour raison de « dérangement d'esprit et d'incompétence dans les affaires de l'État ». Tout en étant héréditaire, en effet, le Khalifat n'est pas entièrement soustrait à
l'intervention du peuple. Tout Khalife, d'après le Koran,
peut être destitué s'il est jugé indigne ou incapable de remplir les devoirs qui lui sont imposés par la loi et la tradition.
C'était précisément, de l'avis unanime du peuple ottoman,
le cas du sultan Abdul Aziz ; sa déposition par l'autorité
religieuse constitua donc un acte légal.

Informé du fetva qui le déposait, Abdul Aziz « se soumit à l'inévitable et se mit en mesure, dit Midhat Bey,
d'obtempérer à l'invitation qui lui était faite de quitter le
palais de Dolma-Bagtché pour celui de Top-Kapou qu'on
lui avait assigné comme résidence » ; mais, cinq jours plus

tard, il se suicidait en s'ouvrant les artères et les veines des bras avec des ciseaux que sa mère lui avait fait remettre, sur sa demande, pour tailler ses ongles et sa barbe.

« Les médecins, mandés en hâte, raconte Midhat Bey, ne purent que constater la mort, et les Ministres, prévenus sur l'heure, ordonnèrent qu'un examen immédiat du corps fût fait par les plus grandes autorités médicales de Constantinople. Dix-sept médecins de toute nationalité, parmi les plus distingués de la ville et des ambassades, conclurent à l'unanimité, dans le rapport qu'ils signèrent, que la mort devait, sans aucun doute, être attribuée au suicide. »

Le certificat des médecins que publie Midhat Bey est, en effet, aussi formel et aussi précis que possible. Il fut ultérieurement confirmé, dans le but de disperser certains doutes exprimés en Europe, par une déclaration très nette du docteur Dickson, médecin de l'ambassade d'Angleterre, qui avait assisté à l'examen du défunt avec ses collègues et qui était un des signataires du procès-verbal. Ce fait est important, car, plus tard, afin de se débarrasser de Midhat Pacha et de ses amis, Abdul Hamid devait les accuser d'avoir fait assassiner le Sultan déposé.

Le successeur d'Abdul Aziz fut le prince Murad, dont les sentiments libéraux étaient incontestables, mais qui perdit tout de suite la raison, sous l'influence des événements tragiques dont il avait été acteur ou spectateur. Il fallut le déposer, lui aussi, avant qu'il eût reçu l'investiture officielle de la souveraineté, car il était hors d'état de s'occuper des affaires publiques, de recevoir les ambassadeurs et de figurer dans aucune cérémonie officielle. Les représentants des Puissances reconnaissaient eux-mêmes la nécessité de sa déposition. Le peuple, de son côté, accusait le Grand Vizir et les ministres de ne maintenir sur le trône un sultan incapable et dément qu'afin de régner et de gouverner à sa place. Ceux-ci ne pouvaient donc pas hésiter ; mais ils avaient à se prononcer, pour le choix du successeur de Murad V, entre deux princes, neveux d'Abdul Aziz et également considérés alors comme libéraux : Hamid et son frère Mehmet Rechad.

Il fut convenu entre les ministres et le Grand Vizir que l'on offrirait d'abord le trône au premier de ces princes, qui était l'aîné, en lui imposant comme condition de promulguer sans délai une Constitution, de ne prendre, dans les affaires de l'État, que l'avis de conseillers responsables et de choisir pour secrétaires des hommes ayant la confiance du gouvernement. S'il refusait d'accepter ces conditions, on offrirait le trône à son frère qui est encore, aujourd'hui, légalement, son héritier présomptif.

Dans une entrevue que Midhat eut avec le prince Hamid, celui-ci déclara par écrit qu'il acceptait les conditions arrêtées par les membres du gouvernement et prit, en outre, l'engagement d'abandonner le trône si Murad retrouvait la raison.

Le Grand Vizir fit alors examiner l'état mental de Murad par « dix des principaux médecins de Constantinople, dont quatre appartenaient aux ambassades des grandes puissances. » Après examen du malade, les médecins « signèrent une déclaration concluant à l'impossibilité d'espérer à bref délai la guérison du sultan Murad. » Celui-ci fut, en conséquence, déposé par un fetva du Cheikh-ul-Islam, pour cause « d'aliénation mentale ». Il n'avait régné que douze jours.

Dès qu'il fut en possession du pouvoir, Abdul Hamid oublia les engagements auxquels il le devait. Il prit pour premier secrétaire un serviteur connu du parti opposé aux réformes, et, dans le discours qu'il prononça le jour de son avènement officiel au trône, il eut soin de laisser de côté ou d'altérer tous les passages dans lesquels les ministres avaient inséré la promesse de doter l'empire d'une Constitution libérale, de remplacer le Grand Vizir par un Premier ministre responsable, de réduire les dépenses de la maison impériale. de fonder des écoles « où l'instruction et l'éducation seraient données en commun à tous », et d'abolir l'esclavage.

Ensuite, au lieu de confier la préparation de la future Constitution à un Grand Conseil où auraient figuré les représentants les plus autorisés des divers éléments de l'Empire, ainsi que le proposait Midhat, qui désirait donner à la réforme le plus d'autorité possible, Abdul Hamid décida que le Conseil des ministres serait seul chargé de préparer la loi constitutionnelle, se réservant d'ailleurs d'y apporter les modifications qu'il jugerait utiles.

Le vif désir qu'avaient Midhat et ses amis de voir promulguer le plus tôt possible la Constitution, leur fit négliger toutes les violations de ses engagements auxquelles se livrait Abdul Hamid. Ils espéraient qu'une fois la loi constitutionnelle proclamée et mise en pratique, il leur serait possible de rétablir l'ordre dans l'Empire et d'éviter l'intervention des puissances dans les affaires de leur pays. Ils étaient, en effet, non moins patriotes que libéraux, et ne séparaient pas le souci de maintenir l'indépendance et l'intégrité de la Turquie de celui de l'arracher à l'anarchie, aux désordres et à la ruine provoquées par l'absolutisme. Ils estimaient même, non sans raison, que le meilleur moyen de protéger la Turquie contre les ambitions de ses voisins, était d'en réformer le régime politique et administratif.

Après des déboires de toutes sortes, les libéraux eurent la satisfaction de voir appeler Midhat au grand vizirat (19 décembre 1876) et d'assister à la promulgation solennelle de la Constitution. Celle-ci eut lieu le jour même (23 décembre 1876) où se réunissait à Constantinople la Conférence dans laquelle les puissances européennes avaient décidé d'examiner la situation de la Turquie et de se mettre d'accord sur les mesures à prendre afin d'y assurer la sécurité des chrétiens.

Aussitôt après la promulgation publique de la Constitution, « les Ulémas avec le Cheikh-ul-Islam, Haïrullah Effendi, à leur tête, le clergé chrétien avec ses patriarches ; les Ministres, le savant et distingué Chakir Effendi, suivi des Softas et des étudiants, les représentants de toutes les corporations et le menu peuple de la capitale avec des drapeaux portant l'inscription « Liberté » vinrent féliciter Midhat à sa demeure privée. Le soir, les mosquées furent illuminées, et le peuple, portant des torches, parcourut les rues en criant « Vive le Sultan et Midhat Pacha ». Des télégrammes de félicitations affluèrent de toutes les provinces de l'Empire, exprimant la joie causée par ce grand événement. Chrétiens et Musulmans étaient en délire, et le vicaire apostolique à Constantinople manda à la propagande que les catholiques de Turquie se déclarent satisfaits des réformes promises par la nouvelle Constitution. Bref, tous étaient dans la joie. Seul le Palais de Bechiktach resta dans l'obscurité : *le Sultan était souffrant.* »

Le lendemain, pour affirmer publiquement les sympathies des auteurs de la Constitution à l'égard des chrétiens, le Grand Vizir alla rendre officiellement visite au Patriarche œcuménique grec. C'était la première fois, depuis la conquête de Constantinople, que le Grand Vizir, Turc et Musulman, rendait un tel honneur au chef de l'Église chrétienne. Midhat fut reçu à l'entrée du Patriarcat par les élèves des écoles grecques portant des branches de laurier, et par les notables de l'Église orthodoxe. Le Patriarche lui-même l'attendait dans la grande salle du Phanar, entouré de douze prélats, et lui fit l'accueil le plus cordial. Après avoir rappelé « la valeur des prérogatives accordées au Patriarcat et à la nation grecque par tous les Sultans », le Grand Vizir insista sur ce que sa présence auprès du chef de la religion chrétienne était la conséquence naturelle du libéralisme des nouvelles institutions. Dans cette journée mémorable, l'islamisme et le christianisme se montraient unis sous l'égide de la Liberté.

Pendant ce temps, Abdul Hamid songeait déjà aux moyens qu'il emploierait pour éviter l'application d'un régime sous lequel son absolutisme devait sombrer. Si, après bien des hésitations et des remaniements, il avait fini par accepter la Constitution de Midhat et s'était décidé à nommer Midhat lui-même Grand Vizir, c'est uniquement parce qu'il comptait sur ces deux actes pour éviter la Conférence des puissances ou la rendre impopulaire aux yeux des populations de l'Empire. Il est probable que, sur ce point, Midhat et ses amis partageaient les illusions d'Abdul Hamid.

Malheureusement pour la Turquie, on ne croyait guère alors, en Occident, même parmi les hommes les plus libéraux, à la possibilité d'introduire et d'appliquer le régime constitutionnel dans l'Empire ottoman. Aussi, les puissances intéressées à l'échec de la Constitution de Midhat avaient-elles beau jeu pour encourager le Sultan dans la résistance qu'il se proposait de lui opposer lorsque le moment en serait venu. D'un autre côté, les ambitions de certains gouvernements étaient trop surexcitées pour qu'il fût possible de leur arracher les proies qu'ils convoitaient.

Ces réalités furent mises en pleine lumière dès la première réunion de la Conférence. Croyant donner satisfaction aux desiderata formulés par les Puissances relativement aux réformes et aux chrétiens, le représentant de la Porte à la Conférence demanda le premier la parole pour dire : « Le coup de canon que vous venez d'entendre est le signal de la promulgation, par Sa Majesté le Sultan, d'une Constitution garantissant les droits et les libertés reconnues à tous les sujets de l'Empire sans distinction ; je crois qu'en présence de ce grand événement nos travaux deviennent superflus. » Ces paroles ne répondaient à aucune des préoccupations des représentants de l'Europe ; elles furent accueillies par un silence glacial et dédaigneux. Puis, sur la proposition du délégué de la Russie, une discussion commença, dont le résultat comportait un tel démembrement de la Turquie, une telle atteinte portée à son autonomie et à l'autorité de son gouvernement sur les provinces de l'Empire, qu'il était impossible aux représentants de la Porte de l'accepter.

Il se produisit alors, à Constantinople, une admirable explosion de patriotisme. Midhat ayant réuni, par ordre du Sultan, un Grand Conseil dans lequel figuraient tous les hauts dignitaires civils et militaires de l'Empire, les patriarches grec et arménien, l'exargue bulgare, le grand rabbin, et diverses notabilités, les opinions belliqueuses furent seules écoutées et applaudies. Elles étaient exprimées non seulement par de vieux patriotes turcs, comme Mehemet Rudchi-Pacha, l'ex-Grand Vizir, mais encore par les Ulémas qui s'écriaient : « Nous devons avoir confiance en Dieu et faire la guerre » ; par le Patriarche catholique arménien qui disait : « Si ce grand Empire doit s'écrouler, les catholiques considéreront comme un devoir de s'ensevelir sous ses ruines. Mourir avec honneur vaut mieux que de vivre déshonoré ; mais pour tomber avec honneur il ne faut pas recevoir la balle dans le dos, il faut la recevoir dans la poitrine. » Ces paroles étaient appuyées par les applaudissements enthousiastes de tous les représentants des autres Églises, et le vieil Ibrahim Pacha pouvait s'écrier : « Il n'y a, ni dans cette salle ni au dehors, des gens assez lâches pour être d'un autre avis. » Tous proclamaient la guerre inévitable, dut-elle entraîner la ruine de l'empire. Déjà, d'ailleurs, beaucoup de patriotes étaient passés aux actes. Il s'était, notamment, fondé un bataillon de volontaires grecs dont le drapeau portait une croix et un croissant réunis.

Un seul homme, dans le Grand Conseil, fit preuve de clairvoyance et de sagesse, et ce n'était point, à coup sûr, le moins patriote. Aux discours belliqueux, le Grand Vizir Midhat, responsable du sort de l'Empire, répondait : « L'armée turque est très nombreuse et composée de soldats excellents, mais on ne fait plus la guerre exclusivement avec des hommes, il faut encore de l'argent ; or, l'Empire ottoman n'a pas d'argent, il n'a que du papier monnaie », et il montrait les populations réduites à la misère par la guerre, rejetant plus tard sur les représentants de l'Empire la responsabilité de leurs malheurs ; mais sa parole était à peine écoutée. Celle d'Habid Pacha, ministre du commerce, qui tenta de montrer « combien il serait regrettable de braver le péril d'une grande effusion de sang, s'il était possible de trouver un arrangement avec la Conférence » fut étouffée par les cris : « Cela n'est pas possible. » Le Grand Conseil tout entier se prononça pour la résistance et le gouvernement dut, pour éviter des troubles patriotiques, rejeter l'ultimatum des puissances. Les représentants de ces dernières quittèrent Constantinople le 20 janvier 1877.

Midhat Pacha, guidé par le patriotisme le plus sage, n'en continuait pas moins de faire des efforts pour éviter la guerre. Il avait fini par convaincre la France et l'Angleterre que la Constitution ottomane pouvait mettre fin à la crise terrible dont souffrait l'Empire. Peut-être, grâce à ces deux puissances, fut-il parvenu à prévenir le conflit armé désiré par la Russie ; mais Abdul Hamid ne voulait ni de la Constitution qui menaçait son autocratie ni du grand vizirat de Midhat, dont la popularité l'effrayait, dont la valeur excitait son envie, dont l'honnêteté publique et privée provoquait sa haine. Le 3 février 1877, Midhat était appelé au Palais par le Sultan, mais au lieu de voir Abdul Hamid, il était sommé par un aide de camp de rendre le sceau de l'État et conduit directement à bord d'un navire qui devait le débarquer à Brindisi. Il était exilé, en même temps que dépossédé de ses pouvoirs.

Le Sultan s'imaginait, sans doute, apaiser par cet acte l'hostilité de la Russie dont les sentiments à l'égard de la Constitution libérale et de Midhat lui étaient connus depuis longtemps. Il se trompait grossièrement. Il n'empêcha ni le protocole de Londres, du 31 mars 1877, lui imposant des réformes qu'il n'avait pas voulu laisser exécuter par Midhat, ni la circulaire d'avril 1877 par laquelle le prince Gortschakoff, se vengeant de ce que la Turquie n'avait pas voulu accepter de devenir, selon le mot de Midhat Pacha, « une province russe », informait les puissances de la déclaration de guerre adressée à la Turquie par le tsar, sous le prétexte que « le développement de la Russie » était « entravé par les troubles permanents de l'Orient. »

Le Sultan profita de la déclaration de guerre pour dissoudre le Parlement dont il avait présidé l'ouverture le 4 mars et réunir dans ses mains tous les pouvoirs, y compris la direction des opérations militaires. Il en résulta la défaite des armées turques et le traité de San Stephano qui mettait la Turquie à la discrétion des Russes. Il fallut l'intervention de l'Angleterre et de la France, encouragées au dernier moment par l'Allemagne, pour que le traité de Berlin limitât les conséquences de la guerre à l'autonomie de la Serbie et de la Roumanie, à l'indépendance de fait de la Bulgarie et à la perte de la Bosnie et de l'Herzégovine au profit de l'Autriche, moyennant quoi l'intégrité et l'indépendance de l'empire ottoman étaient garanties par l'Europe, pour l'avenir.

L'autocratie d'Abdul Hamid avait produit les détestables effets prévus par les patriotes et les libéraux ottomans ; mais, si désastreux que fussent ces effets, ils n'avaient pas converti le Sultan à l'idée de la Constitution ; et si, en 1878, il rappela Midhat en Turquie, ce ne fut que pour mettre fin aux relations que l'ancien Grand Vizir entretenait avec le gouvernement de Londres — relations d'où il craignait que ne sortît une invitation à doter la Turquie d'institutions libérales.

Dès le jour où il commit la faute de se remettre entre les mains du Sultan, Midhat était perdu ; mais il lui eût été difficile de prévoir que le prétexte de sa perte serait puisé dans la conduite qu'il avait tenue lors de l'avènement au trône de Murad V et d'Abdul Hamid II.

Celui-ci ne pouvait avoir oublié qu'il devait son trône à Midhat ; mais il ne lui pardonnait pas la Constitution de 1876 et il espérait qu'en faisant disparaître l'auteur de cette charte libérale, il chasserait de l'esprit de ses sujets tout désir de se libérer de son despotisme. Au mois de mai 1881, Midhat, qui avait accepté le gouvernement de Smyrne, était arrêté par les officiers du Sultan et conduit à Constantinople, sous l'accusation d'avoir fait assassiner Abdul Aziz. C'était odieux et ridicule ; mais comme les puissances étrangères ne croyaient pas pouvoir s'immiscer dans les affaires du Sultan, aucune ne prit ouvertement la défense de Midhat et celui-ci fut condamné à mort.

Abdul Hamid n'osa pas exécuter l'inique sentence qu'il avait dictée ; il se borna d'abord à déporter Midhat en Arabie, à Taïf. Après diverses tentatives d'empoisonnement, déjouées par le prisonnier ou ses serviteurs, Midhat fut étranglé, le 10/26 avril 1883, par ordre d'Abdul Hamid, dans des circonstances qui ont été racontées avec d'horribles détails par l'ancien Cheikh-ul-Islam Hassan Hairulah, qui avait été témoin oculaire du crime. Puis, afin de s'assurer que sa victime était morte, le Sultan « envoya à Taïf, raconte Midhat Bey, un de ses favoris, le général aide de camp Humi Pacha qui, suivi de fossoyeurs et de quelques acolytes, se rendit une nuit au cimetière, déterra le cadavre de Midhat et détacha la tête. Un mois plus tard, le secrétaire du maréchal Osman Noury Pacha, vali du Hedjaz, arrivait à Yildiz avec une boîte portant l'inscription : ivoire japonais, objets d'arts. — On l'ouvrit devant Abdul Hamid ; Sa Majesté possédait enfin la preuve qu'elle avait été fidèlement servie. »

C'est par ce récit lugubre que se termine le livre consacré par Ali Haydar Midhat Bey à la mémoire de son père. Il me paraît indispensable d'y ajouter les considérations que l'histoire de Midhat Pacha inspire relativement à l'avenir de la Turquie.

Abdul Hamid pensait qu'en supprimant l'éminent homme d'État par lequel la Constitution de 1876 lui avait été imposée, il détruirait les idées libérales répandues par Midhat Pacha et ses amis. Il n'en fut rien. Les germes semés par Midhat se sont développés. En dépit des efforts faits par le Sultan pour maintenir ses peuples dans l'ignorance des institutions de l'Occident, ils ont acquis, depuis vingt-cinq ans, une conscience très nette des inconvénients du despotisme et des avantages de la liberté. Des écoles ont été créées dans toutes les provinces, soit par des habitants de l'Empire, musulmans ou chrétiens, soit par des étrangers. Les enfants de toutes les races et de toutes les religions ont pris goût à les fréquenter, et y acquièrent, avec les habitudes de la réflexion, la notion des libertés nécessaires. Le Sultan lui-même a dû fonder, pour la formation de ses officiers et de ses fonctionnaires civils, des établissements où les sciences modernes ouvrent l'esprit des jeunes gens, leur font désirer de connaître l'Occident et leur révèlent ce que pourrait devenir leur pays, s'il entrait dans la voie des institutions où les Anglais et les Français particulièrement trouvent, avec la liberté, les meilleurs moyens de développer leurs facultés cérébrales et d'accroître leur bien-être. Des milliers de jeunes gens, Turcs, Grecs, Arméniens, Bulgares, etc., forment aujourd'hui, dans l'Empire ottoman, une élite intellectuelle et morale dont il devient de plus en plus difficile au Sultan de comprimer les aspirations vers la science et la liberté.

Les persécutions dont cette élite est l'objet ont, elles-mêmes, puissamment contribué à développer et à étendre son influence. Les libéraux de Constantinople qu'Abdul-Hamid a exilés dans les divers points des provinces y ont introduit leurs habitudes de critique des actes de l'autocratie et leur tempérament de révoltés. Sous leur impulsion, l'Arménie est aujourd'hui presque tout entière en insurrection contre le Sultan. On chasse les fonctionnaires des villes ; on entraîne les soldats et les officiers eux-mêmes dans la rébellion ; on y réclame à grands cris la Constitution qu'Abdul Hamid croyait avoir enterrée dans le cimetière de Taïf avec le cadavre décapité de Midhat ; et, déjà, les grandes lignes de la Constitution que sollicite le peuple sont tracées par les fils de ceux qui préparèrent celle de 1876.

Dans l'élaboration de cette œuvre, les jeunes n'ont, d'ail-

leurs, qu'à s'inspirer des principes formulés par leurs anciens.
Fort sagement, ceux-ci avaient donné pour base à l'organisation politique et administrative de la Turquie : la fixation des recettes et des dépenses de l'État par une assemblée à l'élection de laquelle devaient prendre part tous les
habitants de l'Empire ottoman, quelles que fussent leur race
et leur religion ; le contrôle des actes des ministres par cette
assemblée ; la décentralisation administrative des provinces,
avec des conseils élus par les habitants des grandes divisions territoriales, celles-ci pouvant être soit les vilayets
actuels, soit des préfectures qui, établies d'une façon
rationnelle, pourraient tenir compte, mieux que les vilayets,
de la nature des divers groupements de race ou de religion.

Non moins prudents que leurs prédécesseurs, les libéraux actuels ne songent ni à détruire les pouvoirs politiques et religieux du sultan, ni à supprimer l'autorité qu'il
exerce sur toutes les parties de l'Empire. Ils se prononcent
pour l'évolution de leur pays et non pour une révolution
où il succomberait. Ils veulent simplement n'être plus des
esclaves et voir se dresser, en face d'un absolutisme qui
trouble leur patrie, en fournissant des prétextes aux ambitions de ses voisins, une Constitution, des lois et une justice par lesquelles la vie, les biens et les droits individuels
de tout Ottoman seraient protégés contre les fantaisies
tyranniques et sanglantes d'un nouvel Abdul Hamid.

Dans ces conditions, il n'y a pas, en Occident, un seul
esprit libéral qui ne doive suivre d'un œil favorable la
marche des libéraux ottomans vers le progrès occidental ;
et il n'y a pas une seule puissance civilisée qui n'ait le
devoir d'encourager les efforts patriotiques des héritiers du
libéralisme de Midhat Pacha.

J.-L. DE LANESSAN.

Ecouen, le 31 mai 1908

MIDHAT PACHA

SA VIE ET SON ŒUVRE

CHAPITRE PREMIER

SES PREMIÈRES ANNÉES

Midhat naquit à Constantinople en 1822. Son père, Hadji Ali Effendi, originaire de Roustchouk, ne lui avait fait donner qu'une instruction élémentaire. Il suivit son père dans ses divers déplacements à Widdin, à Lofdja et à Constantinople en 1836 ; c'est dans cette dernière ville que, quelques années après, il fut attaché au secrétariat du Grand Vizir ; plus tard, il occupa des postes supérieurs dans différentes provinces. Il resta deux ans à Damas, retourna à Constantinople et, en 1844, il partit pour Konia comme secrétaire du Conseil sous Sami Békir Pacha. En 1849, il fut élevé au rang de deuxième secrétaire du Medjlissi Vala (Grand Conseil d'État), et en 1851, il fut nommé premier secrétaire de ce Conseil.

Des difficultés ayant surgi dans la perception des contributions indirectes de Damas et d'Alep, et la conduite du commandant en chef du corps de Syrie Kibrissli Mehmed Pacha, ayant paru irrégulière, on dut envoyer dans ces provinces, en mission spéciale, un fonctionnaire investi de pouvoirs illimités. C'est Midhat qui fut chargé de cette mission de confiance. En l'espace de six mois, il solutionna la question des Douanes en faisant rentrer au Trésor la somme en litige de 150.000 Lt., avec un surplus de 70.000 Lt.[1]. Il établit la responsabilité du commandant en chef dans l'insurrection des Druses et conseilla son rappel.

Le courage et l'habileté dont fit preuve Midhat, le signalèrent à l'attention du Grand Vizir Réchid Pacha, qui le nomma à un poste de confiance au Grand Conseil. Midhat y resta sous les Grands Vizirats successifs de Réchid, d'Aali et de Rifat Pachas. C'est dans l'exercice de ces fonctions, qui lui furent comme une initiation aux affaires publiques, qu'il assista aux négociations historiques entre Rifat Pacha, ministre des affaires étrangères, et le Prince Mentchikoff, envoyé spécial de l'empereur Nicolas, et qui précédèrent la guerre de Crimée.

En 1854, Kebressli Mehmed Pacha, dont la démission avait été acceptée sur le rapport de Midhat, devient Grand Vizir. Pour l'exposer à un échec et ébranler sa réputation de bon administrateur, Mehmed Pacha confia à Midhat la difficile et délicate mission de pacifier les provinces d'Andrinople et des Balkans et de les purger des bandes de brigands qui les infestaient. Le talent d'organisation de Midhat se manifesta une fois de plus. Il réprima le brigandage, pacifia la région, mit fin aux plaintes continuelles des États voisins. Ayant élaboré tout un plan de réorganisation pour prévenir le retour de pareils incidents, il le soumit à l'approbation du gouvernement de Constantinople où Rechid Pacha était redevenu Grand Vizir, au moment où ce dernier s'occupait, avec Aali Pacha, à préparer la loi sur la décentralisation de l'administration des Vilayets.

Midhat, dont le plan fut accepté, allait être nommé gouverneur des importants districts du Danube (Bulgarie),

---

1. La livre turque vaut environ 23 frs.

lorsqu'un changement soudain de ministère à Constantinople retarda l'exécution des réformes.

Peu de temps après, il fut nommé commissaire spécial, avec charge d'inspecter les provinces de Widdine et de Silistrie qui étaient en révolte ouverte contre l'autorité centrale. Il consigna dans un rapport détaillé, comme il l'avait fait pour la Syrie, les résultats de son enquête; il mit en lumière les défauts de l'administration des Provinces et les fautes de leurs deux gouverneurs qu'il accusa de malversations. Cette accusation se heurta aux manœuvres par lesquelles y répondirent les pachas inculpés. Leurs amis intervinrent au Palais, décidèrent le Sultan Abdul-Medjed à rejeter les propositions de Midhat et à envoyer dans ces provinces, pour y faire une contre-enquête, un Uléma bien connu à Stamboul, Haireddin Effendi. Celui-ci rédigea un rapport confirmant absolument les dires de Midhat au grand désappointement des amis des gouverneurs incriminés.

Survint la mort de Réchid Pacha (1858). Son successeur Aali Pacha obtint pour Midhat le congé de six mois qu'il sollicitait pour faire un voyage à l'étranger, où il désirait étudier certains côtés de l'administration européenne. C'est ainsi qu'il visita, en ce court intervalle, Paris, Londres, Vienne, Bruxelles.

Midhat s'était déjà fait connaître comme un bon gouverneur de province. Lorsqu'un événement malheureux venait à se produire dans une partie de l'Empire, son nom était indiqué et on l'envoyait aussitôt, en qualité de commissaire spécial ou de gouverneur, faire œuvre de pacification. Sous le second Grand Vizirat de Kibrissli Mehmet Pacha, des troubles sérieux ayant éclaté à Nisch (Bulgarie), dont la population chrétienne, craignant pour sa vie et ses biens, émigrait en masse malgré la présence de troupes considérables, Midhat Pacha fut appelé au gouvernement de cette importante province avec le grade de Vizir (1861)[1].

1. Vizir, titre civil, la plus haute distinction après celle de Grand-

Le nouveau Vali résolut d'y ramener l'ordre sans recourir à la force armée et de gagner la confiance des Bulgares en allégeant leurs charges. Son premier acte fut d'inviter les notables des différents districts à une conférence où il les pria d'exposer leurs griefs et leur proposa d'examiner avec eux les remèdes qui pouvaient améliorer la situation. Leurs deux principaux griefs étaient :

1° Absence complète de routes et de moyens de communication permettant aux habitants, et particulièrement aux cultivateurs, de trouver un débouché à leurs produits ;

2° Manque de sécurité pour la vie et les biens par suite du brigandage qui désolait la province.

Ces deux motifs obligeaient les Bulgares à émigrer en Serbie où ils trouvaient plus de sécurité et de plus grands avantages pour l'agriculture.

Midhat, jugeant légitimes et raisonnables ces réclamations, chercha avec les notables le moyen d'y faire droit. Il recommanda à ceux-ci d'user de leur influence pour calmer les habitants et arrêter l'émigration ; de son côté, il s'engagea à appliquer les réformes et les améliorations qui furent décidées d'un commun accord.

Le gouverneur tint scrupuleusement ses promesses. Il fit rentrer les troupes dans leurs campements ; sur son ordre on commença la construction de la grande route entre Nisch et Sofia avec plusieurs embranchements ; des patrouilles envoyées dans toutes les directions firent cesser le brigandage qui était devenu la plaie de la province. Il fit tracer des routes dans tous les sens, jeter des ponts sur les fleuves et les rivières ; en un mot, sous ses auspices, tout ce que la population rurale avait rêvé pour la facilité de ses transactions devint une réalité. En outre, des postes militaires furent établis le long de la frontière pour empêcher les incursions des bandes serbes qui entretenaient les

Vizir, est donné en récompense des services rendus à l'État et crée le Pacha du premier rang.

troubles dans la province. Ces réformes accomplies, les familles bulgares, qui avaient émigré en Serbie, rentrèrent les unes après les autres dans leurs foyers.

A Prizerend, Midhat Pacha eut à s'occuper d'une question toute particulière : nous voulons parler de la vendetta qui y sévissait parmi les montagnards d'origine albanaise. Fidèle à son système d'inviter les habitants à prendre part à ses conseils, il convoqua une assemblée de tous les notables du district et, d'accord avec eux, décréta le paiement d'une indemnité pour le sang versé. Il réussit de la sorte à supprimer cette pratique séculaire chez ce peuple aussi courageux qu'intraitable. Dans la suite, il parvint à convaincre les Albanais à renoncer — dur sacrifice pour eux — à l'habitude de porter des armes ; enfin, résultat plus surprenant, chose inconnue dans l'histoire de ces pays, il obtint leur soumission à la conscription militaire.

Il continua la série des réformes en organisant la gendarmerie, en assurant la perception de l'impôt et en faisant cesser les persécutions religieuses. Des écoles et des hôpitaux furent construits pour tous les habitants sans distinction de confession. On vit renaître la tranquillité dans les provinces de Nisch et de Prizrend, et chrétiens, et musulmans purent travailler paisiblement au développement de leur prospérité.

Le problème de la pacification des provinces de Widdine et de Silistrie était compliqué de difficultés d'un autre ordre. L'intervention persistante et systématique de la Russie, exercée par ses consuls et ses agents avec l'aide effective de l'ambassadeur à Constantinople, créait une situation de la plus haute gravité. Il ne s'agissait plus de donner satisfaction à de légitimes réclamations ; il fallait couper court à une propagande politique très active et très dangereuse, dont le but était de chercher à tirer parti du système vieilli et défectueux sur lequel reposait l'administration de toutes les provinces de l'Empire.

Aali et Fuad Pachas, successeurs de Réchid Pacha, appréciant les réformes de Midhat, le mandèrent à Constantinople (1864) pour se concerter avec lui sur l'élaboration d'une loi organique générale, applicable sur tous les points de la Turquie. La nouvelle loi des Vilayets fut préparée, et l'on décida que Midhat Pacha l'introduirait en qualité de gouverneur général dans les provinces de Silistrie, Widdine, et Nisch réunies sous le nom de Vilayet du Danube (1865), malgré l'opposition du parti réactionnaire, appuyé par ce même Sourouri Effendi que nous retrouvons plus tard comme président du tribunal qui condamna Midhat.

Nous nous bornerons ici à donner un aperçu sommaire des réformes radicales exécutées par le nouveau Vali dans sa sphère gouvernementale.

Le Vilayet fut divisé en sept sandjaks distincts (préfectures) ; les sandjaks en cazas (sous-préfectures) ; les cazas en nahies (cantons). Dans chaque chef-lieu, des conseils furent créés pour lever les taxes et surveiller l'administration locale.

La corvée fut abolie ; plus de 1.400 ponts et 3.000 kilomètres de routes furent construits ; le brigandage fut enrayé ; une gendarmerie locale fut organisée, des banques agricoles établies, pour soustraire les petits fermiers aux exactions des usuriers ; on se procurera les capitaux de ces banques au moyen d'un système ingénieux, par l'exploitation des vastes terres incultes du Domaine public dont le produit venait alimenter leurs caisses.

Grâce à ces sages et énergiques mesures qui soulagèrent les malheureux cultivateurs, l'agriculture, principale ressource de la population, se développa, et, par la suite, le commerce et l'industrie acquirent une grande extension. La navigation du Danube — cette immense artère de la province — attira aussi l'attention de Midhat Pacha, et bientôt des bateaux à vapeur, battant pavillon ottoman, sillonnèrent le fleuve. Sur l'initiative du gouverneur général une société de messageries fut constituée, avec une fabrique de voitures, qui donna, à la fin de la première année, un dividende de 10 °/₀. On ne négligea pas non plus les institutions de bienfaisance, et des orphelinats furent fondés où des enfants chrétiens et musulmans, reçus indistinctement, apprirent des métiers qui assuraient leur avenir.

Faire participer la population à l'administration locale, tel était le principe même de ce nouvel état de choses. Les représentants du peuple, joints aux autorités, évaluaient les propriétés, et la perception des taxes s'effectuait par conséquent sans difficulté. Les traitements des fonctionnaires, et plus particulièrement ceux des magistrats et des agents de police, furent considérablement augmentés. Certains impôts jugés vexatoires furent abolis, ce qui n'empêcha pas les revenus du Vilayet d'atteindre 1.800.000 Lt.

La prospérité de cette vaste province, sous la nouvelle administration, ne fut pas sans attirer l'attention des autorités de Constantinople. Midhat Pacha reçut les félicitations du Sultan et de la Sublime Porte. Un iradé impérial invita les gouverneurs généraux de toutes les autres provinces à appliquer dans leurs vilayets respectifs les réformes inaugurées par Midhat et qui avaient si bien réussi dans le vilayet du Danube.

Les choses allaient tellement à souhait qu'une ère nouvelle de prospérité semblait s'ouvrir pour toutes les provinces de l'Empire.

Midhat comprit, toutefois, que pour rendre son œuvre viable, que pour amener ces provinces à s'attacher sincèrement au gouvernement impérial, il fallait s'occuper aussi du côté moral du problème et contrecarrer les manœuvres des ennemis de l'Empire qui semaient la discorde dans le pays. Un des moyens imaginés par eux et appliqué avec succès depuis bien des années, consistait à envoyer un grand nombre de jeunes Bulgares dans les Universités d'Odessa, de Kharkoff et de Kieff. A leur retour, ces jeunes gens se mettaient àpropager les idées panslavistes; fauteurs de troubles, ils constituaient un grave danger pour la souveraineté ottomane.

Midhat, décidé à remédier au mal, créa des écoles primaires et supérieures dans les principaux centres, où les jeunes bulgares, aussi bien que les musulmans, trouveraient, sans avoir besoin de se rendre à l'étranger, tous les bienfaits d'une éducation moderne. Ces avantages d'un rapprochement, dans le pays même, des éléments chrétiens et musulmans, sous l'influence d'une commune éducation à un âge où les amitiés se nouent vite et où les sentiments généreux sont vifs, n'échappèrent point à la sagacité de Midhat. Il exposa dans un rapport détaillé à la Sublime Porte l'ensemble de son projet, à l'application duquel les dépenses nécessaires devaient être fournies, moitié par l'excédent des revenus du Vilayet, moitié par une souscription facultative de la population.

Lorsque ce rapport parvint à Constantinople, le général Ignatieff en saisit immédiatement toute la portée. Un tel projet allait à l'encontre des plans du parti panslaviste dont il était l'âme. Il ne négligea rien pour en empêcher la réalisation et pour renverser le gouverneur. Il puisa ses moyens d'action dans l'absolutisme et l'esprit autocratique du sultan Abdul-Aziz. L'intervention d'un ambassadeur dans les affaires intérieures d'une province turque n'avait rien d'anormal, consacrée qu'elle était par un long usage.

Ignatieff commença par représenter au souverain que les réformes entreprises par Midhat dans son vilayet, et surtout l'institution des Conseils locaux, « l'essence même de ces réformes », étaient franchement contraires au pouvoir absolu ; qu'elles auraient pour résultat, infailliblement, de détacher peu à peu la province de l'ensemble de l'Empire, et de provoquer un réveil d'indépendance, ainsi qu'il en advint pour l'Égypte.

Malgré tout, Ignatieff ne serait pas arrivé à ses fins, même avec un souverain aussi jaloux de ses prérogatives qu'Abdul-Aziz, si une malheureuse erreur d'imprimerie n'était venu à point servir ses desseins. Dans un passage du « Journal officiel » du vilayet du Danube, le terme de « députés » avait été, par mégarde, employé pour désigner les membres du Grand Conseil d'administration de la province. Cette erreur, due à un typographe, suffit au diplomate russe pour impressionner l'esprit du Sultan, et anéantir le projet : Abdul-Aziz refusa son consentement sous prétexte d'éviter des dépenses.

Ainsi, l'œuvre de Midhat, la réforme qui, entre toutes, était faite pour attacher les Bulgares au gouvernement central et éteindre à jamais les foyers d'intrigues dans la province, fut réduite à néant par un représentant étranger qui sut exploiter les susceptibilités ignorantes et les instincts autocratiques du souverain.

Ce singulier exemple du mal que peut faire l'autocratie n'était pas une exception : toute l'histoire contemporaine de la Turquie montre que de telles interventions ont toujours eu pour but d'inciter l'autocrate à ruiner le pays, lentement mais sûrement. Les caprices et les fantaisies d'un maître absolu sont les petites causes qui engendrent les plus funestes effets.

Pour renforcer l'action diplomatique menée à Constantinople, des ordres étaient donnés aux comités panslavistes de Bucarest et de Kichenew de préparer quelque « incident ». Les agents de Midhat le tenaient au courant de l'agitation des paysans bulgares, créée par les comités. Sans perdre de temps, il transmit ces informations à la Porte.

Le 2 mai 1867, il recevait de Sistova le télégramme suivant :

« De nombreuses bandes armées passèrent hier soir la « frontière tout près de Sistovo et furent immédiatement « rejointes par d'autres bandes qui les attendaient de ce

« côté de la frontière. Elles ont commencé ce matin leurs
« opérations en mutilant horriblement cinq enfants musul-
« mans âgés de huit à douze ans qui étaient en train de
« garder dans la plaine un troupeau de moutons ».

Le but de ces actes de barbarie était d'obliger la population musulmane à user de représailles, ce qui aurait
fourni aux ennemis de l'Empire l'occasion de remplir l'Europe de clameurs contre le fanatisme des Turcs. Cette politique, poursuivie dans la suite avec les mêmes moyens, produisit l'effet désiré, et les atrocités commises en Bulgarie
devinrent proverbiales dans le monde entier. Mais, en la
circonstance, l'énergie de Midhat, la patience et la tolérance des musulmans firent échec aux projets des conspirateurs.

A la réception du télégramme précité, Midhat s'embarqua avec deux compagnies de troupes régulières sur le
stationnaire « Sélim » et partit pour Sistovo dont il trouva
la population, tant musulmane que chrétienne, très surex-
citée. Son premier acte fut de calmer l'effervescence
publique et d'inspirer la confiance par l'attitude résolue
qu'il fit prendre aux autorités.

Le plan des insurgés était de gagner rapidement les
Balkans en accroissant leurs forces, le long de la route, de
tous les hommes recrutés par les comités, et d'atteindre le
monastère de Capriova dont on avait fait un grand
dépôt d'armes, et qui avait été désigné comme le quartier
général de l'insurrection.

La présence de bataillons de réguliers à Capriova fit
avorter cette manœuvre. Les bandes, après avoir subi plusieurs défaites, se dispersèrent dans différentes directions,
poursuivies par les troupes auxquelles s'étaient joints les
habitants. Midhat institua immédiatement une haute Cour
composée de six musulmans et de six chrétiens pour
juger les prisonniers. Il résulta clairement de leurs aveux
que les bandes révolutionnaires avaient été équipées et

envoyées par des comités slaves établis à Bucarest et à Kchnew dans le pays. A l'unanimité, la Cour condamna les chefs à la peine de mort et les autres à des peines proportionnées à leur degré de culpabilité. Grâce à ces mesures vigoureuses l'insurrection fut complètement étouffée et la tranquillité rétablie dans le Vilayet.

Cependant, la presse européenne jetait les hauts cris contre les « Méthodes barbares » employées par les Turcs pour réprimer l'insurrection. Midhat Pacha était accusé de trop de sévérité envers les insurgés chrétiens, et d'une clémence excessive à l'égard des musulmans qui avaient usé de représailles, — alors que la composition même de la Cour témoignait de son impartialité. — Voici, toutefois, un fait qui démentira cette soi-disant impunité réservée aux musulmans : pendant les troubles, on découvrit dans un champ, près de Biscara, les corps de deux chrétiens assassinés ; une enquête judiciaire fut aussitôt ouverte qui amena l'arrestation du coupable, un sergent de gendarmerie musulman, Mehemed Tchaouch ; celui-ci avoua son crime, fut condamné à mort et exécuté sur le champ.

Pour empêcher, dans l'avenir, le renouvellement de pareils faits, et pour éviter à l'État la nécessité d'installer tout le long de la frontière des troupes régulières, Midhat créa une milice locale de 40.000 hommes recrutés dans toutes les classes de la population, sans distinction de religion, et chargée du soin de protéger leurs foyers. Cette force, facilement organisée sans trop de frais, fut prête à toute éventualité. Elle offrit le double avantage de prouver la confiance de la Sublime Porte en le loyalisme des habitants et d'assurer la défense du Danube. Le plan était si ingénieusement combiné que la durée du service de chaque milicien n'excédait pas huit jours par trois mois.

Après le dernier exploit des comités dans la province, Midhat organisa un système de surveillance dans leurs quartiers généraux. Entre temps, ayant appris que dès émissaires venaient d'être envoyés de Galatz à Belgrade pour organiser une nouvelle incursion dans le Vilayet, il donna l'ordre de les poursuivre et de le tenir au courant de leurs faits et gestes. Ces agitateurs se trouvaient à bord du vapeur autrichien « Germania » qui avait touché Roust-chouk en remontant le Danube. Midhat envoya leurs photographies au consul autrichien, en lui demandant d'autoriser la police ottomane à examiner les passeports des passagers. Accompagnés de l'agent consulaire autrichien, les agents ottomans montèrent à bord où ils furent reçus à coup de revolver par les révolutionnaires barricadés dans le salon du bateau. Après une scène indescriptible de confusion et de terreur, la gendarmerie turque, agissant avec le consentement du consul autrichien, parvint à arrêter ces forcenés, pour la plupart mortellement blessés.

Leur capture fit grand bruit en Europe. Ignatieff saisit cette occasion pour demander le rappel de Midhat ; mais l'influence de celui-ci était encore assez forte pour que ces intrigues restassent sans effet. On eut alors recours à des tentatives désespérées et criminelles pour se débarrasser de l'énergique gouverneur. Deux attentats furent dirigés contre sa personne : une première fois, un maître d'école de l'orphelinat de Roustchouk tira sur lui sans résultat ; une autre fois ce fut un Serbe qui, ayant obtenu d'entrer à son service, tenta de l'assassiner : il avoua à l'instruction qu'il avait agi pour le compte de deux personnages importants de Serbie ; envoyé à Constantinople, il fut condamné à la détention perpétuelle malgré tous les efforts d'Ignatieff pour le sauver.

Peu de temps après ces événements (1868), Midhat fut appelé à Constantinople à la présidence du Conseil d'État nouvellement institué. Mais des divergences de vues s'étant vite produites entre lui et Aali Pacha, Grand Vizir, au sujet

de l'interprétation des attributions de ce Conseil en matière
financière, le président de cette assemblée préféra se retirer
pour occuper le poste de gouverneur général de Bagdad
devenu vacant (1869).

CHAPITRE II

———

GOUVERNEMENT GÉNÉRAL DE BAGDAD
COMMANDEMENT DU 6ᵉ CORPS D'ARMÉE

Dès qu'il eut rejoint son poste, Midhat se heurta à des difficultés d'une autre nature, mais non moins sérieuses que celles qu'il avait eu à surmonter dans le Vilayet du Danube. La question de la conscription réclamait une solution urgente. Les tribus arabes, indépendantes et turbulentes par nature, qui s'étaient toujours montrées réfractaires à l'enrôlement, étaient alors en rébellion complète contre le gouvernement. La disjonction des pouvoirs de l'autorité militaire et de l'autorité civile de la province constituait une grosse difficulté, alors que la situation réclamait leur concentration entre les mains d'un seul fonctionnaire. Le gouverneur n'hésita pas à assumer une telle responsabilité et prit aussitôt ses mesures pour combattre l'insurrection par la force. Il ordonna à la cavalerie d'occuper la ville de Bagdad et envoya l'infanterie et l'artillerie protéger les consulats et les quartiers chrétiens contre le fanatisme arabe. Il fit détruire, en même temps, le pont du Tigre pour couper toute communication entre les rebelles disséminés sur les deux côtés du fleuve. Ces mesures les ayant intimidés, il leur proposa une amnistie générale subordonnée à une soumission immédiate. Ils acceptèrent sans discuter les conditions qui leur étaient imposées.

La rapidité avec laquelle Midhat étouffa cette révolte fut appréciée par la Porte qui, après avoir adopté les mesures décrétées par le Gouverneur, le nomma commandant en chef du 6e corps d'armée.

La perception des taxes chez les tribus nomades qui formaient en grande partie la population de la province était également une cause perpétuelle de tiraillements et de rébellions. Un bataillon commandé par un colonel fut envoyé à Divanié et à Dégara pour la perception des impôts ; il y rencontra dix mille nomades qui le cernèrent et le battirent. Le nouveau gouverneur se rendit alors compte de la gravité de la situation, car, enhardies par ce succès, les autres tribus pouvaient se soulever à leur tour, et l'insurrection serait devenue générale. Il fallait venger la défaite des troupes ottomanes et faire un exemple. Midhat Pacha donna l'ordre au général Samih Pacha de marcher sur Dégara avec sept bataillons d'infanterie et quatre mille cavaliers ; lui-même se rendit dans les districts révoltés à la tête de trois mille soldats d'élite.

Dans la bataille qui s'ensuivit, les Arabes furent complètement battus et leur chef fait prisonnier. Un curieux incident marqua la fin de la bataille. Un Cheikh chiite, Abdul-Kérïm, s'était mis en marche avec un grand nombre de nomades chiites des environs d'Urfa et d'Alep, dans l'intention de se joindre aux rebelles. Lorsqu'il eut appris la victoire des troupes impériales, il prétendit être venu se mettre aux ordres du gouvernement, et offrit ses services en protestant de ses sentiments de fidélité. Un tribunal militaire fut constitué à Bagdad pour juger les rebelles de Dégara, qui furent remis en liberté après avoir promis de se bien conduire à l'avenir.

Midhat Pacha avait compris que pour mettre fin à ces troubles et assurer la tranquillité parmi les tribus, il ne suffisait point de les battre périodiquement, mais qu'il fallait modifier complètement leur organisation et, surtout, réformer les règlements relatifs à la propriété dans la province. Le cultivateur arabe était obligé de payer au gouvernement un loyer pour la terre et lui remettre, en plus, les trois quarts des produits. Un système aussi vexatoire rendait impossible toute culture et ne laissait aux populations d'autres ressources pour vivre que le pillage et le vol; il fallait lui reconnaître le droit de propriété. Le gouverneur divisa les terres en parcelles qu'il mit en vente à des conditions très avantageuses, en ayant soin d'empêcher tout accaparement.

Ces mesures ne tardèrent pas à donner leur fruit. Les revenus de l'État augmentèrent, et la turbulence des tribus nomades diminua sensiblement. La prospérité qui en résulta pour l'agriculture fut également un stimulant pour les autres branches de l'industrie. Les premiers pas dans cette voie furent de rendre navigables le Tigre et l'Euphrate, les deux grandes artères de la province, et d'améliorer les différents moyens de communication entre les villes situées sur ces deux cours d'eau. Le service de la navigation était entre les mains d'une compagnie anglaise qui desservait la ligne de Bagdad à Bassorah. Pour répondre aux exigences locales, Midhat Pacha, reprenant le système qu'il avait inauguré en Bulgarie, créa une Société ottomane de bateaux. Il fit réparer ceux qui existaient, en commanda de nouveaux de plus fort tonnage, fit installer des dépôts de charbon à Mascate, à Aden, à Bender, à Bouchir, et pour la première fois dans l'histoire de l'Empire Ottoman, des vapeurs battant pavillon turc traversèrent régulièrement le canal de Suez à destination de Constantinople.

Ces réformes dans le service de la navigation ayant donné un premier bénéfice de 2.000 Lt, en l'espace d'un mois, le gouverneur décida d'étendre les travaux de dragage vers le nord et de rendre les deux fleuves navigables aux bateaux de plus fort tonnage. A cet effet, Chakir Bey devenu « plus tard Chakir Pacha, et ambassadeur à Saint-

Pétersbourg » fut envoyé dans le nord en compagnie d'ingénieurs et, sur son rapport, les travaux commencèrent aussitôt.

La crue périodique de l'Euphrate convertissait en marais des régions étendues que les fièvres rendaient inhabitables. Midhat Pacha résolut de dessécher et de défricher ces terres. Il fit entreprendre des travaux d'irrigation. Il attachait une grande importance à cette œuvre parce qu'il comptait restaurer graduellement le système pratiqué jadis par les premiers conquérants arabes qui avaient su transformer en un jardin de l'Orient ces contrées dont la richesse et la prospérité, sous le Kalifat de Bagdad, sont devenues proverbiales.

Une ligne de tramways de sept kilomètres fut construite entre Bagdad et Kiasimié et une manufacture de tissus établie, avec des machines perfectionnées. Ce travail d'amélioration matérielle ne fit pas perdre de vue à Midhat Pacha les besoins moraux de ses administrés. Il ouvrit des écoles dans chaque district ; des hôpitaux, des asiles pour les invalides ; des banques se fondèrent un peu partout ; une imprimerie fut établie où se publia le journal « Zora » et dans tous les principaux centres, des municipalités furent instituées. Un puits de pétrole, découvert dans le Vilayet, fut immédiatement utilisé pour les besoins publics. Il ne serait pas exagéré de dire qu'au bout d'une dizaine d'années, un tel gouvernement, réparant des fautes séculaires, aurait rendu aux riches contrées du Tigre et de l'Euphrate leur ancienne prospérité.

En 1870, le Shah de Perse accompagné d'une suite nombreuse vint visiter les lieux saints de Nedjed et de Kerbela. Midhat Pacha, qui avait ménagé à l'auguste voyageur une réception digne de lui, profita de l'occasion pour régler certaines affaires pendantes entre les deux pays voisins. La dépréciation de la monnaie persane avait troublé le change et créé beaucoup de confusion dans les transactions commerciales : un arrangement intervint sur ce point donnant atisfaction aux deux parties.

Les incursions et les déprédations des nomades Kurdes, es Hamavends, les Sendjabis, etc... qui transportaient leurs campements de Perse en Turquie et *vice versa* dans le but d'échapper à l'impôt des deux pays, et pillaient des deux côtés de la frontière les habitants paisibles, étaient devenues intolérables. Les autorités turques et persanes organisèrent dans les districts limitrophes une surveillance combinée et l'on construisit, pour protéger la population rurale, des blockhouses semblables à ceux que Midhat Pacha, quelques années plus tôt, avait établis à la frontière serbe. Le gouverneur général ne put obtenir, cependant, des autorités persanes leur consentement à l'exécution d'un projet qui lui tenait à cœur. Se trouvant à Nedjed, un des lieux saints où venaient chaque année de nombreux pèlerins, et où les riches offrandes des dévots hindoux et persans de la secte chiite, avaient été accumulées dans une cave lors de l'invasion des Wahabites, Midhat Pacha ordonna l'ouverture de ce trésor et en fit faire l'inventaire. On y découvrit des diamants, des rubis, des perles et autres pierres précieuses d'une valeur d'au moins 1.300.000 livres turques.

Il proposa de les mettre en vente et d'en employer le produit à des travaux d'utilité publique, tels qu'un chemin de fer entre la frontière de Perse et Bagdad, ou bien, si l'on préférait que le trésor sacré eût une destination moins profane, à l'établissement d'hôpitaux, d'asiles, ou de caravansérails pour les pèlerins. Ces propositions très raisonnables se heurtèrent à un refus formel de la part des Ulemas persans, et le projet fut abandonné.

L'activité de Midhat était inlassable ; son attention se portait à tout : le climat de la ville de Bassorah étant très insalubre par l'effet de la stagnation des eaux de l'Achar, un des affluents du Chatt-el-Arab, sur lequel elle était bâtie, i décida de la déplacer. Il fit construire un palais gouvernemental ainsi que d'autres édifices sur le grand fleuve avec l'idée que la nouvelle cité, qu'il avait appelée Nasirié, deviendrait le chef-lieu du sandjak de Muntéfik.

A six milles de Bassora est située, sur les côtes du Nedjed, la petite ville de Koveït, comptant six mille maisons et dont les habitants sont tous musulmans. Namik Pacha, un des prédécesseurs de Midhat Pacha, avait essayé de placer cette population sous la juridiction du gouvernement ; mais elle avait résisté avec succès contre toute imposition de taxes, et maintenu sa quasi-indépendance sous ses propres chefs, les descendants de Sabbah, venu de Nedjed cinq siècles auparavant. Cette population avait conservé un gouvernement démocratique et élisait elle-même ses juges (cadis), et ses maîtres d'écoles. Vu l'exiguïté du territoire, les habitants se consacraient au commerce maritime, et plus de deux cents bâtiments de divers tonnage sillonnaient l'Océan Indien vers les côtes de Zanzibar, et monopolisaient la pêche des perles du golfe Persique. Quoiqu'ils eussent un drapeau national, ils hissaient cependant quelquefois le pavillon hollandais ou anglais pour profiter de certains privilèges accordés par les capitulations à ces couleurs. Midhat Pacha, pour mettre fin à cette situation équivoque, entra en négociations avec les gens de Koveït et leur offrit la pleine jouissance de leur autonomie et de leurs privilèges sous l'administration de leur propre Cheikh Sabbah à condition qu'ils se reconnaîtraient sujets ottomans et adopteraient le drapeau turc comme insigne national. Ils acceptèrent et le territoire de Koveït devint un sandjak du Vilayet de Bagdad, suivant le traité signé à cet effet et confirmé par des *Bérats* ou lettres patentes de Constantinople.

Après Koveït, le Nedjed. Sous ce nom est désignée la contrée comprise entre le Hedjaz et l'El-Hassa et qui occupe un quart de la péninsule arabe. Soliman le Magnifique, après avoir battu la flotte portugaise dans le golfe

Persique, annexa à son Empire la province de Hassa et nomma de Constantinople un gouverneur spécial pour l'administrer. Un siècle plus tard, les habitants se révoltèrent et formèrent eux-mêmes un État séparé, comprenant les îles Bahrein. Une expédition égyptienne battit les rebelles à Riat et à Derie, et les Wahabites se soumirent à l'autorité du Sultan; mais le gouvernement ottoman, dont l'attention était attirée ailleurs, négligea de poursuivre ce premier succès, et le Nedjed, reconquis par la dynastie de Wahabite, s'affranchit graduellement de toute sujétion.

Au temps de Midhat Pacha, le cheikh Abdul Fazil, jouissant d'une quasi-indépendance, n'avait jamais songé à empiéter sur les territoires avoisinants placés sous l'autorité du Sultan, non plus qu'à exciter à la révolte les populations en prêchant parmi elles la doctrine du Wahabisme; des relations normales existaient entre ce pays et les autorités ottomanes, lorsqu'elles furent tout d'un coup troublées par la lutte engagée entre Fazil et son frère Séoud qui se souleva contre lui et finit par lui ravir le pouvoir.

Abdul Fazil réclama l'intervention de Midhat Pacha, à qui il exposa les conséquences possibles de la victoire de son frère, au sujet de la propagande du Wahabisme parmi les tribus des alentours. Midhat résolut d'agir, mais avant d'entrer en campagne *il* se renseigna exactement sur les forces de Séoud, ainsi que sur la topographie des contrées où des opérations militaires seraient nécessaires. Des agents déguisés en marchands furent envoyés dans toutes les directions, on sonda différentes parties des côtes, et à la suite des rapports détaillés qu'il reçut sur l'état exact du Nedjed, Midhat obtint du Grand Vizir Aali Pacha l'autorisation de commencer la campagne.

Il n'était pas sans savoir que de délicates questions internationales pouvaient surgir au cours de l'expédition. La politique de l'Angleterre, représentée par le gouvernement de l'Inde, avait été de favoriser plutôt les velléités

d'indépendance des chefs arabes. En poursuivant donc
sérieusement le but de rattacher définitivement ces derniers
à l'Empire ottoman, il semblait qu'on allât complètement à
l'encontre de la politique du gouvernement de l'Inde dans
le golfe Persique. Midhat avait toujours été un partisan
déclaré de l'alliance anglaise ; mais il ne lui était pas possible
de sacrifier, pour cette raison, les intérêts essentiels de
l'Empire et, quoique résolu à procéder avec tact et à tenir
compte des intérêts et des susceptibilités d'une puissance
amie, il n'hésita point, malgré la sympathie manifestée
par l'Angleterre envers Séoud, à commencer l'expédition
qu'il avait décidée.

La partie la plus peuplée du Nedjed était la province de
Hassa avec le port de Elkatiff. A trente-deux heures de
distance de ce port sont les villes de Elhoufouf et de Elmu-
bérez protégées par des murailles. Le port de Ras Eltou-
nourah, distant de six heures de Elkatif, offrait des conditions très favorables au débarquement des troupes. Après
s'être assuré, avec la coopération d'Abdullah-El-Sabah
qui mit sa flottille à la disposition du gouvernement ottoman,
que la mer était libre entre Bassora et Elkatif, Midhat
embarqua cinq bataillons d'infanterie et des batteries en
nombre suffisant, sous le commandement du général de
division Nafiz Pacha, à destination de Raz Eltounour ; de
ce point des troupes marchèrent directement sur Elkatif qui
capitula après une faible résistance. Elmuberez et d'autres
points stratégiques se trouvant aux mains des Wahabites
furent rapidement conquis et les partisans de Suoud ayant
également été dispersés en peu de temps, toute la contrée
revint sous l'autorité directe de l'Empire.

Le gouverneur se préparait à partir pour le Nedjed avec
l'idée de l'organiser en province de l'empire ottoman,
quand son attention fut attirée par Kourd Ismail Pacha,
gouverneur de Diarbékir, sur certains mouvements suspects
du Cheikh Abdul Kerim de la tribu de Chamar, dans le

voisinage d'Ourfa. C'était le même cheikh, on se le rappelle, qui, à l'occasion de la révolte de la tribu de Dégara, était venu au secours des rebelles et avait immédiatement changé d'attitude en apprenant leur défaite. Dans la pensée que les circonstances présentes étaient plus favorables aux projets ambitieux qu'il méditait, il marcha contre Bagdad, tuant et pillant tout sur son passage. Prévenu par Kourd Ismail Pacha, Midhat prit des mesures pour le recevoir. Abdul Kerim avait divisé ses forces en trois parties : la première avançait sur le Zor ; la seconde sur Mossoul ; la troisième, sous son propre commandement, marchait sur Bagdad. Muni de ces indications, le gouverneur envoya deux bataillons pour renforcer Kourd Ismail Pacha ; en même temps le général Echref Pacha était chargé de fortifier Zor et d'autres points stratégiques sur le Tigre et sur l'Euphrate.

Ces troupes, entrant en collision avec la première division de l'armée d'Abdul Kerim dans le voisinage de Zor, les dispersèrent facilement tandis que Kourd Ismail Pacha lui-même, attaquant la seconde division des rebelles dans le voisinage de Mossoul, la mit en pleine déroute. En a prenant les défaites successives des deux ailes de son armée, Abdul Kérim abandonna bientôt tout projet de marche en avant et prit des mesures pour assurer son propre salut. Sa retraite par le désert, étant devenue impossible par suite de la sécheresse de la saison, il se dirigea vers son pays natal, le Chamar ; mais le gouverneur général menaça le Cheikh Ibn Rechid, chef de la tribu Djebel, s'il se hasardait à offrir un refuge aux rebelles, et détourna ainsi la retraite d'Abdul Kérim dans la direction de Muntefik, près de Hilah et Kerbella, où il rencontra Nassir Pacha. Dans le combat qui s'en suivit, Abdul Kérim blessé et fait prisonnier fut jugé pour rébellion à main armée et condamné à mort. La sentence reçut la sanction du Sultan et on le pendit à Mossoul. On conféra à son frère Ferhan Pacha, la dignité de chef de la tribu Chamar, avec une augmentation de territoire et une pension mensuelle ; les hommes de la tribu reconnurent l'autorité du gouvernement impérial et consentirent à payer les impôts. Cet arrangement fut suivi d'une reprise des affaires et de la pacification générale de la contrée.

Mais la conquête du Nedjed et la défaite d'Abdul Kérim ne mirent pas encore fin aux troubles qui ensanglantaient ces régions. Abdul Fazil qui avait été rétabli par l'État Turc au gouvernement d'Elkatif, dans le nouveau vilayet de Nedjed, avec le titre de Mutessarif (préfet), une fois libre du côté de son frère, Suoud, commença à montrer, à son tour, des velléités de révolte contre l'ordre de choses nouvellement établies. La tribu elle-même ayant manifesté quelque mécontentement au sujet de l'organisation fiscale, les affaires reprirent une tournure menaçante.

Midhat voulut connaître les causes de ce mécontentement. Ayant découvert que l'exemption de toute taxe, sauf celle que sanctionnait la loi musulmane, à savoir la dîme, avait été consacrée par une coutume séculaire et que es tribus avoisinantes, placées sous le protectorat anglais, Oman, Mascat, etc... jouissaient pleinement du privilège de cette exemption, il décida de satisfaire la population d'Eikatif à cet égard et consentit immédiatement à limiter les impôts au paiement régulier de la dîme.

Restait l'île de Bahrein, dont la position importante sur le golfe Persique engagea Midhat à en effectuer la conquête. Afin de surveiller de près les opérations, et pour éviter que quelque conflit d'ordre international ne se produisît, il se mit lui-même en route pour le Nedjed.

A cette nouvelle, Abdul Fazil craignant que sa propre conduite, assez équivoque, ne fût la cause de cette expédition, s'enfuit d'Elkatif à Riad, et refusa de revenir, malgré les assurances du Pacha. Sa destitution fut donc prononcée, et le district converti en sandjak d'Hassa, tandis que le commandement des troupes était confié à Nafiz Pacha.

Après un échange amical d'idées entre Midhat Pacha et le gouvernement des Indes, on décida l'annexion de l'île de Bahrein au Mutessarifat d'Haassa. Deux corvettes turques, le « Libnan », et le « Iskenderoun », sous le commandement d'Arif bey, partirent pour l'île, suivies de deux canonnières anglaises sous les ordres du colonel Pelly. Les vaisseaux turcs et anglais se contentèrent d'échanger les saluts réglementaires dans le port.

Les marins turcs furent reçus par les insulaires avec un enthousiasme indescriptible, car il y avait plus de deux siècles qu'on n'avait vu flotter le drapeau turc sur un vaisseau de guerre, dans ces parages. Le Cheikh de l'île offrit un terrain pour servir de dépôt de charbon aux vaisseaux ottomans et mit les ressources de son pays à la disposition de l'autorité turque. En levant l'ancre de Bahrein, les deux corvettes furent rejointes par le vaisseau portant à bord le gouverneur, et la petite flottille se dirigea tout droit sur Koweït.

Le rétablissement de l'autorité impériale dans ces régions amena une augmentation considérable de la flotte turque dans les eaux avoisinantes. Avant l'ouverture du canal de Suez, la Turquie ne possédait que deux corvettes, mais ni l'une ni l'autre n'était en état de tenir la mer. Midhat les envoya à Bombay pour y subir des réparations et en fit venir sept autres, ainsi que dix bateaux d'un faible tirant pour la police des fleuves. Le port de Bassora, ne suffisant plus aux exigences navales de la province, il fut agrandi et amélioré, et des travaux pour un port intérieur susceptible de recevoir des vaisseaux d'un tirant de dix pieds, furent entrepris à Kut-el-Frenghi sur le Chatt-el-Arab.

Toutes ces réformes, tous ces progrès accomplis dans cette importante province, furent appréciés à leur valeur par la Sainte Porte, ainsi qu'en témoigne la lettre suivante du Grand Vizir Aali Pacha à Midhat Pacha.

Excellence,

L'état de ma santé est cause que je réponds un peu tard aux lettres de Votre Excellence sur le voyage de Sa Majesté le Chah. Je vous prie d'accepter mes excuses les plus sincères avec mes félicitations, pour les éclatants succès que vous avez remportés dans le Nedjed. Tout fait prévoir que, grâce à la prudence apportée dans la pacification de la province Assir, constamment en révolte, et à la conquête de la vaste province du Nedjed dont l'importance politique est considérable, la presqu'île arabique entière ne tardera pas à revenir à son ancien état. Par ses services Votre Excellence mérite le titre glorieux de « Harémein Muhtérémein ».

L'effet que le voyage du Chah pouvait produire sur les Chiites nous a longtemps préoccupés, mais la bonne volonté apportée de part et d'autre, a contribué à écarter toute préoccupation à cet égard...

Recevez, etc..

(Signé) MEHMET Emin Aali.

23 Djmazil ewel, 1200 (1871).

Par le même courrier, le Sultan Abdul Aziz envoyait à Midhat Pacha une épée d'honneur, ornée de diamants, avec cette inscription : "Nedjed". Ce fut le dernier épisode du gouvernement de Midhat à Bagdad, et avec lui finit la première moitié de sa carrière de gouverneur de province.

De graves événements venaient de se produire à Constantinople et présageaient des difficultés pour l'Empire. Fuad Pacha et Aali Pacha dont le prestige et la popularité leur avaient acquis un grand ascendant sur l'esprit d'Abdul Aziz, et qui, depuis l'avènement de ce sultan, détenaient en réalité le pouvoir, et avaient fortement soutenu Midhat dans toutes ses tentatives de réforme sur le Danube et sur l'Euphrate, moururent malheureusement, l'un après l'autre, dans l'espace, de trois ans.

La disparition de ces deux hommes d'État suivit de près le retour d'Abdul Aziz de son voyage d'Europe. Ce voyage, loin d'éveiller en lui des goûts et des sentiments analogues à ceux qu'il avait pu observer chez les souverains étrangers semble, au contraire, l'avoir détourné du penchant qu'on lui avait vu jusque-là pour un genre de vie plus moderne. Il repoussait tous les conseils, exprimant ouvertement sa satis- action d'être délivré de ses anciens Grands Vizirs comme d'un cauchemar. Il bouleversa l'étiquette de la Cour, impo- sant, pour les audiences, un cérémonial antique, accom- pagné de prosternations extraordinaires ; ordonnait qu'on lui adressât la parole en un langage emphatique, étrange, même à côté des formes un peu spéciales de l'adulation orientale. Mais, chose plus sérieuse, il se lança, sans souci des ressources du budget, en de folles dépenses publiques et personnelles. Des flottes de cuirassés coûteux furent commandées et équipées sans considération de leur coût ; des palais de marbre s'élevèrent comme par enchantement sur les rives du Bosphore, et chacune des fantaisies du monarque dut s'accomplir sans discussion ni délai [1]. Il rencontra en Mahmoud Nédim un Grand Vizir complaisant qui, pour garder le pouvoir, se chargea de trouver tous les moyens de satisfaire aux caprices du Maître.

Cet état de choses dans la capitale produisit ses effets dans les provinces les plus éloignées. Lorsque les prodi- galités du Palais eurent épuisé les sommes destinées aux divers services de l'État, on s'adressa aux provinces pour combler les déficits par des contributions et des charges extraordinaires. Les travaux indispensables d'utilité publique furent, en conséquence, suspendus, et les fonds nécessaires à leur achèvement détournés au profit de la métropole ; tout l'édifice, péniblement et patiemment construit, de la nouvelle administration, fut disloqué et désorganisé. C'est

1. La dette publique ottomane de 10 millions de Livres qu'elle était à l'avènement d'Abdul-Aziz, atteignit environ 200 millions de Livres peu de temps avant son détrônement.

parce qu'il avait reconnu l'impossibilité de gouverner dans de telles conditions, que Midhat quitta son poste de gouverneur général et partit pour Constantinople.

CHAPITRE III

—————

PREMIER GRAND VIZIRAT

A son arrivée dans la capitale, Midhat apprit qu'un décret le nommait au gouvernement d'Andrinople : c'était un bannissement mal déguisé. Il invoqua son droit à une audience du souverain. Elle lui fut accordée et il en profita pour faire au Sultan une peinture si fidèle de la situation générale de l'Empire, et de si habiles représentations sur les actes de la Porte, qu'Abdul Aziz destitua brusquement Mahmoud Nedim et le mit à la place de ce personnage (1873).

Midhat s'entoura de collaborateurs honnêtes et capables tels que Chirvani Ruchdi Pacha, Djemil Pacha, Sadik Pacha, et son premier soin fut de mettre un peu d'ordre dans les finances. La tâche n'était pas facile ; la comptabilité publique était mal tenue, les budgets fictifs depuis longtemps : celui de l'année en cours accusait un excédent de un demi-million de livres ; il y avait en réalité un déficit de trois millions. Les artifices des comptables dissimulaient à peine de graves abus. Une somme, entres autres, de 100.000 L. T. déboursée par le Trésor [1] manquait de toute justification à l'appui.

1. Les lettres suivantes écrites par le Grand Vizir Mahmoud Nedim Pacha, pendant qu'il était au pouvoir, au secrétaire du Palais impérial, montrent clairement que ce qu'il dérobait au Trésor public allait droit à son maître :

S. E. Le Premier Secrétaire de Sa Majesté Impériale.
Pour liquider la dette de 60.000 L. T. du Palais, j'ai l'honneur

Le Grand Vizir réclama une enquête minutieuse, et l'on découvrit que son prédécesseur se l'était appropriée. L'affaire fut portée devant le Conseil d'État qui ordonna la restitution immédiate de la somme en question. Mahmoud allégua qu'il n'avait pris ces 100.000 L. T. que pour les

d'aviser Votre Excellence que le Ministère des finances remettra aujourd'hui un acompte de 5.000 L. T.

Agréez...

Grand Vizir
Mahmoud NEDIM.

12 mouharem 1293.

Autre lettre au Premier Secrétaire.

Prière d'adresser une note et l'Irade relatif prescrivant au Ministère des finances d'avoir à verser immédiatement, en dehors des allocations de la liste civile, une somme de 100.000 L. T. pour certains frais extraordinaires du Palais.

Agréez...

12 Muharem, 92.

(Autre lettre.)

25.000 L. T. ont été remises à Votre Excellence, dont 10.000 pour couvrir entièrement la dette connue et 15.000 autres livres pour liquider certains frais de la liste civile ; considérant, en outre, comme un devoir de faciliter les affaires de mon Illustre Bienfaiteur, je crois pouvoir prochainement, mais non sans effort, faire parvenir une autre somme assez importante.

Agréez...

Mahmoud NEDIM.

P. S. — Je suis heureux d'avoir contribué à la liquidation de la dette.

(Autre lettre.)

Je remettrai prochainement au Ministère de la liste civile, outre les 20.000 L. T marquées sur la note, 1.500 fr. encore L. provenant de la dîme des Tabacs.

Dîme perçue sur le tabac	20.000
En acompte à la L. C. pour les susdites dettes	15.000
Acompte sur l'allocation de la sultane Validé	5.000

Mahmoud NEDIM.

Agréez...

(Autre lettre.)

Ont été préparées 10.000 L. T. en dehors des 40.000 L. T. offertes en acompte des 100.000 L. T. Je demande à Sa Majesté l'autorisation de payer cette somme soit par versements de 5 à 6.000 L. T., soit immédiatement. J'ai le ferme espoir que le projet d'amélioration des opérations financières de la Dette publique et de la Liste civile, remettre au Palais. Il intrigua si bien avec l'aide de la Validé Sultane et de ses amis à la Cour que, banni sur la demande du Grand Vizir Midhat Pacha, d'abord à Andrinople puis à Trebizonde, Mahmoud obtint bientôt l'autorisation de rentrer à Constantinople ; on vit alors deux partis distincts se disputer le pouvoir : d'un côté, celui de Midhat soutenu chaudement par l'opinion publique dans la capitale et dans les provinces et par tout ce qu'il y avait d'éclairé parmi les Softas et les Ulémas, dirigés par Chakir Effendi ; de l'autre, celui de Mahmoud protégé par la puissante Validé Sultane et la Camarilla du Palais. Un des plus puissants alliés de l'ancien Grand Vizir était le général Ignatieff qui employait les moyens les plus ingénieux et qui s'abaissait jusqu'à des tours de comédie pour agir sur l'espri du Sultan.

Un incident survint qui précipita la crise. Le Khédive d'Egypte, désireux d'obtenir divers privilèges et prérogatives de son suzerain, avait coutume de faire des visites périodiques à Constantinople d'où il emportait chaque fois, à

auquel je travaille depuis quelques mois, s'effectuera d'une façon satisfaisante et je demande l'appui du Tout-Puissant, en faveur de la réussite de mes humbles efforts pour le service de Sa Majesté.

Je me permets de faire remarquer à Votre Excellence, combien il est utile de garder le secret sur ce que je viens de lui écrire.

Agréez...

Mahmoud NEDIM.

(Autre lettre.)

Je n'espère pas pouvoir fournir les allocations de la liste civile avant le terme légal ; la faute en est à la Banque qui fait des difficultés ; toutefois, ordre a été donné au ministère de fournir de l'argent. Prière d'envoyer un employé pour le toucher.

1.500 L. T. sur 25.000 promises ont été procurées (confidentiel). Dans le cas où l'on désirerait cette somme je la remettrai vendredi à Notre Maître. Quant à moi, je pense qu'il vaut mieux attendre quelques jours encore afin de lui remettre le tout. Dans tous les cas j'attends votre opinion, mon fils.

Agréez...

Mahmoud NEDIM.

prix d'or, quelques lambeaux nouveaux des droits souverains de la Porte. Ces procédés avaient fini par constituer une source régulière de revenus pour le Palais et ses parasites. A l'une de ces visites intéressées, le Khédive trouva Midhat Pacha installé comme Grand Vizir; surpris et désappointé, il se vit contraint, à la grande déception de tous les courtisans, de retourner cette fois à Alexandrie sans avoir pu placer ses présents.

Il devenait tous les jours plus évident que le Sultan aurait bientôt à opter entre un changement dans les procédés du Palais et la retraite du Grand Vizir. N'ayant jamais envisagé la première hypothèse, il adopta la seconde à l'occasion de l'opinion exprimée par Midhat sur certaines négociations scandaleuses avec le baron de Hirsh, concessionnaire des chemins de fer de Roumélie. Ce n'est que dans un pays despotique que les contrats d'État peuvent être signés dans les ténèbres, que les cahiers des charges sont examinés par des spécialistes complaisants, qu'un scandale tel que celui des chemins de fer Hirsh est possible. Si l'affaire n'était pas de notoriété publique, il serait intéressant de retracer tous les détails de cette prodigieuse escroquerie.

Obtenir un contrat qui donne, sans motif sérieux, un contrôle illimité sur les plus riches forêts du monde, est une affaire commerciale fort habile par elle-même; stipuler des conditions de paiement, suivant le nombre de kilomètres exécutés, sans prendre en considération la topographie et les exigences locales, est un beau succès pour la partie prenante; mais réclamer le paiement d'un travail fait en plaine, seulement d'après un tarif établi très haut en vue de travaux à exécuter aussi en pays de montagne, est le triomphe du génie financier.

Midhat, dans sa résolution de s'attaquer à la racine même du mal, sans souci des personnes et des conséquences, ayant découvert que le plus haut personnage de la nation acceptait, lui aussi, les largesses du baron autrichien, insista sur la restitution des sommes reçues. Le Sultan se soumit et renvoya l'argent, mais il destitua son Grand Vizir.

CHAPITRE IV

DÉPOSITION ET MORT D'ABDUL AZIZ

Midhat, qu'on voulait éloigner de la capitale, fut relégué dans le gouvernement général de Salonique. Au bout de quelques mois il obtint la permission de retourner à Constantinople, où il occupa successivement les postes de Ministre de la Justice et de Président du Conseil d'État ; mais se vit de nouveau obligé de démissionner pour les motifs indiqués dans la lettre qui suit et se retira dans sa terre, à proximité de la ville, pour y attendre les événements.

Les motifs de cette retraite sont clairement exposés dans la lettre ci-après de Midhat au Chambellan du Sultan Abdul Aziz Hafiz Méhémet Bey :

Excellence,

Les questions de personnes sont étrangères à ma requête. Je n'ai qu'à me louer de tous mes collègues sans distinction ; mais les motifs qui m'ont déterminé sont, comme je l'ai déjà exposé, les difficultés dans lesquelles nous nous débattons : nos finances sont dans un état désespéré, et l'administration civile est en pleine désorganisation ; quant à l'armée, la triste condition où elle se trouve, me dispense de tout commentaire. Tout ce désordre a compromis la sécurité et la confiance du pays, et les éléments non musulmans affichent hautement l'intention de se placer sous une protection étrangère.

Tandis que les fautes commises depuis vingt ans ont amené les scandales et les désastres que nous déplorons aujourd'hui et dont nous voyons les conséquences dangereuses, notre politique étrangère elle aussi, mal orientée, a provoqué à notre égard un changement dans les dispositions de celles mêmes parmi les Puissances qui nous témoignaient le plus d'amitié.

Midhat Pacha.

3.

Il serait impossible à un homme d'expérience et de réflexion de ne point appréhender les suites fâcheuses que la politique que l'on suit actuellement pourrait avoir pour la Turquie, et les serviteurs fidèles de Sa Majesté ne peuvent que s'émouvoir d'une situation pleine de périls pour l'avenir. La ligne de conduite adoptée par Son Altesse le Grand Vizir paraît sans doute à sa Majesté de nature à remédier à cet état de choses; mais, comme je l'ai expliqué dans ma lettre précédente, ayant passé la plus grande partie de ma vie dans l'administration provinciale et étant resté étranger à des affaires aussi compliquées que celles qui se traitent en ce moment, je me vois forcé de vous prier d'intercéder auprès de Sa Majesté afin qu'Elle accepte ma démission.

Agréez.....

29 Chewal 1291 (1874).   Midhat.

Les choses cependant allaient de plus en plus mal. L'un après l'autre, les Grands Vizirs étaient destitués ; Mehmet Ruchdi Pacha, Essad Pacha, Chervani Ruchdi Pacha ne restèrent en fonctions que quelques mois. Avec les meilleures intentions, ils étaient tout à fait incapables de réagir contre la situation ; et l'homme qui n'avait pas cessé de jouer le premier rôle dans la coulisse, Mahmoud Nédim, fut enfin rappelé au pouvoir.

Les finances du pays étaient presque irrémédiablement compromises. Bien qu'il ne se fût écoulé que vingt ans depuis la création, en Turquie, d'une dette nationale, la banqueroute était à nos portes. Elle paraissait si inévitable, si imminente aux yeux des meilleurs amis de la Turquie, que M. York, en Angleterre, dans l'intérêt d'une ancienne alliée de la Grande-Bretagne, et *de l'alliance elle-même*, attira l'attention du Parlement britannique sur l'état des finances turques, sommant le gouvernement d'intervenir, par l'intermédiaire de son ambassadeur à Constantinople, pour essayer d'éviter une catastrophe. Trois mois après cet avertissement, le Trésor ottoman réduisait de moitié les coupons de la dette publique.

La sensation produite par cette mesure dans l'Europe entière et non seulement dans les milieux commerciaux et financiers, mais aussi dans la classe des rentiers, petits et grands, fut énorme. Tentés par le taux élevé de l'intérêt et se fiant aux assurances que les financiers avaient données lors de la conclusion des emprunts successifs « que la Turquie, qui avait toujours payé, continuerait à payer », les petits bourgeois des pays d'occident avaient, sans hésiter, placé leurs économies dans les fonds turcs ; la déception et l'indignation qu'ils éprouvèrent à la suite de la répudiation de la dette n'en furent que plus grandes (1875). Des assemblées de détenteurs de fonds ottomans se réunirent partout. Le gouvernement et la nation turque, les Pachas et le peuple furent englobés dans une malédiction générale. Une telle explosion de colère contre la Turquie préparait admirablement le terrain à une action contre elle, et l'occasion ne tarda pas à s'en présenter.

Pendant le second Vizirat d'Essad Pacha, on put observer à la frontière du Monténégro certains mouvements de nature suspecte qui auraient fixé l'attention d'un gouvernement plus vigilant. Un parti de soixante paysans slaves du village de Névésignié, dans la commune de Mostar, après une querelle insignifiante avec les autorités locales, émigra au Monténégro. A la suite de démarches de l'ambassadeur de Russie, on leur accorda aussitôt après l'autorisation de rentrer chez eux. Mais, de concert avec leurs amis monténégrins, ces paysans organisèrent une razzia sur les terres des musulmans voisins. Au lieu d'étouffer cette rébellion dans son germe et d'en rechercher la cause afin de régler leur conduite en conséquence, les autorités locales perdirent du temps à attendre des instructions de Constantinople. Encouragées par cette inaction et par l'assurance d'appuis extérieurs, les bandes d'insurgés s'accrurent rapidement, et lorsqu'enfin le gouvernement résolut d'agir, il se trouva en présence d'une révolte sérieuse. Essad Pacha, bien intentionné, mais faible, et préoccupé de la situation extérieure en général, accepta l'offre insidieuse des ambassadeurs russes et autrichiens d'intervenir entre les chefs des meneurs et la Sublime Porte.

Aucune politique ne pouvait être plus fatale. Elle encourageait les rebelles à considérer cette intervention comme un aveu d'impuissance de la part du gouvernement, elle leur concédait pratiquement des droits et consacrait le principe d'intervention des gouvernements étrangers dans les affaires intérieures de l'Empire.

La perfidie de l'offre n'apparut qu'au moment où l'on discuta les conditions de la reddition des révoltés ; et cette comédie diplomatique eut pour résultat, ainsi qu'on devait s'y attendre, de maintenir les choses dans leur état antérieur. C'est ainsi que le soulèvement sans portée d'une poignée de paysans dégénéra en une insurrection avec laquelle l'Empire accepta de traiter d'égal à égal par l'intermédiaire d'ambassadeurs et de consuls étrangers.

Mahmoud Nedim venait de succéder à Essad Pacha (1875), et comme aucune mesure effective n'avait été prise pour réprimer cette révolte, celle-ci alla grandissant, de village en village, de district en district, et la contagion se propagea jusqu'à la région habitée par des Bulgares. Là, au début de l'année 1874, un commencement d'agitation s'était manifesté dans les districts de Drenova, Kazanlik et Zagra ; mais les autorités averties par l'incurie dont on avait fait preuve en Herzégovine, arrêtèrent tous les chefs du mouvement. La Porte les fit relâcher sur les représentations énergiques du général Ignatieff, lequel était allé jusqu'à exiger la révocation des fonctionnaires qui avaient opéré les arrestations [1].

---

1. Lettre du premier drogman de l'ambassade de Russie à Mahmoud Nedim Pacha (1873).

    Altesse,

J'ai communiqué les observations de Votre Altesse à Son Excellence l'ambassadeur qui m'autorise à assurer Votre Altesse qu'il

L'effet de ce mode nouveau et original d'action pour réprimer une insurrection ne tarda pas à se traduire bientôt par une effervescence générale qui gagna la population musulmane d'un bout à l'autre du pays. Des bandes de rebelles, dont les chefs étaient patronnés et soutenus par des Consuls et des diplomates étrangers, étaient organisées au grand jour et menaçaient les habitants paisibles, tandis que toutes les mesures défensives que prenaient les autorités étaient désapprouvées : la population musulmane résolut de prendre l'affaire à son compte et organisa, à son tour, des comités de vigilance et des bandes locales sous la conduite des zaptiés répartis dans les campagnes. Cet état de choses devait amener nécessairement une explosion de passions populaires. Un incident des plus regrettables, qui se passa à Salonique, le 5 mai 1875, en donna le signal : il contribua, avec l'insurrection bulgare et le mémorandum de Berlin, à créer la situation la plus critique que la Turquie ait eu à traverser depuis longtemps. Accompagnée d'un hodja, une jeune fille bulgare était arrivée des alentours à Salonique, le soir du 5 mai, dans le but de faire une déclaration de conversion au mahométisme, devant le Grand Conseil de cette ville — formalité requise par la loi, comme préliminaire à son mariage avec un jeune mahométan de son village. A son arrivée à la station, elle fut attaquée par une bande de Grecs et de Bulgares qui lui arrachèrent son yachmak et son féradjé (manteau et voile), la jetèrent de force dans une voiture, en dépit de la résistance de quatre zaptiés et la conduisirent, au galop, au con-

usera de son influence pour arrêter l'insurrection herzégovinienne. Personne plus que nous ne désire la réussite des projets de Votre Altesse.

Votre Altesse peut donner les assurances nécessaires à qui de droit.

J'ai l'honneur...

(Cette lettre est extraite d'un livre turc *Ussi Inkilab* publié trois ans après l'avènement au trône d'Abdul Hamid.)

sulat américain où le frère du vice-consul Lazaros qui avait organisé l'enlèvement, la cacha toute la nuit, projetant de la conduire, le lendemain, dans la maison d'un ami afin de faire perdre sa trace. Mais, au matin, presque toute la population musulmane qui avait eu vent de l'aventure, se rassembla devant le Konak, réclamant à grands cris la restitution de la jeune fille et sa comparution devant le Grand Conseil. Comme on ne tenait pas compte de leurs réclamations, la foule pénétra brusquement dans la mosquée de Saatli, adjacente au Konak du gouverneur, où la manifestation continua. Par une fatalité, encore inexpliquée, les consuls allemands et français se trouvèrent parmi les musulmans surexcités, dans l'intérieur même de la mosquée. On ignore s'ils s'y étaient rendus de leur propre mouvement pour faire des remontrances au peuple et discuter avec lui, ou, si, passant par là, ils furent, malgré eux, poussés dans la mosquée. La foule, s'abandonnant à sa fureur, poursuivit les consuls dans les appartements du Médressé (séminaire) qui communique avec la mosquée; se jeta sur eux, avec des barres de fer arrachées aux fenêtres et les tua sur place.

Seul le consul anglais, M. Blunt qu'accompagnait son cavass, conserva son calme et son sang-froid, en ces circonstances difficiles; au risque de sa vie, il se fraya un chemin jusqu'au Konak, et s'étant rendu compte que le gouverneur était impuissant à effectuer la restitution qui aurait calmé la foule et délivré les Consuls, il envoya un message au Vice-Consul américain M. Lazaro, cause de tout ce trouble, pour l'informer de la situation périlleuse de ses collègues de France et d'Allemagne, le suppliant de rendre la jeune fille. Malheureusement M. Lazaro hésita d'abord, prétendant ne pas savoir où elle était, perdit ainsi un temps précieux et, lorsqu'à un nouvel appel de M. Blunt, il libéra enfin la jeune fille, il était trop tard : le meurtre des deux consuls etait accompli.

Bien que le gouvernement ottoman ait puni sans tarder les auteurs de ce crime — dont six des principaux coupables furent immédiatement exécutés, et les autres condamnés aux travaux forcés, — on conçoit aisément l'impression que ces événements produisirent sur l'opinion publique européenne dont les sympathies n'allaient guère, à ce moment, à la Turquie. Partout on manifesta l'indignation la plus outrée. La presse antiturque, très nombreuse, s'empara avec ardeur de l'incident qu'elle dénonça comme une conséquence évidente du fanatisme incorrigible des musulmans, allant jusqu'à réclamer des mesures coercitives et même une croisade pour protéger les chrétiens de l'Empire, menacés d'un massacre général.

En vain, des Européens qui avaient vécu dans le pays et qui connaissaient, par expérience, la tolérance de ses habitants, protestèrent-ils contre ces exagérations et dénoncèrent-ils les vaines terreurs que l'on manifestait partout. Le colonel James Baker, un Anglais qui résidait depuis vingt ans dans le voisinage de Salonique où il avait établi une grande exploitation agricole et que ses occupations avaient mis en relations avec des hommes de toutes conditions, Chrétiens ou Mahométans, écrivit un livre où il tournait en dérision ces fables et vantait, au contraire, la bonne harmonie qui régnait entre les fidèles de l'une et l'autre religion.

L'expérience des hommes vivant dans le pays même était impuissante à réfréner le torrent des préjugés hostiles, que paraissait confirmer, de la force terrible d'un exemple, le drame de Salonique. Le général Ignatieff, qui voyait les événements servir ses plans à souhait, ne laissa pas d'user de tout le poids de son autorité pour aider à la propagation de ces craintes imaginaires. Il fit venir à Constantinople trois cents Monténégrins dans le but apparent de constituer une garde du corps à l'ambassadeur, au grand amusement de ses collègues plus raisonnables, très au fait de la situation et sûrs du peu de fondement des appréhensions qui déterminaient de si insolites précautions.

En tout cas, la *mise en scène* arrangée par l'ingénieux ambassadeur produisit ses effets, et ces pittoresques montagnards, flânant dans les rues de Péra, vêtus de leur élégant costume national, hérissés d'armes multiples pendues à leurs ceintures brodées, s'annoncèrent comme un vivant avertissement des terribles dangers qui menaçaient les Chrétiens dans le fanatique pays des Osmanlis.

La Serbie se préparait aussi à entrer en lice. Sans l'ombre d'un grief contre la puissance suzeraine, sans même alléguer un seul prétexte, le prince Milan, par l'unique ambition de convertir sa principauté en royaume, s'était facilement laissé entraîner dans une conspiration dirigée contre l'Empire Ottoman. Il appela toutes ses réserves et les arma de fusils nouvellement importés. Chaque jour, des trains bondés déversaient dans la capitale de la Serbie des officiers russes de toutes armes et de tous grades, depuis des généraux de division jusqu'à des caporaux et des sergents, chargés de transformer cette milice en une armée de guerre, et de convertir en soldats les réservistes mal instruits. Le pays entier, de Belgrade à Alexinatz, fut transformé en un vaste camp retranché.

Tout cela présageait de graves événements pour le printemps suivant (1875). Au commencement de l'année, la Porte fut informée qu'une sérieuse insurrection devait éclater en Bulgarie au mois d'avril et que les districts de Philippopolis, d'Eskizagra et de Tirnova seraient les centres du soulèvement. L'information très documentée était accompagnée d'une pressante requête des autorités des districts menacés, demandant qu'un corps de troupes régulières, envoyé sans retard sur les lieux, vînt rendre la confiance aux habitants et protéger la vie et les biens des citoyens paisibles. Le général Ignatieff intervint de nouveau, et fit valoir avec insistance que la présence des troupes ne ferait qu'enflammer les passions populaires et précipiter la crise. Mahmoud Nédim se rendit aux raisons du diplomate russe et fit la sourde oreille aux demandes et aux avertissements des autorités locales.

La révolte se produisit trois semaines plus tôt que la date fixée (16 avril 1875). Elle fut suivie exactement des mêmes incidents qui avaient caractérisé les soulèvements antérieurs. Obéissant à un mot d'ordre venu du dehors, les bandes armées tombèrent sur les premiers musulmans qu'elles rencontrèrent et les massacrèrent tous, sans égard ni à l'âge ni au sexe ; leur but évidemment était de provoquer des représailles qui donneraient beau jeu aux ennemis de la Turquie[1]. Ces représailles, en effet, ne se firent pas attendre et furent, à n'en pas douter, générales et d'un caractère sanguinaire. Nous n'avons pas ici l'intention de justifier ou de condamner les atrocités commises à cette époque ; mais si l'on tient compte de la nature humaine, des provocations faites à la population et des excitations préparées à prix d'argent pour créer la panique, on s'explique ces « atrocités de Bulgarie » qui, au surplus, ne dépassent pas en horreur les jacqueries et les révolutions de tous les temps et de tous les pays. Mais, en ces circonstances, l'esprit de parti alla même jusqu'à accuser les troupes régulières d'user des procédés que la presse européenne avait flétris en parlant des paysans. Pourtant les différentes missions qui furent envoyées sur les lieux pour enquêter n'établirent nullement qu'un chrétien trouvé sans armes, ait été jamais molesté, ni qu'on ait détruit un village dont les habitants étaient restés en dehors du mouvement qu'il s'agissait de réprimer. Des fanatiques n'y auraient pas regardé de si près.

Les choses en étaient arrivées à un tel point d'acuité, qu'un cataclysme général était à redouter. La Bulgarie, le

____

1. Voir : *Atrocités bulgares*, Blue Book, Turkey, 1877, n° 674.

Monténégro et l'Herzégovine en flammes, la Serbie s'armant jusqu'aux dents sous la direction d'officiers étrangers, la Roumanie se préparant à suivre son exemple ; la banqueroute du Trésor, un grand Vizir qui ne savait que s'inspirer des conseils perfides d'un ambassadeur, ennemi juré de la Turquie, un souverain extravagant, et sans souci du sort de son Empire : voilà le spectacle qu'offrait l'Orient au printemps de l'année 1876.

Mais ce n'était pas tout. Sous l'aiguillon de l'opinion publique et mue par des ressorts secrets qui agissaient dans le même sens, la diplomatie européenne brouilla les cartes.

Les hommes d'État et les chefs de parti tenaient des meetings pour y discuter la situation de l'Orient ; des « Notes » et des « Mémorandums » pleuvaient dans les chancelleries. L'activité déployée par les diplomates était un danger aussi menaçant qu'était critique la situation à l'intérieur de l'Empire.

Sur ces entrefaites, quelques patriotes qui ne désespéraient pas encore de leur pays, se réunirent, pour aviser aux moyens de le sauver, au Konak de Midhat Pacha. Mais avant de raconter les événements qui précédèrent la déposition du Sultan Abdul Aziz, il est utile de jeter un coup d'œil sur les menées de la diplomatie européenne.

Le premier événement et le plus important, celui qui donnera la clef de tout ce qui survint par la suite, fut l'entrevue du Czar et de l'Empereur d'Autriche, à Reichstadt, le 8 juillet 1876. Les résolutions que l'on y arrêta ne sont plus un secret aujourd'hui ; mais il y a trente ans, elles étaient très probablement ignorées dans leur ensemble à Londres, autrement les pourparlers qui eurent lieu entre les gouvernements anglais et autrichien, pour examiner les conditions d'une intervention armée dans la guerre russoturque, — pourparlers que mena l'Ambassade autrichienne à Londres en l'absence significative de l'ambassadeur, et au cours desquels on alla jusqu'à discuter les termes d'un emprunt de guerre garanti—— ne se seraient certainement pas produits. La clairvoyance du gouvernement anglais, en cette occasion, semble avoir été quelque peu en défaut ; il est vrai que les informations venues de Vienne étaient étrangement contradictoires ; aussi les négociations se poursuivirent-elles pendant deux ans dans la conviction absolue que le chancelier d'Autriche manifestait des sympathies magyares, hostiles à la Russie. Le fait est certain aujourd'hui — il était connu à Berlin, on ne l'ignorait guère à Paris — que l'Autriche fut, sinon la véritable instigatrice du soulèvement de l'Herzégovine (on n'en a pas la preuve certaine), du moins la Puissance décidée à en profiter ; toute sa politique, toute sa conduite diplomatique dans les événements qui vont suivre au Sud-Est de l'Europe, trahissent cette résolution[1].

Nous avons déjà indiqué quel était le pivot de la politique autrichienne à l'égard de la Turquie ; l'Angleterre s'étant désintéressée de la politique autrichienne sur le Danube, laissa celle-ci libre de défendre comme elle l'entendrait, ses intérêts dans cette région ; l'entrevue des deux empereurs, à l'explosion des troubles en Herzégovine, confirma ce changement de politique.

Deux assurances paraissent avoir été données par le Czar à cette entrevue désormais historique. La première que, quel que fût le résultat des événements en Turquie, il ne chercherait pas, pour la Russie, un agrandissement territorial en Europe ; la deuxième concernait la Bosnie et l'Herzégovine ; au cas où les troubles continueraient dans ces régions, il ne s'opposerait pas à l'occupation de ces provinces par l'Autriche si le reste de l'Europe le permettait.

---

1. Il existe aux archives de la Sublime Porte une dépêche d'Aarifi Pacha, à cette époque ambassadeur de Turquie à Paris, dénonçant, sur des renseignements fournis par le représentant d'un petit État du Nord, le Prince de Bismark comme le véritable organisateur de l'insurrection de Bosnie et d'Herzégovine.

Si cet accord n'avait pas été tenu secret et si les termes
en avaient été connus ou soupçonnés à Londres, pourrait-on
s'imaginer que les événements auraient suivi le cours
qu'ils suivirent ou que les « Notes » et « Mémorandums » arrivant de Vienne et de Berlin auraient été pris
en sérieuse considération par le Cabinet anglais? Le pacte
entre les deux Empereurs, scellé à Reichstadt, l'était aux
dépens de l'Angleterre en Asie, autant que de la Turquie en
Europe. C'était un corollaire pratique de la politique orientale avouée du Prince de Bismarck.

Il n'est plus maintenant que d'un intérêt théorique de
signaler le rôle que la personnalité du comte Andrassy et
ses sentiments magyars très connus jouèrent dans toutes
ces transactions, et point n'est besoin de s'y arrêter pour
interrompre le cours de ce récit.

Après que le Mémorandum Andrassy eut préparé les
Cabinets d'Europe à une sorte d'intervention diplomatique
dans les affaires de la Turquie, et les eut familiarisés avec
cettte idée, le cours naturel des choses dans l'Empire ottoman
fit le reste. Le ballon lancé de Vienne fut recueilli à Berlin.
Relativement incolore, le mémorandum diplomatique rédigé
à Vienne fut suivi d'une note beaucoup plus énergique
émanant de Berlin. Le premier contenait des recommandations, la dernière ajoutait des sanctions extérieures. Elle
conténait en germe la politique à suivre à l'égard de la
Turquie et la stratégie diplomatique à employer s'y révé-
lait clairement. La « Conférence » qui devait imposer les
conditions et veiller à leur sanction, était déjà sur le tapis
et formait le sujet d'un échange de vues entre les différents
gouvernements européens ; aussi ce fut en quelque sorte
dans l'appréhension de cette menace contre l'intégrité et
l'indépendance du pays, que Midhat et ses amis se hâtèrent
de délibérer.

Au commencement de décembre de 1875, Midhat, dans
le but de s'éclairer et pour prendre l'avis du diplomate émi-

nent qui représentait la Cour de Saint-James à Constantinople, eut avec Sir Henry Elliot une entrevue dont on ne
saurait mieux indiquer l'objet qu'en cédant la parole à
l'Ambassadeur lui-même [1] :

Au commencement de décembre 1875, je fus informé par un
des partisans de Midhat, un Pacha qui avait rempli quelques-
unes des plus hautes fonctions de l'État, que le but de son parti
était d'obtenir une Constitution. C'était plus d'un an avant la
promulgation de cette dernière, alors qu'on prétendait qu'elle
avait été inventée pour éluder la Conférence qui siégeait alors
à Constantinople..... Quelques jours plus tard, Midhat lui-même
me rendit visite et m'expliqua ses projets plus en détails qu'il ne
l'avait jamais fait auparavant, quoique je connusse leur teneur
générale. L'Empire, me dit-il, va rapidement vers l'abîme ; la corruption a atteint un degré jusque-là inconnu ; les serviteurs de
l'État mouraient de faim, tandis que d'innombrables millions
étaient versés au Palais, et, seul, un changement complet de système pouvait sauver le pays. Il n'entrevoyait de remède que dans
l'assurance d'un contrôle sur le Souverain et sur les Ministres
qui, — notamment en matière financière — seraient responsables devant une Assemblée nationale ; cette assemblée ne pourrait être vraiment nationale que si l'on supprimait toutes les
distinctions de classe et de religion, et mettait sur le même pied
chrétiens et musulmans. Midhat proposait enfin la décentralisation et l'établissement d'un contrôle sur les gouverneurs de
provinces. On doit reconnaître que ces vues étaient celles d'un
homme d'État éclairé, et méritaient d'être encouragées..... Il
insista à plusieurs reprises sur l'importance des sympathies de
la nation britannique pour les réformateurs, qui, de leur côté,
considéraient l'Angleterre comme un exemple à suivre. Je lui
répondis que je ne pouvais pas douter que des mesures basées
sur le plan qu'il avait tracé ne rencontrassent une approbation
unanime et qu'elles étaient conformes aux vœux de tout bon
Anglais qui, comme moi, avait confiance dans la supériorité,
l'utilité des entraves constitutionnelles imposées au pouvoir
arbitraire. Je lui donnai cette assurance confidentiellement et de
bonne foi, car certainement ce que je prévoyais le moins c'était
que ceux qui dans ce pays (l'Angleterre) font le plus parade de

____

1. Nineteenth Century, février 1888.

leur dévotion aux principes constitutionnels et qui essaient de les introduire en Turquie, allaient être les premiers à amasser des injures et à considérer leurs projets comme ridicules.... »

Le premier des nombreux incidents qui, peu après cette conversation, devaient se succéder rapidement se produisit le 10 mai 1876. Plusieurs milliers de Sotfas arrêtèrent le prince Youssouf Izzeddine, fils aîné du Sultan, sur le chemin du Ministère de la guerre, le priant de retourner au Palais pour informer le Sultan que le peuple demandait la destitution de Mahmoud Nédim, et du Cheik-ul-Islam, Hassan Fehmi Effendi. Abdul Aziz n'osa résister à cette injonction. Il renvoya Mahmoud Nedim et Hassan Fehmi et remplaça ce dernier par Hairrulah Effendi qui jouissait d'une réputation exceptionnelle de savoir et d'intelligence. Mehmet Ruchdi Pacha, un vieillard universellement respecté, fut nommé Grand Vizir ; comme il avait adjoint à son cabinet Midhat en qualité de Ministre sans portefeuille on crut, à la satisfaction générale, que ce dernier serait l'âme du nouveau Ministère. Sir Henry Elliot poursuit dans ces termes :

Cette joie universelle fut de courte durée. Le Sultan manifesta bientôt une opposition intransigeante à toute réforme, en nommant à des postes élevés plusieurs Pachas parmi les moins recommandables de la vieille école. Il me parut alors si évident qu'une tentative de déposition serait faite sous peu que le 25 mai je transmis à mon gouvernement ma conviction dans une dépêche où j'écrivais que le mot Constitution était dans toutes les bouches, que les Softas, représentant l'opinion publique intelligente de la capitale, soutenue par la masse de la nation — les chrétiens aussi bien que les mahométans — ne se relâcheraient pas, dans leurs efforts, tant qu'ils n'auraient pas réussi ; et que si le Sultan refusait d'accorder la Constitution, une tentative pour le déposer serait inévitable ; que des textes du Coran étaient mis en circulation prouvant aux fidèles que la forme du gouvernement qu'ils sanctionnaient était réellement démocratique, et que l'autorité absolue, exercée maintenant par le Souverain, était une usurpation des droits du peuple, non sanctionnée par la loi sacrée. Ces sentences, ces textes rappelaient au peuple qu'il ne devait aucune soumission à un souverain qui négligeait les intérêts de l'État. Toutes les classes de la société se désaffectionnaient, en effet, de leur souverain et, depuis les pachas jusqu'aux portiers des maisons et aux bateliers du Bosphore, tout le monde manifestait hautement son opinion..... Une semaine après l'envoi de mon rapport, la déposition d'Abdul Aziz était un fait accompli.....

Le principal auteur de la déposition du Sultan Abdul Aziz a été Hussein Avni Pacha, ministre de la guerre[1]. Soldat parfait, bon patriote, remarquable tant par l'énergie et la décision de son caractère que par l'impétuosité de son tempérament, Hussein Avni avait occupé les postes militaires les plus élevés et, à maintes reprises, Abdul Aziz l'avait exilé de Constantinople. Il était particulièrement craint et détesté de Mahmoud Nedim qui, chaque fois qu'il acceptait le poste de Grand Vizir, décrétait le bannissement de son ennemi. Bien qu'il ne partageât pas toutes les vues constitutionnelles de Midhat, et qu'il eût plus de confiance en

---

1. La lettre suivante de Midhat Pacha au grand Vizir Mehemet Ruchdi Pacha prouve qu'il ne tenait pas à détrôner Abdul Aziz et que ces deux ministres voulaient simplement faire accepter leur programme de réforme. Les intrigues de la Sultane-mère et les hésitations ou la duplicité du Sultan les ont seules décidés à se rallier au projet de Hussein Avni :

Au grand Vizir Mehmet Ruchdi Pacha.

« A l'audience d'aujourd'hui, j'ai de nouveau supplié Sa Majesté de consentir aux réformes qui sauveraient le pays et assureraient son bonheur. Le Sultan est convenu de la nécessité des réformes et de la gravité de la situation. Il jette tous les torts sur Mahmoud Nédim Pacha.

Si votre Altesse amenait, de son côté, la Sultane à une plus juste appréciation des circonstances et obtenait d'elle des garanties sérieuses, il conviendrait de modifier les dispositions arrêtées.

Je juge inutile d'ajouter que ma conversation avec Sa Majesté et les suggestions que je lui ai faites doivent être ignorées de Hussein Avni Pacha.

Veuillez agréer, etc.....
MIDHAT.

Hegire 1293
« Avril 1876 »

l'efficacité du sabre qu'en la vertu salutaire d'institutions populaires, il n'en avait pas moins adhéré avec empressement aux vues politiques de ses collègues.

La résolution des Ministres définitivement arrêtée, il fallait, avant tout, et pour donner une valeur légale à l'acte de déposition, obtenir un *Fetva* (sentence) du Cheik-ul-Islam, Hassan Hairullah, l'interprète le plus autorisé de la Loi sacrée, qui rendit en effet le Fetva suivant :

Si le Chef des fidèles donne des preuves d'un dérangement d'esprit et d'incompétence dans les affaires de l'État ; s'il emploie les revenus publics à des dépenses personnelles, au delà de ce que l'État et la Nation peuvent supporter ; s'il jette la confusion dans les affaires spirituelles et les affaire temporelles, et si son maintien au pouvoir est nuisible à l'État et à la Nation, peut-il être déposé ?

    Réponse : La loi sacrée dit : « Oui ».

Écrit par l'humble
Hassan Hairullah.

   Que Dieu lui accorde sa miséricorde.

Djemaziel ewel 1293
 (30 mai 1876).

Armés de cette sentence les Ministres décidèrent l'exécution immédiate de leurs plans, dont il fut convenu que le Grand Vizir, Mehmet Ruchdi, Midhat, et le Ministre de la guerre surveilleraient les détails.

Une légère divergence d'opinion divisait Midhat et le Ministre de la guerre sur la manière dont se ferait la déposition. Hussein Avni penchait pour un simple « pronunciamiento » militaire, tandis que Midhat désirait donner à l'acte la consécration de la sanction populaire. A cet effet, il proposa que les Sotfas et la population de Stamboul fussent convoqués en masse à la mosquée Nouri-Osmanieh où ils exposeraient les griefs de la Nation et demanderaient un changement de régime. Que cette demande fût rejetée ou acceptée, ils n'en procéderaient pas moins sur le champ à l'exécution du décret de déposition. La majorité des Ministres pencha pour cette dernière méthode ; mais une circonstance imprévue vint changer les plans et faire abandonner la proposition d'une démonstration populaire.

Le 31 mai fut la date définitivement arrêtée pour agir.

La veille, Midhat fut informé par une femme du Palais que le Sultan avait eu vent de l'affaire, et que le complot était sur le point d'être découvert. Cet avertissement était corroboré par le fait que deux fois ce même jour, Hussein Avni fut appelé d'urgence au Palais, quoiqu'il eût allégué une indisposition pour ne point répondre à l'invitation du Sultan.

A cette nouvelle, les Ministres résolurent d'anticiper sur l'heure qu'ils avaient fixée, et de se mettre à l'œuvre immédiatement ; le 30 mai, à minuit, Mehmet Ruchdi et Midhat, accompagnés chacun d'un serviteur portant un flambeau, se rendirent à Sirkedji où ils s'embarquèrent sur un caïque pour Pacha-Limani, résidence de Hussein Avni, sur le Bosphore. La nuit était noire, la pluie tombait à torrents, et c'est à grand'peine qu'ils atteignirent le lieu du rendez-vous. Hussein Avni les attendait anxieusement. Après une courte entrevue où l'on prit les dernières dispositions, ils se séparèrent pour regagner leurs postes respectifs ; Hussein Avni se mit en route pour le Palais de Dolma-Bagtché, tandis que Ruchdi et Midhat se rendirent au Séraskierat (Ministère de la guerre).

Il était décidé que les Ministres et les grands dignitaires civils et militaires devaient s'assembler dans le palais du Ministère de la guerre et y attendre l'arrivée du Prince Murad, que Hussein Avni s'était chargé d'amener ; et qu'aussitôt son arrivée on procéderait à la proclamation et à l'investiture du nouveau Sultan ; de plus, qu'on allumerait un feu de joie sur la tour du Séraskierat pour transmettre à la flotte la nouvelle de l'événement et qu'une salve tirée par les cuirassés de Ahmed Pacha annoncerait à toute la ville le commencement d'un nouveau règne.

Hussein Avni qui se rendait dans la direction du Palais, fut, comme il était convenu d'avance, rejoint par Suleiman Pacha, auquel avait été confiée la tâche délicate d'exécuter les mesures nécessaires au Palais.

Suleiman Pacha, maréchal dans l'armée et commandant en chef de l'école militaire des cadets à Pancaldi, le lieutenant de confiance et la main droite de Hussein Avni, ardent partisan lui-même de Midhat Pacha, et espoir du parti de la réforme, était l'homme qu'il fallait pour mener à bien une opération de ce genre qui exigeait une préparation minutieuse et une ferme résolution d'aboutir.

Dans les casernes de Tach-Kichla et de Gumuch-Suyou, les troupes avaient déjà reçu les ordres de Rédif Pacha, commandant du corps d'armée de Constantinople, et avaient été postées de manière à fermer toute approche par terre. La flotte de cuirassés se trouvait sous le commandement personnel du Ministre de la Marine, Kaisserli Ahmet Pacha. Celui-ci avait pris les mêmes précautions du côté de la mer, de sorte qu'il ne restait plus qu'à désarmer les sentinelles et le corps de garde, aux approches immédiates du Palais impérial. Suleiman avait amené avec lui un corps d'élite d'élèves militaires de Pancaldi, sous le commandement d'Ahmet bey (colonel) et de Bedry et Rifat beys (capitaines). Après avoir accompli avec succès, sans trouble, mais non sans quelque opposition, la délicate opération du désarmement, on se précipita dans les appartements du Prince Murad. Bien que celui-ci eût été averti des intentions des Ministres et eût acquiescé à l'ensemble du plan, il avait été impossible de lui faire connaître le changement de date auquel on fut obligé. C'est pourquoi, dans la crainte d'une surprise ou d'une trahison, il hésita quelque temps avant de céder à la requête urgente de Suleiman de rejoindre immédiatement Hussein Avni qui l'attendait, dans une voiture, aux portes du Palais, pour le conduire au Séraskierat, où devaient avoir lieu sa proclamation et son investiture.

Cette difficulté inattendue, une fois surmontée, on conduisit Murad sur le chemin du Séraskierat pendant que Suleiman procédait à l'exécution de la seconde et de la plus pénible partie du mandat qui lui avait été confié. Se frayant un chemin jusqu'aux appartements impériaux, et passant outre aux hésitations des serviteurs qui exigeaient un ordre signé de tous les Ministres, il demanda péremptoirement à être conduit devant le Sultan. Mis en présence d'Abdul Aziz, il expliqua au souverain l'objet de sa soudaine arrivée et lui donna lecture du Fetva de déposition. Tandis que le Sultan donnait libre cours à sa colère contre Suleiman, les gros canons des cuirassés d'Ahmet Pacha grondaient dans le lointain. Alors Abdul Aziz comprit la situation et la signification de ces salves, se soumit à l'inévitable et se mit en mesure d'obtempérer à l'invitation qui lui était faite de quitter le Palais de Dolma-Bagtché pour celui de Top-Kapou, qu'on lui avait assigné comme résidence.

Le nouveau Sultan confirma leur pouvoir aux Ministres en exercice par la lettre suivante adressée à la Sublime Porte :

A mon Grand Vizir très-patriote
Mehmet Ruchdi Pacha.

Par la faveur du Très-Haut et la volonté de nos sujets nous sommes monté sur le trône de Nos ancêtres : nous vous confirmons, à cause de votre patriotisme et de vos capacités, dans la charge de Grand Vizir et conservons tous les Ministres, vos collègues, dans leurs anciennes fonctions. Les difficultés nombreuses dont souffrent depuis quelque temps nos affaires intérieures et nos relations extérieures ont provoqué la méfiance de l'opinion publique, et causé des embarras financiers et des dommages territoriaux. La nécessité de remédier à cet état de choses, comme aussi celle d'adopter des mesures permettant d'assurer le bonheur et la confiance de nos sujets, s'impose impérieusement. Or, il n'est possible d'atteindre ce but que par la reconstitution totale de l'organisation de l'État sur une base solide et juste. Toute notre attention se porte de ce côté, et notre désir est que les ministres, après avoir délibéré, soumettent à Notre approbation, leurs opinions sur les moyens et les principes qui, tout en respectant les lois du Chéri, doivent régir la réorganisation de notre Empire conformément aux besoins du peuple, et de manière à procurer à tous nos sujets, sans distinction ni restriction d'aucune sorte, une liberté aussi complète que possible. Nous écouterons avec bienveillance leurs conseils sur l'application des lois justes, et susceptibles d'unifier le sentiment national et patriotique de tous les sujets. A cette fin, la réorganisation du Conseil d'État, celle des Ministères de la Justice, de l'Instruction publique, des Finances et des autres départements de l'État, s'impose. Une des réformes principales qui, nous l'espérons, nous fera regagner la confiance publique, consistera à établir sur des bases solides notre situation financière, et à éviter des dépenses non prévues par le budget. Pour aider à ce résultat, Nous diminuons notre liste civile de 60.000 kissés (300.000 L. T.) et offrons à l'État les mines de charbon d'Eregli, ainsi que les autres mines et revenus des fabriques attachés à la liste civile ; nous recommandons en outre, que des économies analogues soient faites dans toutes les branches de l'administration, de façon à équilibrer nos finances. Notre plus vif désir est de continuer des relations intimes avec toutes les Puissances amies, en observant rigoureusement les traités, et nous y consacrerons tous Nos efforts.

Plaise au Tout Puissant de nous accorder à tous le succès.

Djemaziel, Ewel 1293.
    2 juin 1876.

Non seulement tous les ministres conservèrent leurs portefeuilles, mais Kemal bey, le poète et littérateur le plus connu et le plus distingué de la Turquie, et Zia bey, également célèbre comme poète et comme patriote, furent nommés secrétaires privés du Sultan sous les ordres de Sadullah bey, chargé des fonctions de premier Secrétaire, et qui était très apprécié pour son passé et ses idées libérales. Ces nominations, importantes pour la régularité de fonctionnement des rouages de l'État, étaient une garantie contre le renouvellement des éternelles et des désastreuses intrigues du Palais contre les Ministres. Murad V avait enfin conçu la pensée de promulguer la Constitution préparée par Midhat et ses collègues, aussitôt que le permettrait l'expédition des affaires publiques les plus urgentes.

Jusque-là, tout semblait favoriser les réformateurs. Une révolution venait d'avoir lieu, qui eut pour résultat d'anéantir le pouvoir autocratique en Turquie et d'obtenir, du même coup, la promesse d'une constitution, premier fondement d'un gouvernement stable et solide dans le pays ; et cela sans trouble d'aucune sorte, avec l'assentiment et l'approbation de toutes les classes de la société, des fidèles de toutes les confessions religieuses, et d'accord avec le nouveau souverain bien connu pour partager sincèrement les vues de ses Ministres et les aspirations de son peuple. Tout semblait donc promettre une guérison prochaine des maux dont se trouvait affligé le malheureux pays des Osmanlis, et ouvrir une nouvelle ère de progrès et de prospérité en Orient.

Mais soudain un léger nuage parut à l'horizon, qui vint jeter une ombre sur les destinées de l'Empire. Depuis ce jour la fortune lui fut contraire, reculant violemment la date de l'ère de prospérité.

Dans la nuit pleine d'événements du 30 au 31 mai, Hussein Avni avait remarqué, durant son trajet avec Murad qu'il accompagnait au Séraskierat, que le Prince avait été pris d'une violente crise nerveuse. Après la cérémonie de l'investiture, pendant le retour au Palais de Dolma-Bagtche, ce symptôme s'accentua encore au point que Midaht Pacha qui accompagnait le nouveau Sultan, crut prudent de rester au Palais, et ne le quitta pas de trois jours. Les médecins appelés en consultation ne considérèrent pas d'abord le cas comme grave ; ils recommandèrent un régime qui, on en avait la certitude, devait faire, à bref délai, recouvrer la santé à Murad V et lui permettre de vaquer à ses occupations de Souverain. Le Docteur Leidersdorff, le célèbre spécialiste de Vienne, fit un diagnostic favorable. Tout le monde attendait la fin heureuse de la maladie dont le Sultan était atteint lorsque deux événements tragiques, survenant coup sur coup, vinrent l'aggraver encore et compromettre tout espoir d'une prompte guérison.

Le premier eut pour théâtre le grand Palais de Tchéragan, cinq jours après la déposition du Sultan. Abdul Aziz dont le caractère impérieux supportait mal son nouveau sort, avait, une ou deux fois, tenté, malgré une vive opposition, de se jeter par les fenêtres du Palais. Le matin du 5 juin, il demanda une paire de ciseaux pour tailler ses ongles et sa barbe. Fahri bey [1], son chambellan favori, hésitant à satisfaire à sa demande, alla en faire part à la Sultane Validé qui, sans la moindre méfiance, ordonna qu'on portât à son fils les ciseaux qu'il voulait. Quelques instants après, les dames de sa suite, en regardant par une fenêtre de l'antichambre donnant sur la pièce occupée par Abdul Aziz, le virent tranquillement assis dans un fauteuil, le dos tourné, lorsque soudain elles s'aperçurent que sa tête s'affaissait en avant. Elles coururent à la porte, essayèrent en vain de l'ouvrir. Appréhendant une catastrophe, elles coururent en criant vers sa mère pour l'informer de leurs soupçons. Celle-ci ordonna de pénétrer de force dans la chambre, et là on trouva Abdul Aziz assis dans la posture que nous venons de décrire, le sang s'échappant par deux blessures aux bras, faites évidemment avec les ciseaux tombés à terre à son côté. Le Sultan Aziz dut se servir de sa main droite pour se couper avec les ciseaux les veines et une artère du bras gauche, et il semble qu'il ait essayé ensuite de se servir de la main gauche, déjà affaiblie, pour s'ouvrir les veines et les artères du bras droit. Mais cette seconde tentative ne réussit qu'incomplètement : les veines seules furent coupées, les artères restèrent intactes.

1. Il vit encore à Taïf, en Arabie, où il fut exilé en même temps que Midhat Pacha.

Les médecins, mandés en hâte, ne purent que constater la mort, et les Ministres, prévenus sur l'heure, ordonnèrent qu'un examen immédiat du corps fût fait par les plus grandes autorités médicales de Constantinople. Dix-sept médecins de toute nationalité, parmi les plus distingués de la ville et des ambassades, conclurent à l'unanimité dans le rapport qu'ils signèrent que la mort devait, sans aucun doute, être attribuée au suicide. Voici leur certificat :

L'an 1876 A. D., le 23 mai V. S., (4 juin N. S. ou II du mois de Djemaziel Ewel 1293 de l'année de l'Hégire,) ce dimanche à II heures A. M. nous soussignés docteurs en médecine : Marco Pacha, Nouri Pacha, Jullius Millingen, Caratheodòri, Sotto, Dickson, Marroin, Nouridjian, Spadero, Vitalis S. Spagnolo, Marc Markel, Jatropoulo, Miltiadi bey, Abdinour Effendi, Moustafa Effendi, Seryet bey, Mehmet bey, et Jacques de Castro, appelés par le Ministère et par ordre de Sa Majesté impériale, à constater la mort de l'ex-Sultan Abdul Aziz, nous nous sommes rendus au corps de logis situé près du Palais impérial de Tchéragan.

Introduits dans une chambre du rez-de-chaussée, nous avons trouvé un corps couché sur un matelas à terre et recouvert d'un drap blanc et neuf. En soulevant ce drap nous avons reconnu l'ex-Sultan Abdul Aziz dont toutes les parties du corps étaient froides et exsangues, pâles, ou couvertes de sang coagulé. Le cadavre n'était pas rigide, les paupières étaient partiellement ouvertes, la cornée légèrement opaque, la bouche en partie ouverte. Des linges trempés de sang couvraient les bras et les jambes. En retirant les linges des bras, nous découvrîmes, près de l'articulation du bras gauche, une entaille de cinq centimètres de long sur trois de profondeur. Les bords de la plaie étaient écorchés et irréguliers. La direction de la blessure était de haut en bas et de l'intérieur à l'extérieur ; les veines de cette région étaient coupées et l'artère cubitale aux trois quarts disjointe dans sa partie superficielle. A l'articulation du bras droit, nous découvrîmes une blessure légèrement oblique, également érosée, de deux centimètres de longueur et un de profondeur. De ce côté, les petites veines seules étaient atteintes, les artères étaient intactes.

Il nous fut présenté une paire de ciseaux de dix centimètres de long, très tranchants, dont une pointe portait une petite saillie latérale ; les ciseaux étaient tachés de sang, et on nous dit que l'ex-Sultan Abdul Aziz s'était fait lui-même les blessures décrites ci-dessus.

Nous nous rendîmes ensuite à la résidence du feu Sultan, où nous fûmes introduits dans une chambre ayant vue sur la mer. Là, nous trouvâmes dans l'angle d'un sofa, placé près d'une fenêtre, une mare de sang répandu sur ce meuble, et sur la natte du plancher une grande quantité de sang coagulé en un amas et plus loin de nombreuses taches répandues dans la chambre.

En conséquence, nous émettons à l'unanimité l'avis suivant :

1. — Que la mort de l'ex-Sultan Abdul Aziz a eu pour cause l'hémorragie produite par la section des veines aux articulations des bras.

2. — Que l'instrument qui nous a été montré peut parfaitement produire les blessures sus mentionnées.

3. — Que la direction et la nature de ces blessures, ainsi que l'instrument au moyen duquel elles auraient été effectuées, nous font conclure à un suicide.

En foi de quoi nous avons rédigé et signé la minute présente des procès-verbaux, au corps de logis de Tchéragan, le jour, le mois et l'année dits ci-dessus.

Signé :

Drs Marco, Noury, A. Sotto, médecin attaché à l'ambassade impériale et royale d'Autriche-Hongrie, Drs Spagnolo, Marc Markel, Jatropoulo, Abdinour, Servet, J. de Castro, A. Marroin Jullius Millingen, C. Carathéodori, médecin du conseil Sanitaire, Drs E. Spadero, J. Nouridjian, Miltiadi bey, Moustapha, Mehmet, Dickson.

Le suicide d'Abdul Aziz ayant éveillé des soupçons dans certains milieux, le Docteur Dickson, médecin de l'Ambassade britannique et l'un des signataires du rapport, écrivit dans le journal « The Lancet » une lettre fort détaillée dont nous reproduisons le passage suivant :

Me rappelant la fin tragique de plusieurs des prédécesseurs de Sa Majesté, le récent coup d'État et les circonstances critiques du moment, je dois avouer que ma première impression, lorsque je fus invité à l'examen post mortem, fut que j'allais me trouver en face d'une nouvelle victime d'un acte criminel. Ce n'est qu'après avoir scruté tous les faits parvenus à ma connaissance que je suis arrivé à la conviction du suicide d'Abdul Aziz, comme l'établit le récit officiel.

Les dépouilles mortelles d'Abdul Aziz, sitôt les médecins congédiés, furent lavées, enveloppées d'un drap mortuaire, et transportées, sur une chaloupe à vapeur, à Top-Kapou. Là s'accomplit le service funèbre en présence des Ministres et autres hauts fonctionnaires. Le corps fut ensuite inhumé dans le mausolée du Sultan Mahmoud.

Dix jours après la tragédie du Palais de Tchéragan dont la nouvelle avait profondément affecté le Sultan Murad, un autre drame survint, d'un caractère plus terrible et plus propre encore à abattre un esprit déjà troublé.

Après le coup d'État du 30 juin, par mesure de précaution, les aides de camp et autres officiers de l'ancienne cour furent éloignés de la capitale. Parmi eux, un certain Hassan, capitaine circassien, jadis aide de camp du Sultan Abdul Aziz, sur lequel pesaient des soupçons d'intentions criminelles, avait été assigné au sixième corps d'armée à Bagdad. Au lieu d'obéir à cet ordre, il accusait ouvertement, en termes violents, Hussein Avni de la déposition et de la mort de son maître. Pour cette insubordination, le Ministre de la guerre le fit emprisonner. Après deux jours de détention, il fit savoir qu'il rejoindrait son poste et demanda la permission de prolonger de quelques jours son séjour à Constantinople pour se préparer à son voyage. Le 15 juin, jour de sa libération, il alla dans la soirée à la maison de Hussein Avni qu'il demanda à voir avec insistance. Ne le trouvant pas chez lui et apprenant qu'il était chez Midhat Pacha où tous les Ministres s'étaient réunis en Conseil, il se retira d'un air désappointé, monta dans un caïque et alla débarquer à Stamboul. Entré dans un restaurant, il le quitta au bout d'un certain temps, légèrement pris de vin, et se rendit à la maison de Midhat à Tavchan-Tachi.

Il était dix heures, et les Ministres, au nombre de dix, avec l'ex-grand Chérif de La Mecque, venaient de commencer leurs délibérations,

Hassan bey pénétra dans le vestibule et aux questions des officiers de service, il répondit qu'il partait le lendemain pour Bagdad, et qu'il désirait faire auparavant au Séraskier une communication importante. On lui fit comprendre que cela était impossible à ce moment et qu'il devait attendre la fin du Conseil.

Le Circassien se mit à marcher de long en large et subitement, trompant l'attention de tout le monde, monta l'escalier et voulut pénétrer dans la salle du Conseil.

Les valets de Midhat Pacha l'en empêchèrent, et l'un d'eux descendit prévenir le domestique de Hussein Avni, et lui demander d'aller annoncer le Circassien à son maître. Hassan en profita pour entrouvrir d'abord la porte de communication, examiner la position que chacun des Ministres occupait dans la pièce, où, entrant brusquement, il fit le salut militaire, cria au Séraskier de ne pas bouger, et lui tira un coup de revolver en pleine poitrine. Pendant que la plupart des Ministres, surpris et effarés, se précipitaient dans un salon voisin, le Ministre de la Marine essaya de saisir les bras de l'assassin qui se dégagea en le blessant de coups de couteau à la figure, au cou et aux épaules. Hussein Avni eut assez de force, quoique gravement atteint, pour gagner l'escalier, quand, se mettant à sa poursuite, Hassan le rattrapa et lui plongea son couteau à plusieurs reprises dans le corps. Il retourna ensuite au salon et devant l'antichambre où les ministres s'étaient barricadés, et leur demanda à travers la porte de lui livrer Kaïsserli. « Il me faut Kaïsserli. Livrez-le-moi, je ne vous ferai aucun mal à vous ! » criait-il au Grand Vizir Ruschdi Pacha. A quoi celui-ci répondit qu'il n'en ferait rien. Ne recevant pas d'autre réponse, il tira contre les battants, saisit un fauteuil qu'il lança contre le lustre du grand salon et d'une bougie ramassée par terre, il mit le feu aux draperies. Ahmet Agha, un serviteur dévoué de Midhat Pacha, survint tout à coup qui, grâce à sa force herculéenne, parvint à paralyser un instant le meurtrier en lui empoignant les coudes par derrière ; mais ce dernier, se délivrant de l'étreinte, étend raide mort, d'un coup de revolver dans l'œil, son intrépide assaillant. Le Ministre des affaires étrangères s'était évanoui au commencement de cette scène ; Hassan le voyant affaissé dans cet état lui décharge son arme, et le tue roide.

Près d'une demi-heure s'était écoulée depuis qu'un seul homme se livrait à un véritable massacre dans une maison remplie de monde.

Les ministres supposant qu'une bande d'assassins cernait le Konak de Midhat, trouvaient prudent d'attendre dans leur refuge les secours qu'un serviteur avait couru chercher. Il y avait heureusement tout proche du Konak un poste de zaptiés. Deux d'entre eux, arrivés les premiers, montèrent l'escalier et sommèrent Hassan de se rendre : par la porte entr'ouverte, il fit feu et les blessa. Leurs camarades échangeaient encore des balles avec lui, quand arriva enfin, du séraskierat, un piquet de soldats : ils renversèrent la porte qui servait de rempart au Circassien et s'emparèrent, non sans résistance, de sa personne. Il descendait, entouré de baïonnettes, les escaliers lorsque l'aide de camp du Ministre de la Marine se mit à l'injurier : Hassan se baisse, tire un revolver de sa botte et l'étend mort.

Il avait reçu lui-même plusieurs blessures, et il aurait été achevé sur place sans l'intervention de Midhat.

Le lendemain, dans un court interrogatoire, il déclara qu'il avait uniquement voulu se venger de Hussein Avni, qu'il n'avait pas de complices, et qu'il déplorait la mort de Rachid, Ministre des affaires étrangères, et celle des soldat et valets. Épuisé par les blessures qu'il avait reçues, il expira avant que pût être exécutée la sentence qui le condamnait à être pendu.

L'effet de tous ces déplorables événements sur l'esprit du Sultan Mourad fut désastreux. La guérison, qu'avait fait espérer le Dr Leidersdorff, parut indéfiniment ajournée. Deux partis avec des vues très différentes sur la situation et la conduite à suivre en cette circonstance se formèrent alors parmi les Ministres et les hauts fonctionnaires de la Cour. Le Grand-Vizir, Mehmet Ruschdi, Midhat et la majorité de leurs collègues, au courant des dispositions favorables du Sultan Mourad pour la réforme, pensaient qu'il fallait attendre le rétablissement du Sultan.

D'autres, ayant à leur tête Damad Mahmoud Djelaleddine Pacha, beau-frère du Sultan, Rédif Pacha, commandant du corps d'armée de Constantinople, et un ou deux maréchaux influents encore, voulaient brusquer les choses, et profiter de l'occasion pour s'assurer, dans l'État, une situation prépondérante ; ils avaient participé au détrônement du Sultan Aziz, mais ils étaient néanmoins opposés aux vues constitutionnelles de Midhat et du parti réformateur, et n'aspiraient en fait qu'à la satisfaction de leurs intérêts personnels. La maladie du Souverain leur permettait de renverser l'édifice des réformes tout entier, et de s'emparer du pouvoir pour détourner, à leur avantage exclusif, la révolution accomplie.

Damad Mahmoud Djelaleddine était un homme dépourvu de culture. Sceptique, sans convictions politiques arrêtées, il avait la réputation de n'être pas indifférent à l'argent et de ne point négliger ses propres affaires. D'un caractère décidé jusqu'à la brutalité, il ne reculait devant aucun moyen pour arriver à ses fins. Sa qualité de Damad (beau-frère du Sultan), outre qu'elle lui donnait une réelle influence au Palais, lui assurait en même temps une grande autorité dans les conseils de l'État, Damad Mahmoud Djelaleddine était l'âme même de la conspiration antiréformiste. Le caractère de son lieutenant Rédif Pacha ne différait en rien de celui de Djelaleddine ; il avait pris une large part au détrônement d'Abdul Aziz, et appréhendait également le triomphe des réformateurs.

Ces deux hommes à eux seuls formaient presque toute la conspiration : leurs partisans étaient à peine admis dans leurs conseils et ignoraient tous leurs plans.

Djévdet Pacha, Ministre de la Justice, était du nombre. Durant le Vizirat si mouvementé de Mehmet Ruchdi, il s'était fait oublier comme ministre, guettant un moment propice pour précipiter la chute de ses collègues. Parmi les autres agents de Mahmoud, on ne doit pas oublier deux hommes qui, bien que ne possédant pas encore la notoriété dont ils devaient jouir bientôt, furent les instruments fidèles de l'ambition de Mahmoud et contribuèrent puissamment au succès de ses plans. C'étaient les deux Saids.

L'un, beau-frère de Mahmoud, était indiqué pour le poste important de premier aide de camp du Sultan Abdul-Hamid. Il était généralement connu sous le nom de « Ingliss [1] Said Pacha » parce qu'il avait fait son éducation militaire à Woolwich. Bien qu'il fût dépourvu d'initiative et de convictions politiques, il était de caractère franc et loyal, et ne manquait pas d'énergie ; sa collaboration était indispensable pour mener à bien les projets de son beau-frère. Avec Rédif Pacha il forma le troisième membre du groupe qui devait, dans l'esprit de Mahmoud, gouverner le pays sous le règne suivant.

L'autre Said dont il sera beaucoup parlé plus loin, à cause de la haute situation qu'il a occupée dans l'Empire, était connu sous le surnom « Said Kutchuk » (le petit), et cette épithète qui lui resta depuis le distinguait de l'autre Said. Il passait pour l'âme damnée de Mahmoud, qui le destinait au poste confidentiel et important de premier secrétaire du Sultan.

Sans aucun doute, les plans de Damad étaient bien

1. L'Anglais.

conçus, et ses filets habilement tendus. Il s'était réservé
à lui-même le Grand Vizirat.

Derrière ces personnages s'était rangée toute la phalange de la réaction, et le Konak de Mahmoud devint le
rendez-vous de tous les mécontents.

Les moyens d'action ne manquaient pas aux conspirateurs ; à vrai dire ils surabondaient. La loi fondamentale
ottomane n'admet point un souverain d'esprit faible ; de
plus la cérémonie de la prise du Sabre où le Padichah
revêt le manteau et l'épée d'Osman, en guise d'investiture, n'avait pas eu lieu. Et pourtant, comme jadis l'huile
sainte de Reims pour les rois de France, elle était une condition essentielle du pouvoir. Jusque-là le Sultan ne s'était
jamais dispensé de se rendre le vendredi au service de la mosquée et de recevoir au Sélamlik. L'abstention de Murad V
jeta le peuple dans la consternation et l'inquiétude. Les
affaires publiques en souffraient, la nouvelle constitution
ne pouvait être promulguée, et l'ancienne, telle qu'elle
était, ne pouvait fonctionner, le grand ressort du mécanisme de l'État se trouvant hors de service.

Enfin, la diplomatie étrangère vint se mêler activement à la question, les ambassadeurs, les envoyés des
États étrangers demandaient à qui et quand ils pourraient
présenter leurs lettres de créance. L'ambassadeur russe
qui paraissait mieux renseigné que les ministres eux-
mêmes sur le caractère du prince Hamid, insistait sur ce
fait qu'il fallait mettre un terme à cet état de choses [1]. Il

1. Un jour qu'Aleeo Pacha Prince Vogoridy, alors ambassadeur à
Vienne, se plaignait au comte Andrassy des interventions incessantes des agents autrichiens en Bosnie, le ministre de l'Empereur
François-Joseph lui répondit que le Sultan ne pouvait avoir autorisé
l'expression de griefs de ce genre, et cela pour la bonne raison
que Sa Majesté, avant de monter sur le trône, avait formellement
promis au comte Zichy, à Constantinople, de faciliter l'occupation
de cette province par l'Autriche-Hongrie.

était évident que la crise ne pouvait se prolonger indéfiniment [1].

1. A ce sujet l'Ambassadeur Britannique Sir H. Elliot écrivait à lord Derby, Ministre des affaires étrangères, la dépêche suivante :

Sir H. Elliot à Lord Derby [*].

Mylord,

Ayant été informé que la question de l'acceptation de la médiation proposée par les grandes puissances sera discutée aujourd'hui dans le Conseil des Ministres, je me suis rendu à la Porte où j'ai eu une entrevue avec le Grand Vizir, Ruchdi Pacha, Midhat Pacha et Savfet Pacha.

Je les ai trouvés, spécialement le premier, dans un état de grand abattement.

D'abord le Conseil doit prendre une décision sur la proclamation de Hamid Effindi comme Sultan à la place de son frère, ce que je crois, sera décidé demain ; car on s'aperçoit que la présence d'un Souverain dans la crise actuelle est devenue indispensable, et on ne peut pas la différer à l'infini avec le faible espoir que Sa Majesté peut recouvrer la santé plus tard.

Au sujet de la médiation des puissances, les Ministres déclarent qu'ils en délibéreront dans un Grand Conseil, mais dans l'état du Souverain aucune décision ne peut être prise sur une matière de cette importance.

Avec tous les arguments que j'ai pu trouver, j'ai tâché de les convaincre qu'une hésitation de leur part entraînera des conséquences fatales pour l'Empire.

La sympathie du peuple russe pour la cause de la Serbie est devenue telle que si la guerre continue, le Gouvernement sera inévitablement obligé de se déclarer ouvertement en sa faveur, et il n'y a pas une seule puissance en Europe de qui la Porte pourra attendre le moindre soutien.

En Angleterre le public est tellement surexcité par les atrocités en Bulgarie, que si la Russie déclare la guerre à la Turquie, il sera impossible pour le Gouvernement de Sa Majesté d'intervenir en sa faveur.

. . . .

. . . .

J'ai l'honneur d'être....

Henri ELLIOT.

* Blue Book Turquie N° 1, 187, page 114.

Damad Mahmoud Pacha et ses complices firent afficher des placards au coin des rues de Constantinople et dans les mosquées, pour surexciter le peuple, auquel on voulait faire croire « que le Sultan, Empereur des Ottomans et Khalife de l'Islam, ne règne plus et que Midhat Pacha et Mehmet Ruchdi Pacha règnent et gouvernent à sa place ». Toutes ces machinations formèrent dans le public deux courants différents, et tout le monde attendait anxieusement la sortie du Sultan qui, malade, demeurait enfermé dans le Palais.

Dans ces conditions, s'il devenait absolument indispensable de déposer Murad, il fallait stipuler avec le prince héritier les conditions de son accession au trône et faire échouer les plans de Damad 'Mahmoud Pacha, en mettant obstacle aux relations clandestines qui existaient entre le prince Hamid et le nouveau parti. A cet effet, les ministres décidèrent que Midhat irait à Muslou-Oglou où résidait le prince Hamid, héritier présomptif, pour savoir, dans une entrevue secrète, si les Ministres pouvaient compter sur son adhésion aux réformes et à la Constitution. Si Abdul Hamid refusait les réformes que Midhat lui proposerait, le trône serait offert à son frère le prince Mehmet Rechad (aujourd'hui héritier présomptif). A cet effet Mme Midhat Pacha était chargée de sonder le prince Réchad sur ses dispositions à l'égard des réformes.

Voici quelles étaient les conditions posées au prince Hamid :

I. Il promulguerait sans délai la nouvelle Constitution.

II. Dans les affaires de l'État il ne prendrait l'avis que de ses conseillers responsables.

III. Zia bey et Kemal bey seraient nommés ses secrétaires privés avec Sadullah bey comme chef du secrétariat du Palais.

Midhat et Ruchdi attachaient à cette dernière condition une grande importance, parce qu'elle offrait une garantie contre ces intrigues du Palais qui avaient fait échouer tant de projets de réforme. Elle évitait dans la mesure du possible, entre la Porte et le Palais, le renouvellement de ces luttes sourdes qui ont, pendant des siècles, paralysé les efforts des Ministres.

Dans cette entrevue historique à Muslou-Oglou, le prince Hamid dissimula admirablement ses vrais sentiments et ses arrière-pensées. Il promit tout ce qui lui fut demandé et même davantage ; il afficha des opinions plus libérales que celles des plus avancés parmi les Ministres ; se déclara en faveur d'une constitution plus démocratique encore que celle qui avait été élaborée. Il accepta toutes les autres conditions sans faire aucune opposition, et ajouta qu'il abandonnerait le trône à son frère le sultan Murad V si celui-ci venait à se rétablir. Le bruit circulait même, déjà à ce moment, qu'Abdul Hamid avait pris cet engagement par écrit, vis-à-vis de Midhat Pacha. Lors de la publication de la « Vie de Midhat Pacha » en anglais chez M. Murray à Londres, nous n'en possédions pas encore la preuve. Depuis, cette preuve, nous l'avons trouvée dans un billet adressé par Midhat Pacha à sa femme, après son arrestation à Smyrne, et dont nous donnons ici la traduction :

> Ma chère femme,
>
> Je vous engage à faire votre possible pour envoyer à M. Meyer à Londres, 6, India Avenue, la lettre enveloppée dans un papier bleu et qui se trouve dans la poche intérieure de mon sac noir. Cette lettre, relative à l'avènement du Sultan [1], doit être remise plus tard à l'héritier présomptif. S'il ne vous est pas possible de l'envoyer à Londres, faites-la détruire pour éviter qu'elle ne tombe aux mains du gouvernement actuel.

Ayant reçu des affirmations aussi nettes et des déclarations écrites, Midhat retourna à Stamboul et rapporta aux Ministres assemblés, le résultat de sa visite. On résolut

---

1. Le Sultan Abdul Hamid.

Midhat Pacha.   5

alors de franchir le pas décisif, et de placer sur le trône le prince Hamid.

Comme à l'occasion du détrônement du sultan Abdul Aziz, il était indispensable d'obtenir un Fetva du Cheik-ul-Islam, certifiant que la décision projetée était conforme à la loi sacrée. Au préalable, Mehmet Ruchdi demanda un rapport à six des principaux médecins de Constantinople, dont quatre appartenaient aux ambassades des Grandes Puissances. Les médecins, après avoir examiné le Sultan Murad, signèrent une déclaration concluant à l'impossibilité d'espérer la guérison à bref délai du Sultan Murad.

Midhat et Mehmet Ruchdi réunirent alors le peuple sur la place du Palais de Top-Kapou et, après avoir porté à sa connaissance le rapport des médecins, Ruchdi leur adressa ces simples paroles :

Notre Auguste Souverain S. M. I. Murad V qui n'a régné que douze jours, s'est trouvé affligé d'une maladie qui, malgré tous les efforts de la science humaine, ne laisse aucun espoir d'amélioration. Ses facultés intellectuelles sont d'une faiblesse extrême et les médecins le déclarent incurable. Néanmoins, nous avons attendu jusqu'à l'expiration du délai légal, et maintenant que je vous ai exposé la situation dans sa vérité, il ne reste qu'à vous informer de ce que commande en pareille circonstance la loi du Chéri.

La foule assemblée approuva avec tristesse, et le Cheik-ul-Islam, Hassan Hairullah, prononça le Fetva suivant :

Si le commandeur des croyants est atteint d'aliénation mentale et si l'exercice de ses fonctions lui devient par cela même impossible, peut-il être déposé ?

Réponse : le Chéri dit : oui.

Écrit par l'humble
Hassan HAIRULLAH.

Que Dieu lui accorde sa miséricorde.

12, Châban 1293 de l'Hégire
(1ᵉʳ septembre 1876).

CHAPITRE V

____

ABDUL HAMID, SULTAN

L'acte du détrônement de Murad V était accompli. Le jeudi 1er septembre 1876, le prince Hamid, entouré de tous les grands dignitaires civils et militaires de l'État, descendit à cheval la grande rue de Péra jusqu'à Stamboul. On accourait en foule pour voir le cortège ; mais sous l'impression des événements dramatiques qui s'étaient si rapidement succédé, le peuple assistait à ce spectacle en silence et sans enthousiasme. Un sentiment d'anxiété planait dans l'air et faisait augurer des malheurs.

De Stamboul, le prince se rendit dans un caïque de parade, au Palais de Dolma-Bagtché. On fixa le 15 du mois de Châban, un lundi, pour la réception du Biat (première cérémonie de l'investiture) ; ce jour-là, une députation de notables qui apportait ses félicitations et son hommage, reçut du sultan la réponse suivante :

Je vous remercie pour vos félicitations ; je n'ai qu'un désir : le progrès de notre pays et la paix pour tous mes sujets. Mes actes confirmeront mes promesses de réformes. Pour jouir de leurs bienfaits, mes sujets doivent, de leur côté, donner des preuves de leur attachement aux devoirs qui leur incombent.

A ses Ministres, il adressa un bref discours, conseillant l'union et la bonne intelligence entre eux, comme condition et symbole de l'union parmi tous les sujets de l'Empire, et il les engagea à prouver leur union par des actes.

Le jeudi suivant, 18 du mois de Châban, fut fixé pour la grande cérémonie de la prise du sabre qui équivaut au couronnement des souverains européens. Le matin de ce jour, Abdul Hamid se rendit par mer à Eyoub, faubourg de la Corne d'Or où sont conservées l'épée d'Osman et d'autres reliques sacrées. Sur son passage la flotte le salua par des salves, et les marins qui garnissaient les vergues l'acclamèrent par les cris de « Padichahim tchok yacha ».

Après cette cérémonie, le nouveau Padichah se rendit, selon l'usage, au mausolée de Selim, le premier calife ottoman, puis à celui de son père Abdul Medjid, et enfin au Palais de Top-Kapou où sont déposés le manteau du prophète et la bannière sacrée.

Ceint de l'épée d'Osman, Hamid II règne sur la Turquie et les épaisses ténèbres de l'ère hamidienne vont commencer à s'étendre sur elle.

Cette nuit-là, au moment de sortir du palais de Dolma-Bagtché, le vieux Ruchdi, se tournant vers ses collègues, leur dit : « Nous avons été bien pressés de nous défaire de Murad ; puissions-nous n'avoir jamais l'occasion de nous repentir de ce que nous avons fait. »

Cette vue prophétique sur l'avenir et la conviction que de plus jeunes que lui devaient affronter les luttes qu'il pressentait, décidèrent le vieux Grand Vizir Ruchdi Pacha qui avait gouverné à la faveur d'un coup d'État, et qui avait assisté, bien à contre-cœur, à un second détrônement, à solliciter son remplacement pour cause de santé.

Midhat qui, depuis trois mois déjà, était le chef réel du gouvernement, lui succéda.

Le premier reçu parmi les envoyés étrangers par le nouveau souverain fut le comte Zichy, ambassadeur austro-hongrois. Safvet Pacha, ministre des affaires étrangères, était présent. L'audience dura une heure, et la conversation roula exclusivement sur les affaires de l'Herzégovine. L'ambassadeur insista sur la gravité des événements qui s'y passaient, sur l'anxiété et les dépenses que les troubles aux frontières causaient aux deux pays, et exhorta le sultan à écouter les avis des puissances amies. Tout cela était strictement conforme au rôle que nous avons vu jouer à l'Autriche depuis deux ans. Après avoir mis le feu à la maison de son voisin, elle lui rappelait le « Proximus ardet Ucalegon » et le prévenait des conséquences.

Vint après le tour de l'ambassadeur russe, le général Ignatieff revenu récemment de Saint-Pétersbourg avec les dernières instructions de sa cour. Le ton que l'ambassadeur et les envoyés de Russie, les Strogonoff, les Mentchikoff et les Ignatieff avaient accoutumé de prendre avec la Porte dans toutes les circonstances critiques mettant en présence la Russie et la Turquie, réapparut en cette occasion :

Sa Majesté l'Empereur, mon Auguste Maître, informé officiellement de l'accession au trône de Votre Majesté, m'a chargé de l'honneur insigne de le représenter à la cour de Votre Majesté. Les relations amicales des deux pays peuvent continuer à condition que les intérêts de l'un et de l'autre soient assurés. Sa Majesté l'Empereur ne peut voir avec indifférence ce qui se passe dans l'Empire Ottoman, qui possède les routes commerciales de la mer Noire et de la Méditerranée et dont une partie des habitants suivent la même religion que la sienne.

C'est dans l'intérêt de notre pays que la paix doit régner en Turquie, et mon pays désire que les derniers événements ne se renouvellent pas, et que la paix soit assurée. Sa Majesté l'Empereur connaît les difficultés et les moments critiques qui accompagnèrent l'avènement de Votre Majesté ; mais il est convaincu que les troubles disparaîtront et que le rétablissement de la paix dans l'intérieur sera assuré. Sa Majesté l'Empereur prie pour le succès de Votre Majesté.

. A ce discours le Sultan répondit par quelques mots appropriés.

Plus encore que l'Empereur de Russie... je désire le progrès de la Turquie, la paix dans les provinces ; mon plus ardent désir est d'assurer le bonheur de mon peuple.

Mais les actes commençaient déjà à ne pas être en rapport avec les paroles d'Abdul Hamid. A peine était-il sur le trône, que le conflit éclata entre les deux partis dont nous avons parlé plus haut.

Son premier soin fut de choisir le personnel de sa maison. Damad Mahmoud Djelaleddine fut nommé Grand Maréchal du Palais, et Said Pacha (Ingliss) premier aide de camp du Sultan. Aucune objection ne fut faite à ces nominations. Les attributions de ces deux dignitaires pouvaient être considérées comme du domaine exclusif des droits privés du Palais, et leur nomination était un des privilèges réservés au Souverain. Mais il en était tout autrement des fonctions de premier secrétaire du Sultan. Ce personnage a toujours été la main droite et l'organe du Sultan. Par sa situation, par son facile accès auprès de sa personne, par ses rapports quotidiens avec Lui, il a toujours joué un rôle d'une importance exceptionnelle, à peine inférieure à celui du Grand Vizir lui-même. C'est pour cette raison que Midhat qui tenait à voir ce poste occupé par un homme honnête et loyal, avait non seulement insisté sur la nécessité d'y placer un fonctionnaire qui fût en communion d'idées avec les Ministres, mais exigé énergiquement, dans l'entrevue de Muslou-Oglou, comme une des quatre conditions auxquelles devait souscrire le prince Hamid, que Sadullah bey, Zia bey et Kemal bey fussent désignés pour ses secrétaires. Bien qu'il eût formellement accepté cette condition, le Sultan informa Midhat Pacha, lors de sa première visite au Palais, qu'il avait nommé premier secrétaire Said bey (l'homme de Mahmoud). Étonné de cette violation de promesse et en devinant la signification, Midhat fit de fortes objections au Sultan et insista sur un nouvel examen de la question. Mais ni les remontrances, ni les prières de ses Ministres ne firent céder le Sultan : il resta inébranlable.

Il nous est facile, à nous, de penser aujourd'hui, que

devant une pareille attitude, Midhat devait immédiatement accepter la bataille offerte par le Sultan ; qu'il devenait évident que le premier engagement allait décider du sort de la Turquie, et que le premier coup porté ou reçu déciderait probablement de l'issue de la lutte. Mais la vision des choses est naturellement plus facile pour nous qu'elle ne l'était pour Midhat. A la clarté des événements nous pouvons connaître maintenant le caractère de tous les acteurs du drame qui commençait, surtout de l'acteur principal et de ce secrétaire qui était si bien choisi pour le rôle qu'on lui destinait. Nous pouvons juger maintenant Damad Mahmoud Djelaleddine, la cheville ouvrière de la réaction et quelques-uns des Ministres qui avaient feint pendant des mois d'entrer dans les vues de Midhat, n'attendant, en réalité, que le moment de le trahir ; nous savons qu'alors avait été habilement mûri et tramé un complot pour étouffer la réforme en écrasant les réformateurs. Toutes ces choses nous sont connues aujourd'hui ; mais, à l'époque, elles étaient à peine soupçonnées.

L'importante citadelle du Palais fut ainsi livrée, avec toutes ses défenses, aux mains des conspirateurs, et le Palais entier fut organisé en vue de leurs desseins. Une fois cette forte position solidement assurée, le Sultan put se permettre de découvrir une partie de son jeu ; il n'osait encore faire tomber Midhat ; agir ainsi eût été maladroit, car Midhat était une force qu'il ne fallait pas dédaigner : on avait besoin de lui et de sa constitution pour combattre la conférence qui allait se réunir. Hamid II ne voulut pas d'une rupture immédiate et ouverte avec son grand Vizir : il préféra une opposition sourde et accentuée par degrés à la politique de Midhat, jusqu'au jour où il le frapperait sûrement, et avec le moins de risques.

Les sujets de querelles n'étaient pas difficiles à trouver. Le discours du trône, écrit par Midhat, sorte de « programme » de la nouvelle politique inaugurée dans des circonstances exceptionnelles et qui était attendu avec beaucoup d'impatience, fut revisé par le Sultan ; des phrases essentielles furent omises et remplacées par d'autres d'une ambiguïté calculée. Le projet original établissait comme clefs de voûte un « nouveau régime, la Constitution et la Réforme », mais, le message bouleversant tout, ne présente plus que des phrases embarrassées, insignifiantes et incolores.

Afin de donner aux lecteurs une idée exacte de l'art déployé dans cette transformation, nous reproduisons en traduction le discours prononcé, à cette occasion, en plaçant entre parenthèses les passages omis :

Hatti Humayoun
du Sultan Abdul Hamid à son avènement au trône.

Mon Illustre Vizir Méhémet Ruchdi Pacha,

Notre frère aîné, le sultan Murad V, ayant dû, par la volonté de la Providence, abandonner les rênes de l'État et du Khalifat, nous sommes monté sur le Trône de nos ancêtres, conformément à la loi ottomane.

Appréciant vos qualités, votre habileté et votre expérience dans les affaires de l'État, nous vous confirmons dans les fonctions de Grand Vizir et de Président du Conseil (*avec le titre de Premier Ministre*) et ordonnons que tous nos Ministres et tous nos fonctionnaires conservent leur portefeuille. Confiant dans l'appui du Très-Haut, nous poursuivrons notre but qui est de fortifier l'Empire et de faire participer tous nos sujets sans exception à tous les bienfaits de la liberté, de la paix et de la justice. Nous espérons que nos Ministres et nos fonctionnaires nous aideront à réaliser nos vœux (*Comme la Turquie fait partie du concert européen, elle doit, dans le but d'aller de pair avec ses voisins dans la voie du progrès, se conformer aux mêmes méthodes ; et comme le système constitutionnel est un des principaux facteurs du progrès des nations, nous déclarons adopter ce mode de gouvernement en tenant compte des lois du Chéri et des coutumes de notre peuple*). Que l'on jette un coup d'œil sur les causes de l'état critique des affaires actuelles et l'on ne tardera pas à en reconnaître, parmi tant d'autres aussi variées que nombreuses, deux principales qui sont : la non-observation des lois du Chéri et le fait que les hommes ont pris pour règle de conduite leurs volontés et leurs caprices. Si depuis quelque temps la désorganisation qui règne dans les affaires de l'État a pris de telles proportions, si la gestion de nos finances n'a plus la confiance publique, si nos tribunaux n'inspirent plus de respect, si l'Empire, malgré les avantages qu'il offre au développement du commerce, de l'industrie, de l'agriculture et de tous les progrès n'en a pourtant pas profité ; si, enfin, tous les efforts prodigués en vue d'assurer la liberté et la paix à nos sujets sont demeurés stériles, la faute en est à la non-observation des lois et règlements ; de là, la nécessité, pour réaliser le bonheur de tous, de mettre en première ligne la stricte observation des lois existantes et de celles que nous élaborons conformément au Chéri et aux besoins de nos sujets, de surveiller les dépenses et les revenus de l'État afin de gagner par des actes la confiance du public. (*En consé-quence, chaque département de l'administration doit agir avec prudence et s'abstenir de dépenses inutiles : les dépenses pour l'entretien des Palais Impériaux seront réduites au strict nécessaire ; la liste civile des Princes de la Maison Impériale sera diminuée et le montant de leur allocation sera directement versé par le Ministre des Finances auquel nous offrons la somme de 30.000 L. t. à déduire de notre propre liste civile et fixons les dépenses mensuelles de notre Palais à 30.000 L. t).*

La nécessité de convoquer une Assemblée générale compatible avec les mœurs, les coutumes et les aptitudes de nos populations se faisant de plus en plus sentir, nos ministres étudieront avec soin et minutieusement cette question et soumettront leur rapport à notre sanction. (*Dans le but d'élaborer des lois constitutionnelles conformément aux besoins de nos populations, de leurs us et coutumes et des lois du Chéri, nous ordonnons que les Ministres d'État, les savants docteurs de la loi et tous ceux dont le savoir pourrait contribuer à la perfection de l'œuvre commune se réunissent en Conseil pour émettre leurs opinions à ce sujet, et leur rapport revu par le Conseil des Ministres sera soumis à notre approbation.*) D'autre part, la confusion qui règne dans les affaires de l'État résulte de l'inaptitude de certains fonctionnaires à remplir les emplois qui leur ont été confiés, et des permutations fréquentes et non motivées du personnel. Aussi notre désir est-il qu'à partir de ce jour, conformément à leur rang, tous les titulaires soient choisis parmi les plus capables et les plus méritants ; que leur révocation ne puisse se faire sans motifs sérieux et que chaque fonctionnaire soit responsable dans l'exécution de son mandat. Nous porterons aussi notre attention sur l'instruction publique et, ayant observé que les puissances européennes ne sont parvenues à ce haut degré de prospérité que par elle, nous désirons que nos sujets, à quelque classe qu'ils appartiennent, puissent profiter des bienfaits de la science chacun selon ses aptitudes personnelles ; (*et afin que le progrès du pays produise le bonheur de tous les sujets sans distinction, et pour leur inculquer ces idées, nous décrétons la fondation d'écoles où l'instruction et l'éducation seront données en commun à tous.*) Nous désirons que vous avisiez, sans retard aucun, aux moyens d'assurer ce résultat important en élevant le chiffre des allocations budgétaires dans une proportion suffisante. En outre il faut procéder immédiatement à la réforme administrative, financière et judiciaire des provinces, afin de leur créer une situation réellement normale et conforme aux bases qui seront adoptées pour l'organisation centrale. (*Il est aussi indispensable que les lois régissant la perception de la dîme, de l'impôt, des contributions indirectes, soient conformes à l'équité et à la justice : et nos efforts tendront à prévenir toute dérogation ou abus dans l'exécution de ces lois. L'achat et la vente d'esclaves étant contraires aux prescriptions du (Chéri) et aux principes de l'humanité et de la civilisation, nous affranchissons les esclaves et les eunuques de nos palais et déclarons qu'à partir de ce jour la traite des esclaves est formellement interdite dans notre Empire. Nous fixerons une date pour l'affranchissement graduel général de tous les esclaves et nous prendrons des mesures spéciales pour empêcher le retour de l'esclavage.*)

Depuis un an, la Bosnie et l'Herzégovine, à l'instigation de conseils perfides, sont en état d'insurrection, et la révolte de la Serbie venant se greffer sur cette insurrection fait, à son tour, couler à flots le sang des enfants d'un même pays. La continuation de cet état de choses est pour nous un profond sujet de tristesse et notre plus sincère désir est d'y mettre fin en ayant recours aux mesures les plus rigoureuses.

Nos traités avec les Puissances étrangères ayant été renouvelés

et reconnus par Nous, Nous nous efforcerons de resserrer avec
les Puissances les relations amicales que nous entretenons avec
elles.

Que Dieu notre Maître, nous accorde sa bienveillance pour le
succès de tous Nos désirs.

Samedi (22 Chaban 1292) (9 septembre 1876).

Les modifications apportées à ce premier discours du
trône contenaient en germe les dissentiments qui devaient
naître entre le Sultan et Midhat.

I. Dans la première phrase du Hatti Humayoun
d'inauguration, le Sultan avait biffé ces mots : « Mon
Grand Vizir, avec le titre de premier ministre » auxquels
Midhat attachait une grande importance parce qu'ils intro-
duisaient une innovation. Midhat désirait abolir le titre de
Grand Vizir et le remplacer par celui de premier Ministre,
ce changement devant entraîner la responsabilité collective
des Ministres au lieu de celle du Grand Vizir seul. Ce que
le premier Ministre aurait perdu en dignité et en influence
personnelle aurait été ainsi gagné par le ministère collectivement et, du même coup, les dispositions essentielles de la
Constitution auraient gagné en vigueur. Midhat comprenait
très bien que cette fonction de premier Ministre exigerait
d'être renforcée et développée pour quelque temps en Turquie, en face du trône dont le pouvoir et l'influence
tiennent aux traditions et aux sentiments des Ottomans,
ainsi qu'à la position qu'il occupe dans le monde islamique.

Le sens et le but de cette proposition n'échappèrent pas
au Souverain qui, fidèle à ses propres vues et ne voyant
que son intérêt, biffa simplement la phrase et rejeta la
proposition.

II. Midhat avait placé dans la bouche du Sultan la
phrase suivante : » Comme le système constitutionnel est
un des principaux facteurs du progrès des nations, nous
déclarons adopter ce mode de gouvernement en tenant
compte, etc. » Au lieu de cela, après quelques phrases

incolores et banales sur la non-observation des lois et des règlements et sur le noble but d'assurer le bonheur de ses sujets, il parla de la nécessité de convoquer « une assemblée générale compatible avec les habitudes, les mœurs, les coutumes et les aptitudes de notre population » (ce qui pouvait signifier quelque chose ou rien, d'après l'estimation que l'on ferait desdites aptitudes) et il ordonna à ses Ministres d'étudier soigneusement et minutieusement cette question (ce qu'ils avaient fait depuis plus d'un an) et de soumettre le rapport à sa sanction.

III. Relativement encore à cet important sujet, Midhat avait proposé de convoquer, dans le but d'élaborer les lois constitutionnelles, un grand Conseil composé des Ministres d'État, des docteurs en droit, et de tous ceux auxquels leurs connaissances et leur expérience conféraient un titre aux yeux du pays ; leur rapport devait être revisé par le Conseil des Ministres et soumis à l'approbation du Sultan.

Cette proposition avait pour but non seulement d'assigner un terme à l'inauguration de la nouvelle Constitution mais aussi de lui apporter la sanction de tous les hommes éclairés et respectés dans l'Empire. Le Sultan rejeta cette proposition dans son ensemble.

IV. Très inquiet de l'État actuel des finances et parfaitement convaincu qu'une sévère économie, dans toutes les branches de l'administration, serait le premier moyen de remédier au mal (il en avait acquis l'expérience pendant le règne d'Abdul Aziz), Midhat n'hésita pas à proposer à Abdul Hamid, comme il l'avait fait à son prédécesseur Murad [1], de réduire au strict nécessaire les dépenses de la Maison impériale, ainsi que l'allocation des princes qui en recevraient le montant du Ministre des finances. Il laissait d'ailleurs le souverain libre de fixer lui-même le chiffre des dépenses mensuelles du Palais.

1. Murad avait accepté cette proposition sans aucune objection.

Le Sultan omit tout ce paragraphe.

V. Midhat attachait la plus grande importance à la question des écoles mixtes dans les provinces où chrétiens et musulmans vivaient côte à côte. On se rappelle que, au temps où il était gouverneur des provinces du Danube, il avait essayé d'établir ce système en Bulgarie, et ce fut, à l'occasion même de ce projet, que le vigilant Ignatieff, après s'être employé à le faire échouer, obtint la démission du Vali.

L'ancien gouverneur de Bulgarie — qui devait devenir une seconde fois Grand Vizir de l'Empire — désirait étendre ce projet à toutes les provinces ; et dans le discours d'inauguration, il faisait prononcer ces mots au Sultan : « Afin que le progrès du pays puisse contribuer au bonheur de tous les sujets sans distinction, et dans le but de propager ces idées, nous décrétons la fondation d'écoles où l'instruction et l'éducation seront données en commun à tous ».

A la place de cette déclaration catégorique, le Sultan substitua cette proposition incolore : « Nous désirons que tous nos sujets, sans distinction de classe, soient à même de profiter des bienfaits de la science, chacun dans la mesure de ses capacités » qui peut avoir le sens que chacun veut bien lui attribuer.

Nous verrons bientôt comment le Sultan lui-même l'interprétait.

VI. Midhat désirait abolir le trafic des esclaves, qu'il considérait comme un scandale et une honte pour l'Empire, et incompatible avec la prétention d'un pays à prendre rang parmi les nations civilisées. Il proposa donc de proclamer dans ce discours l'abolition de l'esclavage, conseillant au Sultan de sanctionner cette réforme en affranchissant tous les esclaves du Palais. Le Sultan supprima tout le paragraphe.

Avec des vues si radicalement différentes sur la manière

d'envisager les questions, il était clair que les occasions de
sérieux conflits ne manqueraient pas de se produire. On
verra, en effet, que les divers sujets de discorde étaient déjà
contenus dans les discussions et les divergences qui avaient
surgi sur le mode de rédaction du discours du trône que
nous venons de donner.

La constitution occupait naturellement la première place
dans ces disputes. Le Sultan, ainsi qu'on l'a vu, avait
refusé d'en soumettre les dispositions à l'examen d'un Grand
Conseil convoqué *ad hoc*, de crainte qu'elles n'en fussent
approuvées. Il aima mieux que les Ministres fussent leurs
propres garants afin de se ménager le droit de dire plus
tard que cette réforme était dépourvue de la collaboration
nationale. Il n'est donc pas étonnant que dès les premiers
jours de son avènement il ait trahi la plus vive anxiété au
sujet de la Constitution.

Sachant que Midhat s'était constitué le champion de cette
réforme, c'est avec lui que le Sultan entra en négociations
avant même la démission de Mehmet Ruchdi Pacha. La
lettre suivante, très suggestive, signée de son nom (au lieu
de porter, selon l'usage, la signature du premier Secrétaire),
fut le signal parti des lignes ennemies.

*Lettre adressée par le Sultan Abdul Hamid à Midhat Pacha
la veille de sa nomination au Grand Vizirat.*

A mon illustre Vizir Midhat Pacha,

Nous avons pris connaissance de la Constitution que vous
Nous avez communiquée officieusement, et Nous y avons noté
des passages incompatibles avec les mœurs et les aptitudes de
la nation. Notre désir est d'assurer l'avenir du pays par une
administration équitable et Nous ne pouvons qu'apprécier tous
les efforts accomplis dans ce but. Un des objets auxquels Nous
attachons une grande importance est de *sauvegarder les droits
souverains* dans la nouvelle organisation, conforme aux besoins
du peuple. Nous désirons donc que la Constitution soit discutée

au Conseil des Ministres et qu'elle subisse des retouches dans le
sens que nous venons d'indiquer. Faites parvenir Nos salutations
à Notre Grand Vizir et montrez-lui cet ordre. Dans tous les cas,
nous comptons que votre patriotisme vous suggérera des efforts
pour atteindre le but que nous envisageons, et Nous désirons
que cet iradé soit gardé secret entre notre Grand Vizir et vous.

Abdu Hamid.

9 Zilhidje 1293 Hégire.
  (23 novembre 1876)

Réponse

Au premier Secrétaire de S. M. Impériale.

Excellence,

Dans l'impossibilité déjà de remercier Sa Majesté de ses bienfaits et des nombreux témoignages de bienveillance dont elle
me comble chaque jour, et à tout moment, je ne sais comment
exprimer ma gratitude pour le nouvel et insigne honneur que
j'ai si peu mérité de recevoir une lettre autographe de Sa
Majesté, m'invitant à fournir des explications sur le texte de la
Constitution que j'ai remis officieusement à S. M. Je reconnais
moi-même que la plupart des articles contenus dans ce rapport
demandent à être modifiés et transformés, et je crois inutile de
dire que si ce texte a été soumis à S. M. comme une simple
minute, c'était avec l'intention de le corriger plus tard d'après
ses vues et ses désirs. Ce rapport a été rédigé et complété par
la commission convoquée à cet effet par ordre impérial, et le
moment étant venu de faire étudier le texte par le Conseil des
Ministres, la teneur de l'iradé impérial a été communiquée à
S. A. le Grand Vizir. Or, ma fidélité à mon souverain et mon
amour pour mon pays m'obligent à émettre l'opinion qu'il y a
deux moyens de surmonter la crise actuelle. Le premier consiste
à mettre à exécution, avant la réunion de la Conférence, les
réformes pour notre organisation intérieure, ainsi que nous
l'avons déclaré et promis à toutes les Puissances ; le délai assigné à cette mise en vigueur expire au plus tard dans trois ou
quatre jours. L'autre moyen serait d'accepter les propositions
formulées par les Puissances et de se résoudre à vivre éternelle-
mént sous leur tutelle. Si le premier n'est pas adopté ou bien
si la promulgation de la Constitution est ajournée ou retardée

jusqu'à la réunion de la Conférence, la seconde alternative nous sera imposée.

Agréez, Excellence...

MIDHAT.

11 Zilhidje 1293 Hégire.
(27 septembre 1876)

Ces mots « sauvegarder les droits du souverain » renfermaient en germe les intentions des conspirateurs et trahissaient le fond de leur pensée. C'était une allusion directe à une clause que le Sultan désirait voir insérer dans le texte de la Constitution ou plutôt (et la différence est très réelle) à une annexe qu'il voulait ajouter à l'article 113, concernant la déclaration de l'état de siège dans les districts en révolte. La portée et l'application de ce paragraphe pouvaient s'étendre à tous les organes du gouvernement. Il est impossible de supposer qu'il était applicable aux Ministres eux-mêmes ; d'autant moins que la Constitution avait spécialement et soigneusement prévu dans les art. 31, 32, et 34 leur mise en jugement et les peines qu'ils pourraient encourir. Cependant, malgré les clauses et les garanties constitutionnelles qui apportaient un obstacle et mettaient une limite à l'exercice des prérogatives du souverain, Midhat combattit longtemps l'insertion de cette annexe à l'article 113. Mais, soucieux avant tout de voir promulguer la Constitution au plus tard le premier jour où siègeraient la Conférence, démêlant mal encore le caractère de l'homme avec qui il avait affaire, il se laissa convertir par les explications et les commentaires que le Sultan fit relativement à cette addition et, finalement, bien qu'à contre-cœur, il consentit à l'insérer dans le texte de la Constitution.

Il est aisé de voir maintenant que ce fut la seconde erreur de tactique commise par Midhat. « Ne vous fiez pas aux princes » est un sage dicton surtout lorsqu'on ne connaît pas leur caractère. S'il avait été moins confiant et plus ferme — s'il avait obligé Abdul Hamid à observer stric-

tement les termes du traité de Muslou-Oglou auquel celui-
ci avait souscrit, comme à une des conditions de son élé-
vation au trône, Midhat n'aurait jamais été banni, et la
Constitution n'aurait jamais été suspendue.

CHAPITRE VI

———

SECOND GRAND VIZIRAT

Le 19 décembre 1876, trois mois après l'avènement d'Abdul Hamid, Midhat fut nommé Grand Vizir, par le Hatt Impérial que nous donnons plus loin. Sa nomination à ce poste fut de nouveau accueillie avec une grande joie en Turquie, et eut aux yeux de l'Europe la valeur d'un gage des intentions réformatrices de la Porte.

A cette occasion, Sir Henry Elliot adressa la dépêche suivante à Lord Derby :

Constantinople, 19 décembre 1876.

Mylord,

Midhat Pacha a été nommé Grand Vizir à la place de Mehmet Ruchdi Pacha. L'importance de cette nomination, en ce moment, est très grande, Midhat Pacha est, à n'en pas douter, le plus énergique et le plus libéral des hommes d'État turcs. C'est un homme d'action, quoique ses décisions soient parfois trop hâtives. Il a toujours soutenu l'égalité des musulmans et des chrétiens, et désire une autorité constitutionnelle, au-dessus du pouvoir du Grand Vizir aussi bien qu'au-dessus de celui du Sultan. Il est opposé à la centralisation, et disposé, au contraire, à donner aux populations des provinces une prépondérance considérable dans leurs affaires locales.

Il m'a parfois parlé de son opposition énergique contre l'établissement d'institutions spéciales dans les provinces slaves, mais c'est un homme qui écoute les avis et peut être amené à en voir la nécessité dans les circonstances présentes.

Il n'est pas aimé du vieux parti musulman, mais il est regardé comme l'espoir des réformateurs mahométans et chrétiens.

Il a toujours manifesté le désir de suivre les conseils du gouvernement de Sa Majesté ; mais j'ignore quels sont ses sentiments envers l'Angleterre à cette heure[1].

J'ai l'honneur d'être...

Henry ELLIOT.

Hatt Impérial du Sultan Abdul Hamid à Midhat Pâcha, pour sa nomination au Grand Vizirat.

Mon illustre vizir Midhat Pacha.

Mehmet Ruchdi Pacha a donné sa démission du Grand Vizirat pour raison de santé et à cause de son âge avancé. Dans notre désir de voir bien administrées les affaires de l'État dont l'importance, en ce moment surtout, n'a pas besoin d'être signalée, de donner une solution satisfaisante aux questions en suspens, en confirmant à la face du monde entier le droit et les intérêts légitimes de notre Empire et d'améliorer la situation financière, il était nécessaire de confier le Grand Vizirat à des mains capables.

Par conséquent, et vu vos aptitudes, je viens vous confier cette charge et je veux que vous consacriez tous vos efforts à la bonne gestion des affaires.

Que le Très Haut daigne accorder le succès à nos travaux.

Le 19 décembre 1876.   ABDUL-HAMID.

Dans une lettre adressée à Said, Midhat fit remarquer au Sultan le danger d'un retard provenant du fait d'une discussion trop prolongée du texte de la Constitution, ajoutant que le texte soumis au Sultan était celui de la Commission nommée par Sa Majesté elle-même et qui, après avoir été soumis au souverain, pouvait être désormais considéré par les Ministres comme pouvant acquérir sa forme définitive à la suite de quelques nouvelles délibérations ; qu'en outre, un plus long délai, avant sa promul-

---

1. Livre bleu, Turquie. 2. N. 105.

gation, susciterait dans l'esprit des puissances amies un doute sur la sincérité du gouvernement turc dans l'œuvre des réformes. Il était, par conséquent, urgent de promulguer la Charte constitutionnelle avant la date fixée pour la réunion de la Conférence.

Au premier Conseil de cabinet, sous la présidence de Midhat, tenu dans la maison de Mahmoud Damad, — une circonstance très significative en elle-même dévoila le jeu du parti de la réaction. Lorsque arriva la discussion sur la question de la Constitution et sa promulgation Djevdet Pacha, Ministre de la Justice, — l'homme de Mahmoud qui jusque-là avait fait le mort, attendant les événements, proposa soudainement d'ajourner indéfiniment la Constitution, sous prétexte qu'elle n'était plus nécessaire par suite de l'avènement du nouveau souverain. Devant l'insolente audace de cette proposition, l'indignation et la colère de Midhat peuvent aisément s'imaginer. Il apostropha son collègue dans les termes les plus forts et les plus sévères et lui fit observer que l'unique motif et la justification de l'acte solennel de déposition auquel tous avaient prêté leur concours, était la nécessité précisément de donner la Constitution au pays : il ne cacha pas à Djevdet et à Mahmoud, comme à ses autres collègues disposés à soutenir l'avis du Ministre de la Justice, qu'il se démettrait de ses fonctions et se retirerait dans la vie privée, si la plus légère hésitation se manifestait sur ce point essentiel.

Grâce à cette fermeté intransigeante, Midhat découragea toute tentative d'opposition ouverte, et les adversaires feignirent d'entrer dans les vues du Grand Vizir. Mais l'incident n'en était pas moins instructif, et aurait dû avertir Midhat des projets secrets des conspirateurs.

On a dit, entre autres critiques, aussi fausses que mal fondées, que la « Constitution de Midhat », ainsi qu'on l'a appelée, était un simple artifice destiné à faire échouer la Conférence, qui était sur le point de se réunir. Un seul fait, garanti par une autorité qui ne sera pas discutée, anéantit radicalement cette calomnie. Sir Henry Elliot, dans ses rapports, dit clairement que Midhat Pacha et ses amis l'avaient informé douze mois avant qu'il fût jamais question d'une Conférence, qu'ils travaillaient à la promulgation d'une Constitution, et lui avaient exposé entièrement leurs vues [1].

Il est probable que Midhat et ses amis se sont servis de l'idée de la Constitution, comme d'une arme pour combattre les décisions de la Conférence; mais cette tactique était parfaitement correcte, et l'emploi d'un pareil moyen très légitime ; l'hypothèse que la Constitution a été inventée dans le but de faire échec à la Conférence n'en reste pas moins fausse. Il est évident que si la Conférence n'avait pas eu lieu, la Constitution aurait été tout de même élaborée et promulguée.

Une autre critique formulée, à tort, par les ennemis de cette réforme fondamentale est l'expression « Constitution de Midhat » comme si elle avait été l'œuvre exclusive de Midhat et non celle de l'élite de la nation. Que Midhat y ait pris une grande part, qu'il l'ait fait décréter en dépit de l'opposition ouverte du Sultan, du Palais et de toute la phalange réactionnaire qu'il abritait, cela n'est certainement pas douteux et ce sera son éternel honneur ; mais qu'elle ait été l'œuvre « d'un seul homme » et non l'expression des besoins et des vœux de la nation, toutes les circonstances qui se rattachent à la question démentiraient cette [assertion. Chakir Effendi, un des partisans les plus ardents de Midhat, figurait parmi les ulémas les plus distingués et les plus respectés de Constantinople. C'est lui qui, aussitôt après la cérémonie de la proclamation de la Constitution, se mit à la tête d'une députation de ses collègues et d'autres juristes pour aller féliciter Midhat Pacha, dont les plus

1. Nineteenth Century, février 1888, p. 279.

ardents admirateurs étaient les quelques milliers de Softas,
ces étudiants de l'Université musulmane de Stamboul qui
au cours de ces événements ont témoigné d'un grand zèle
pour la cause de la liberté. Les provinces, sans exception,
étaient également acquises aux idées du Grand Vizir. La
ville d'Andrinople envoya à Midhat une adresse de
félicitations dont le Sultan n'autorisa pas la publication
dans les journaux. L'instinct des masses considérait la
Constitution comme l'unique ressource contre les terribles
embarras du pays. La meilleure preuve que la Constitution ne fut pas « l'œuvre d'un seul homme », qu'elle
puisait ailleurs sa raison d'être, c'est qu'elle vint au jour,
malgré l'hostilité du Sultan, se retranchant derrière « ses
droits souverains », malgré les intrigues des coteries
réactionnaires secondées par la politique des Puissances
voisines.

La Constitution était le principal, mais non l'unique
sujet de dispute entre le Sultan et son Vizir. Des questions
de personnes comme des questions de principes les divi-
saient continuellement. Le Sultan qui avait déjà arrêté son
choix sur Edhem Pacha, comme sur l'instrument docile
dont il aurait besoin après la Conférence, méditait d'élever
un homme qui, ainsi qu'il le disait lui-même, « n'était pas tout
à fait digne du poste le plus élevé », à un poste assez
important pour qu'une promotion ultérieure causât moins
de surprise : il désigna donc Edhem à la Présidence du Conseil d'État. Le candidat de Midhat était Sadik Pacha dont
la compétence était reconnue de tout le monde. Damad
Mahmoud Djelaleddine désirait voir appeler à ce poste
Djevdet Pacha, son homme de confiance, que nous avons
déjà vu à l'œuvre, mais le Sultan n'en voulut pas. La
lettre que nous donnerons ici trahit tout à fait les intentions
de ce dernier, en même temps qu'elle éclaire ses sentiments à l'égard de ses sujets chrétiens, parmi lesquels il
refusait, sous des prétextes futiles, de prendre des gouverneurs de province, comme Midhat le lui proposait.

A *Midhat Pacha, Grand Vizir.*

Altesse,

Après votre départ du Palais, Sa Majesté m'a fait demander pour me questionner sur les motifs qui ont retardé la nomination d'Edhem Pacha à la Présidence du Conseil d'État et sur la réponse que Votre Altesse a faite à l'iradé y relatif que je vous communiquai hier. J'ai dit à Sa Majesté que le délégué français à la Conférence se trouvant auprès de Votre Altesse, il ne m'a pas été permis de causer avec vous de cette affaire.

J'ai, toutefois, informé Sa Majesté que votre opposition au choix d'Edhem Pacha venait de ce que vous ne le considériez pas apte à remplir des fonctions qui devraient être réservées à un homme pouvant participer plus utilement à l'élaboration des lois, et que Sadyk Pacha vous paraissait un collaborateur plus précieux à tous égards.

Mahmoud Pacha, présent à la conversation, exprima le même avis, tout en déclarant pourtant que Djevdet Pacha ferait aussi bien à la Présidence du Conseil d'État, tandis que Edhem Pacha irait au Ministère de la Justice. Là-dessus, Sa Majesté me dit : « Tout ce que je savais d'Edhem Pacha, c'est qu'il avait rendu des services à mon père ; mais j'ai pu apprécier depuis ses connaissances ; je veux utiliser toutes les capacités, et, bien que Edhem Pacha ne soit pas fait pour une très haute position, je pense néanmoins qu'il peut remplir les fonctions de Président du Conseil d'État ; le savoir de Djevdet Pacha est très limité, tandis que celui de l'autre est en comparaison très vaste. Bref je serai très content si Son Altesse le Grand Vizir se rend à mes désirs et me soumet demain les propositions que je souhaite. Vous pouvez l'en avertir par écrit dès maintenant. » Nous parlâmes ensuite des suggestions des délégués des Puissances et auxquelles, d'après Votre Altesse, on ne saurait répondre de façon plus opportune qu'en procédant à la nomination de *quelques valis chrétiens.*

Sa Majesté a fait observer que, étant donnée notre ignorance de l'opinion réelle du public musulman sur notre politique actuelle, la nomination de valis chrétiens, s'ajoutant au reste, pourrait provoquer des critiques ; que le sacrifice que nous ferions en nous y exposant ne serait pas compensé par l'attitude des plénipotentiaires à notre égard ; qu'il valait, par conséquent,

mieux réserver cette question des valis chrétiens pour la conférence. Sa Majesté a ajouté qu'Elle voulait épargner à Votre
Altesse les appréciations malveillantes de ses détracteurs.

J'ai l'honneur d'être...

(Signé) : Said.

6 Zilhidje, 1 heure du soir (hégire).
(22 décembre 1876).

P. S. — Sa Majesté vient de demander un exemplaire de la
Constitution.

Une autre dispute s'éleva au sujet de Zia Bey. Celui-ci,
un des littérateurs et poètes les plus distingués de la
Turquie, avait été secrétaire privé du Sultan Murad et
maintenu dans ses fonctions par le Sultan actuel, conformément aux conventions intervenues entre Midhat et le
Prince Hamid à Muslou-Oglou. Mais Zia Bey fut soupçonné
d'inspirer certains articles parus dans l' « Istikbal » et dans
lesquels étaient exprimés des doutes sur la sincérité du
Sultan à l'égard de la Constitution. Ces articles blessèrent
vivement le Palais, et le Sultan décida de poursuivre le
journal, et de renvoyer à tout prix Zia bey de la capitale,
comme on le voit par la lettre suivante :

A Midhat Pacha, Grand Vizir.

Altesse,

L'iradé impérial relatif à la nomination de Zia Bey au poste
d'ambassadeur à Berlin, a été communiqué hier soir à Votre
Altesse. Sa Majesté vient de me demander si vous aviez rempli les
formalités nécessaires, et, sur ma réponse négative, Sa Majesté
m'a ordonné de revenir sur le même sujet et d'y ajouter certaines observations confidentielles. Zia Bey est très ambitieux
et s'il s'était conduit de manière à justifier son ambition, on
aurait pu l'employer ici : mais ce personnage a un caractère
changeant, ses desseins ne sont pas précis et fixes, et lorsque
quelque chose contrarie ses désirs, il a l'habitude de nouer des
intrigues ; aussi serait-il bon de l'éloigner de Constantinople ;
d'ailleurs l'éloignement des hommes comme lui ne peut que

faciliter la tâche de Son Altesse le Grand Vizir, en le débarrassant des ennuis qu'ils lui créent.

La valeur personnelle de Zia Bey est médiocre, mais le peuple est naturellement attiré vers les polémistes et prête l'oreille à leurs critiques ; c'est ainsi que ses projets et ses publications prennent de l'importance. A l'occasion de l'envoi de Zia Bey à Berlin, le gouvernement doit faire auprès de la Cour de l'Empereur d'Allemagne des démarches analogues à celles qu'il fait en ce moment à Paris, à Londres et à Vienne, et tâcher de gagner les sympathies du Prince de Bismarck (*sic*) ; s'il montre à ce poste du savoir-faire et des aptitudes pour la diplomatie, on pourra lui donner un avancement. Son choix ne provoquera pas d'opposition de la part de la Cour de Berlin et Sa Majesté ordonne que cette nomination lui soit soumise le plus tôt possible. C'est encore par ordre impérial que je me suis étendu sur ces détails, et que je répète ce que je vous ai déjà dit. Pour mettre tout à fait au clair cette affaire, je prie Votre Altesse de vouloir bien revenir là-dessus à l'audience qu'Elle aura demain de Sa Majesté.

J'ai l'honneur d'être, ...

(Signé) : SAID.

12 Zilhidje 1293 (hégire).
(28 décembre 1876).

Dans l'intervalle, la population de Constantinople, que la malveillance avait représentée comme indifférente à la Constitution et aux réformes, ayant eu vent du projet d'exiler Zia, ce champion du libéralisme ottoman, décida d'empêcher son départ en le portant candidat à la députation. Le Palais fut consterné de cette nouvelle. Quel échec pour lui que la présence de Zia à la Chambre ! La lettre suivante révèle clairement les craintes de la clique :

A Midhat Pacha, Grand Vizir.

Altesse,

Sa Majesté vient de lire dans le journal « Istikbal » que la population de Constantinople s'apprêterait à élire Zia bey député, et qu'une pétition revêtue de milliers de signatures serait adressée au Palais pour retenir Zia Bey dans la capitale. Sa Majesté a ordonné ce qui suit : « La candidature de Zia Bey est inadmissible car il est accusé, sur des données certaines, d'avoir été hostile à son souverain, et la Constitution défend l'entrée du Parlement à des hommes compromis [1].

« Il est à remarquer que ce personnage travaille à se rendre populaire par toutes sortes de moyens et particulièrement par l'intermédiaire des journaux. Bien que le gouvernement n'ait pas de raisons de se montrer bienveillant à son égard, pour complaire à notre Grand Vizir, nous l'avons nommé, avec le grade de Vizir, Vali de Syrie. Mais Zia Pacha, loin de nous témoigner de la gratitude, cherche à profiter du prestige que lui donne son nouveau titre et fait écrire dans « l'Istikbal » qu'il a été l'un des fondateurs de la Constitution promulguée sur notre désir avec la collaboration de quelques patriotes. En conséquence, nous laissons à Son Altesse le soin d'agir contre Zia Pacha comme il lui semblera convenable ». Telle fut la déclaration de Sa |Majesté. Elle trouve aussi à redire au langage de « l'Istikbal » qui, sans aucun motif, vient de publier la fameuse lettre de Moustafa Fazil Pacha et elle attire votre attention sur cette feuille qu'on a laissé reparaître bien qu'elle fût suspendue. Sa Majesté considère qu'il faut, pour bien des raisons, trouver d'urgence un moyen de mettre fin à de pareils scandales de presse.

J'ai l'honneur d'être,...

(Signé) : Saïd.

24 Zilhidje 1293 (hégire)
(19 janvier 1877).

Le dernier passage de cette lettre fait voir que le Sultan, en bannissant Zia Bey, était résolu, *pour encourager les autres*, à agir vigoureusement contre la presse. Il n'hésita pas en cette grave affaire. Il suspendit « l'Istikbal » et une loi draconienne contre la presse fut bâclée dans l'espace de trois ou quatre jours, bien qu'en vertu de l'article 12 de la Constitution, une telle loi eût été de la compétence du Parlement.

---

1. Ce même Zia, trop compromis pour être député, pouvait pourtant aller représenter son Souverain à Berlin en qualité d'ambassadeur ou en Syrie en qualité de Vali.

Les lettres suivantes parlent d'elles-mêmes :

Au Grand Vizir, Midhat Pacha.

Altesse,

Sa Majesté après m'avoir fait remarquer que le contenu de l'article « Avenir de l'Islam » publié dans le « Vakit » dans le numéro ci-inclus, et que surtout les mots soulignés étaient susceptibles de surexciter l'opinion publique, et se référant à une conférence qu'Elle a eue avec vous hier au soir au sujet de la presse, ordonne à Votre Altesse de l'informer sur les mesures qu'elle compte prendre contre le directeur de ce journal dont les articles sont de nature à exercer une mauvaise influence : Sa Majesté veut aussi que vous lui proposiez quelqu'un qui remplace avec avantage le directeur actuel du bureau de la Presse, coupable de négligence, et que Votre Altesse nommerait à d'autres fonctions.

Comme la presse, en invoquant les libertés dont elle jouit de par la Constitution, ne cesse de publier toutes sortes de choses, pour mettre un terme à la licence des journaux, Sa Majesté ordonne que Votre Altesse charge qui de droit de compléter, dans un délai de trois à quatre jours, la loi sur la presse, mentionnée dans la Constitution.

J'ai l'honneur d'être,...

(Signé) : SAID

15 Zilhidje 1293 (hégire).
(31 décembre 1876).

Au Grand Vizir Midhat Pacha.

Altesse,

J'ai présenté la note envoyée, hier au soir, par Votre Altesse au sujet du « Vakit ».

Les observations de Votre Altesse ont été admises en principe. Mais quoique au fond l'article dont il s'agit ne soit pas séditieux, le fait d'avoir déclaré, sans raison plausible, que le Fetva d'un Cheik-ul-Islam suffit pour déposer un Sultan, est de nature à pousser les naïfs à la révolte. Cet écrit réduit, d'ailleurs, presque à néant les conditions et les causes légales qui déterminent la promulgation du Fetva, et il laisse croire au peuple

que l'homme chargé de rendre un Fetva dispose à son gré de
son pouvoir. Si l'on tolère de pareils propos, la presse ne man-
quera pas d'abuser de la liberté dont elle jouit. Il est aussi probable
que les journaux écrits dans les diverses langues du pays publie-
ront le mémoire de Mismer [1] ; mais s'il n'est pas publié en turc,
il ne pourra heureusement produire aucun effet sur la population musulmane. Sa Majesté ordonne que l'Iradé impérial rendu
contre le « Vakit » et son directeur soit exécuté afin qu'il serve
d'exemple ; les lois actuelles sur la presse autorisent cette décision. L' « Istikbal » a écrit mardi dernier que le retard
apporté à la proclamation de la Constitution, acceptée par le
Sultan précédent, a été la cause d'événements tragiques ;
ce numéro a été envoyé à Votre Altesse pour justifier les
observations de Sa Majesté et pour affirmer sa volonté d'empêcher, à l'avenir, les journaux de suivre, soit par ignorance,
soit de parti pris, une ligne de conduite en contradiction avec
les vues et les intentions de Sa Majesté.

   J'ai l'honneur d'être,...

                                   (Signé) :   SAID.

18 Zilhidje 1293 (hégire)
   (2 janvier 1877).

La mésintelligence entre le Sultan et son premier
ministre s'accentuait de plus en plus, tantôt à propos du
ministre des finances Ghalib Pacha dont l'incapacité notoire
rendait désirable le remplacement, tantôt à propos de l'admission des chrétiens dans les écoles supérieures de l'État,
surtout dans les écoles militaires. Enfin, après bien des
tiraillements, on se mit d'accord pour laisser les choses en
l'état jusqu'après la conférence ; et, allant au plus pressé,
on décida enfin de promulguer la Constitution, avec les
fameuses adjonctions du Sultan.

   Le matin du 23 décembre 1876, sur l'immense place
qui fait face à la Sublime Porte, devant les appartements
réservés au Sultan, se réunissaient, sur une grande estrade,

---

1. Publiciste français à qui sa connaissance des questions orien-
tales avait valu une réputation méritée tant en Turquie qu'à l'étranger.

pompeusement décorée de drapeaux, toutes les notabilités, les Ulémas et les Ministres, pour entendre la proclamation de la nouvelle charte qui, dans l'esprit de ses promoteurs et de ses partisans, devait inaugurer une ère nouvelle pour l'Empire ottoman. Ce jour, qu'on marquait d'une pierre blanche, comme une des plus grandes dates de l'histoire turque, ne devait être, hélas! que le premier acte d'une prodigieuse comédie.

Une foule immense, venue malgré une pluie battante, se pressait autour du lieu de cérémonie. Les troupes bordaient la route entre Sirkedji et la Sublime Porte. A midi, Said Pacha, premier secrétaire du Sultan, en grand uniforme, précédé d'une musique militaire, arriva porteur du rescrit Impérial (Hatti Humayoun) adressé au Grand Vizir Midhat Pacha, et qui était conçu dans ces termes :

Rescrit (Hatti Humayoun) du Sultan, promulguant la
Constitution ottomane.

Mon illustre Grand Vizir Midhat Pacha.

Depuis peu, la puissance de Notre Empire décline. Il ne faut point en attribuer la cause à nos relations extérieures, mais au fait que l'on s'est écarté du droit chemin dans l'administration des affaires intérieures et au relâchement des liens qui rattachent les sujets à l'État.

Mon Auguste Père, feu le Sultan Abdul Medjid, avait octroyé la plus ancienne des réformes, le « Tanzimat » qui garantissait, conformément, aux dispositions sacrées du « Cheri », la vie, les biens et l'honneur de tous.

C'est par l'effet salutaire du « Tanzimat » que l'État a pu jusqu'ici se maintenir en toute sûreté et que Nous a vons réussi à fonder et à proclamer aujourd'hui cette Constitution qui est le résultat d'idées et d'opinions librement formulées.

Dans ce jour heureux, je dois rappeler avec une dévotion toute particulière la mémoire de Mon Auguste Père, qui a été, à juste titre, considéré comme le régénérateur de l'Empire. Je ne doute pas qu'il eût lui-même inauguré l'ère constitutionnelle dans laquelle Nous allons entrer aujourd'hui, si à l'époque de la promulgation du « Tanzimat » les besoins du pays avaient été les mêmes qu'aujourd'hui. Mais, c'est à Notre règne que la Providence a réservé le soin d'accomplir cette heureuse transformation, qui est la garantie suprême du bien-être de Nos peuples. Je rends grâces au Ciel d'avoir pu en être l'instrument.

Il est évident que le principe de notre gouvernement était devenu incompatible avec les modifications successives, qui ont été introduites dans Notre régime intérieur, et avec le développement croissant de Nos relations extérieures. Notre plus profond désir est de faire disparaître à jamais toutes les entraves qui empêchent la Nation et le Pays de profiter, comme il convient, des ressources naturelles qu'ils possèdent, et de voir, enfin, Nos sujets mis en possession des droits qui sont l'apanage d'une société civilisée, se confondre dans une même pensée de progrès, d'union et de concorde.

Il était nécessaire, pour atteindre ce but, d'adopter un régime salutaire et régulier, de sauvegarder les droits imprescriptibles du pouvoir gouvernemental, en prévenant les fautes et les abus de toute nature qui sont le résultat de l'illégalité, c'est-à-dire de la domination arbitraire d'un ou de quelques individus ; d'accorder les mêmes droits et de prescrire les mêmes devoirs aux différents membres des communautés qui composent notre société et de les mettre à même de profiter indistinctement des bienfaits de la liberté, de la justice et de l'égalité ; voilà les seuls moyens de garantir et de protéger les intérêts de tous.

De ces principes essentiels découlait la nécessité d'une autre œuvre éminemment utile : celle de rattacher Notre droit public à un système délibératif et constitutionnel. C'est pourquoi dans le Hatt que nous avons promulgué à l'occasion de Notre avènement au trône, Nous avons déclaré l'urgence de créer un Parlement.

Une commission spéciale formée des plus grands dignitaires, Ulémas et fonctionnaires de l'Empire, a élaboré avec soin les bases de Notre Constitution, qui a été ensuite étudiée et approuvée par Notre Conseil des Ministres.

Cette Charte fondamentale consacre les prérogatives du Souverain, la liberté et l'égalité civile et politique des Ottomans devant la loi, la responsabilité et les attributions des Ministres et des fonctionnaires ; les droits de contrôle du Parlement ; l'indépendance complète des tribunaux ; l'équilibre réel du budget ; enfin la décentralisation administrative dans les provinces, tout en réservant l'action décisive et les pouvoirs du gouvernement central.

Tous ces principes, qui sont conformes aux dispositions du Chéri, comme à Nos aptitudes et à Nos aspirations, sont aussi en harmonie avec la pensée généreuse d'assurer le bonheur et la prospérité de tous ; c'est Notre suprême désir.

En me confiant à la grâce divine, à l'intercession du Prophète, je viens remettre en vos mains cette Constitution, après l'avoir revêtue de la sanction impériale. Avec l'assistance de Dieu, elle recevra son application immédiate dans toutes les parties de Notre Empire.

En conséquence, je veux fermement que vous la promulguiez et que vous en fassiez exécuter les dispositions à partir de ce jour.

Vous devez également prendre les mesures les plus promptes et les plus efficaces pour procéder à l'étude et à l'élaboration des lois et des règlements dont il est fait mention dans cet acte.

Que le Très Haut daigne accorder le succès aux efforts de tous ceux qui travaillent au salut de l'Empire et de la Nation.

Donné le 3 Zilhidje, 1293
   (23 décembre 1876).

La lecture du Hatti Humayoun terminée, le premier secrétaire remit cérémonieusement le texte de la Constitution au Grand Vizir après l'avoir porté à ses lèvres. Le Grand Vizir le reçut avec le même cérémonial, et le passa ensuite au Grand Référendaire, Mahmoud Bey, lequel en donna lecture au peuple assemblé pendant que des milliers d'exemplaires de la Constitution lui étaient distribués. Après quoi, Midhat prononça le discours suivant pour exprimer la reconnaissance à laquelle le Sultan avait droit dans cette circonstance et relever encore toute l'impor-nce de l'acte qui venait de s'accomplir :

Notre auguste Maître, le Sultan Abdul-Hamid-Khan, vient d'octroyer, par cette Constitution, à tous ses sujets, des droits nouveaux qui comme un flambeau resplendissant, doivent les éclairer dans la voie du progrès et de la civilisation. C'est ce même flambeau qui a conduit des ténèbres de l'ignorance dans le sentier de la lumière, les nations de l'Europe dont les libres institutions ont offert un exemple salutaire à l'univers entier, et ont appris aux hommes à connaître leurs droits.

Cette charte que notre gracieux Souverain daigne nous accorder est une œuvre sublime qui fera de Sa Majesté le grand réformateur de l'Empire, et le régénérateur de la Nation. Elle inaugurera l'ère nouvelle d'une prospérité durable pour tous les sujets ottomans qui vivent sous l'égide d'un même souverain, qui viennent aujourd'hui, dans la plus grande union et la meilleure concorde, recevoir les droits réels de la liberté.

Nos compatriotes doivent donc se féliciter de l'honneur d'être les sujets bien-aimés d'un souverain aussi éclairé que le nôtre.

Le Mufti d'Andrinople récita ensuite une prière, et tout le peuple cria « Amen » : une salve de 101 coups de canons tirés du Séraskieriat annonça à toute la ville que la Constitution était proclamée.

Les Ulémas avec le Cheik-ul-Islam, Hairullah Effendi, à leur tête, le clergé chrétien avec ses patriarches ; les Ministres, le savant et distingué Chakir Effendi, suivi des Softas et des étudiants, les représentants de toutes les corporations et le menu peuple de la capitale avec des drapeaux portant l'inscription « Liberté » vinrent féliciter Midhat à sa demeure privée. Le soir, les mosquées furent illuminées, et le peuple portant des torches, parcourut les rues en criant « Vive le Sultan et Midhat Pacha ». Des télégrammes de félicitations affluèrent de toutes les provinces de l'Empire, exprimant la joie causée par ce grand événement. Chrétiens et Musulmans étaient en délire, et le vicaire apostolique à Constantinople manda à la propagande que les catholiques de Turquie se déclarent satisfaits des réformes promises par la nouvelle Constitution. Bref, tous étaient dans la joie. Seul le Palais de Bechiktach resta dans l'obscurité : *le Sultan était souffrant.*

Le jour suivant, Midhat Pacha fit une visite officielle au patriarche grec : c'était la première fois, depuis la conquête, que le Grand Vizir se rendait auprès du Chef de l'Église orthodoxe. Il voulait, par cette démarche témoigner de la reconnaissance de la Sublime Porte pour l'accueil que la population chrétienne en général et plus particulièrement la population grecque avait fait à la nouvelle Constitution.

Sur le parcours du Phanar au Patriarcat était placée une double haie de soldats. Les enfants des écoles grecques étaient rangés depuis la grande entrée du Patriarcat jusqu'au perron, avec des branches de laurier aux mains, tandis que les notables de la communauté grecque se tenaient sur l'escalier. Dans la grande salle, le Patriarche, entouré de douze prélats, attendait l'arrivée du Grand Vizir. Aussitôt que Midhat Pacha eut pénétré dans la cour, les élèves entonnèrent un hymne en son honneur, et le Patriarche s'avança vers lui; Midhat, debout au milieu de la salle, prononça le discours suivant :

Personne ne peut nier la grande valeur des prérogatives qui ont été accordées au Patriarcat et à la nation grecque par tous les Sultans. Ces prérogatives ne leur ont pas été concédées par l'effet d'un droit, mais comme un témoignage rendu par les illustres aïeux de Notre Auguste Souverain à la haute renommée historique de la nation grecque. Aujourd'hui notre Souverain a ajouté à ces privilèges la Constitution. Par ces faits importants, le Sultan a resserré les liens qui unissaient déjà les Turcs et les Grecs. Il ne faut pas considérer comme un grand événement ma présence parmi vous aux côtés de Sa Sainteté, c'est là une conséquence de nos nouvelles institutions. Si le gouvernement a négligé jusqu'ici l'accomplissement de ses devoirs, cela n'est dû qu'à l'esprit des antiques et regrettables coutumes et des inutiles protocoles. Maintenant nous tenons à montrer que ces usages sont tombés en désuétude. Ma démarche est une nouvelle manifestation du libéralisme qui nous anime, un nouveau rappel des honneurs que le Gouvernement Impérial a toujours accordés à l'antique et noble nation grecque. Pour ma part je m'estime heureux et fier d'être l'interprète de ces sentiments auprès de Votre Sainteté. et tout ce qui se passe en ce moment raffermira les rapports qui existent déjà entre nous, et l'œuvre qui sera ainsi réalisée méritera d'être inscrite en caractères d'or dans les pages de notre histoire.

Midhat Pacha.

Le Patriarche répondit par ces quelques mots :

Je serai reconnaissant envers Votre Altesse, jusqu'à mon dernier souffle, de Sa visite au Patriarcat. C'est là un insigne honneur, aussi bien pour la nation grecque dont je suis le Chef spirituel que pour le Patriarcat œcuménique. Le nom de Votre Altesse, qui travaille pour le progrès matériel et intellectuel de tous les sujets de l'Empire ottoman, est vénéré et sacré parmi toutes les nationalités de cet Empire. Quant à notre nation, elle est unanime dans cette pensée, et nous vous considérons comme le rénovateur de l'Empire ottoman.

Que le Tout-Puissant conserve à ses peuples Notre Auguste Souverain ainsi que Votre Altesse.

Après ces discours, l'assistance poussa les cris de « Vive notre Sultan Abdul Hamid ! Vive Midhat Pacha ! »

CHAPITRE VII

LA CONFÉRENCE ET L'EXIL DE MIDHAT PACHA

Le jour fixé pour la première réunion de la Conférence fut le même que celui choisi pour la promulgation de la Constitution. Que cette coïncidence des deux événements fût voulue, cela ne fait aucun doute ; mais conclure de là, comme on l'a fait, que la Constitution était un moyen imaginé pour combattre les propositions de la Conférence est évidemment absurde, et nous l'avons déjà dit et prouvé au cours de ce récit.

Le 23 décembre (1876), les plénipotentiaires des Grandes Puissances se réunirent dans la grande salle de l'hôtel de l'Amirauté, sur la Corne d'Or, pour discuter avec les plénipotentiaires ottomans sur les mesures à adopter en vue de la pacification des provinces européennes de l'Empire. Le comte Zichy et le baron Calice y représentaient l'Autriche-Hongrie ; le comte de Chaudordy et le comte de Bourgoing la France ; le baron Werther l'Allemagne ; Lord Salisbury et Sir Henry Elliot, la Grande-Bretagne ; le général Ignatieff la Russie ; le comte Corti l'Italie ; Edhem Pacha et Safvet Pacha la Turquie.

Les formalités préliminaires étaient à peine terminées que l'on entendait, de l'autre rive de la Corne d'Or, le grondement du premier coup de canon annonçant la proclamation de la Constitution. Une scène dramatique — préparée d'avance, sans doute — se produisit à ce moment.

Salvet Pacha se leva et s'adressant aux plénipotentiaires assemblés : « Messieurs, leur dit-il, le coup de canon que vous venez d'entendre est le signal de la promulgation, par Sa Majesté le Sultan, d'une Constitution garantissant les droits et les libertés reconnus à tous les sujets de l'Empire sans distinction. Je crois qu'en présence de ce grand événement, nos travaux deviennent superflus. »

Ce petit discours du représentant ottoman fut accueilli par un silence glacial de l'assemblée. Le coup de théâtre avait évidemment manqué son effet. Après quelques instants, le général Ignatieff proposa à la Conférence de passer à l'ordre du jour. Les choses ne traînèrent pas. Les envoyés des Grandes Puissances avaient tenu entre eux, pendant tout un mois, à Constantinople, des réunions d'où les délégués ottomans avaient été soigneusement exclus et où le programme à suivre et la politique à imposer avaient été préparés dans tous leurs détails. Le but de ce procédé, quelque peu inusité, était clair. On donnait à entendre à la Turquie qu'elle avait affaire à un véritable concert européen qui, à quelque degré qu'on réduisît les demandes de l'un des intéressés, n'en exigerait pas moins unanimement des concessions sérieuses de la Porte et que celle-ci devait, par conséquent, renoncer à tout espoir de profiter des dissensions et des jalousies qu'on croyait exister entre les Puissances.

Cette unanimité fut considérée comme l'œuvre de lord Salisbury. Celui-ci ne s'imaginait guère alors — il s'en est peut-être douté depuis — que le rôle qu'il jouait à Constantinople lui avait été soigneusement préparé à Vienne et que le succès de ses efforts serait simplement le triomphe de la politique du comte Andrassy. Ce qu'il restait à faire à la Conférence, c'était, non de discuter des mesures, mais de formuler des décisions. Un procédé aussi sommaire avait, à tout prendre, l'avantage de ne pas prolonger l'agonie. La Conférence débuta par une sorte d'adjudication au rabais, avec un maximum offert par l'envoyé russe pour ouvrir les enchères. Ignatieff proposa de donner l'autonomie à la Bulgarie, d'y nommer un Vali chrétien, de former une milice nationale et de confiner les troupes ottomanes dans un certain nombre de forteresses. Les représentants ottomans ayant déclaré ces propositions inacceptables, elles furent modifiées et réduites à ce que le général Ignatieff appelait un « minimum extrême et irréductible », savoir : que la Bulgarie serait dotée d'un gouvernement privilégié spécial et d'une commission internationale chargée de surveiller l'administration et que la nomination du gouverneur serait soumise à l'approbation des Grandes Puissances. A cette proposition les diplomates ottomans firent de nouvelles objections, invoquant l'exemple de la Serbie et de la Roumanie auxquelles on avait concédé une administration privilégiée et dont les résultats n'étaient guère de nature à encourager une expérience similaire en Bulgarie ; ils objectèrent que la population mahométane, dans ces deux États, n'était pas traitée suivant la lettre et l'esprit des conventions qui lui garantissaient la liberté et l'égalité et qu'elle s'était vue obligée d'émigrer « en masse » de ces pays ; enfin, que les concessions extrêmes qui avaient été faites à ces États pour écarter même l'ombre d'un prétexte de plainte, ne les avaient pas empêchés de se joindre aux ennemis de l'Empire, ou de former des intrigues contre lui toutes les fois que l'occasion s'en était présentée.

Toutefois, après une discussion quelque peu animée entre Edhem Pacha et le comte de Chaudordy, une autre modification fut faite aux propositions de l'Europe, mais non sans protestation de la part du général Ignatieff, qui dit : « Vous m'arrachez toutes mes plumes », à quoi le comte de Chaudordy répondit, non sans raison : « Il vous en restera, général, toujours assez. » Le minimum irréductible proposé définitivement fut qu'une commission consulaire devait être nommée pour seconder les autorités locales, et que la nomination des Valis des trois provinces de Bulgarie, d'Herzégovine et de Bosnie devait, durant les cinq premières années, être soumise à la sanction des Grandes Puissances. Cette proposition fut, à son tour, rejetée par les représentants ottomans. Ils firent remarquer que la nomination de la commission consulaire était une violation des droits souverains de la nation, et qu'ils n'avaient pas qualité pour aquiescer à cette exigence ; et qu'accorder des privilèges spéciaux à ces provinces, ce serait mécontenter toutes les autres et justifier, d'avance, les troubles qui pourraient ensanglanter quelques-unes d'entre elles. Ils firent enfin remarquer que le moment semblait singulièrement mal choisi pour exiger des privilèges spéciaux en faveur d'une partie de l'Empire, au moment même où le Sultan venait de promulguer une charte décrétant, dans la mesure la plus large, la liberté et l'égalité pour tous ses sujets sans distinction, et dans toutes les provinces.

Ce refus catégorique des délégués ottomans fut suivi d'un discours très violent du général Ignatieff, après lequel l'assemblée se sépara immédiatement sans même entendre la protestation que les délégués ottomans s'apprêtaient à faire au discours de l'envoyé russe.

La dernière proposition modifiée fut résumée dans un ultimatum présenté à la Porte par tous les envoyés collectivement, et auquel on exigeait une réponse dans un délai de huit jours. A l'expiration de ce terme, si la réponse n'était pas satisfaisante, les envoyés annonçaient leur intention de quitter la capitale.

On approuva généralement dans le public la conduite des délégués ottomans. Chrétiens et Musulmans à Constantinople rivalisèrent de zèle patriotique et imprimèrent leurs sentiments dans de nombreuses adresses. Les Grecs levèrent, à leurs frais, un bataillon de volontaires dont le drapeau portait un croissant et une croix. Pour défendre la patrie commune, ils combattirent contre les Serbes côte à côte avec leurs camarades musulmans, prouvant par là à l'Occident que, sous un gouvernement de justice et d'égalité, la croix et le croissant ne s'excluaient pas l'un l'autre.

Midhat avait, par ordre du Sultan, convoqué un Grand Conseil de personnes, appartenant à toutes les nationalités et à toutes les professions, auquel on soumit les propositions finales de la Conférence.

Il y avait là 250 membres parmi lesquels les hauts fonctionnaires, civils et militaires : en outre, les Patriarches grec et arménien, l'exarque bulgare et d'autres dignitaires ecclésiastiques des communautés chrétiennes, ainsi que le grand Rabbin, et diverses notabilités de Stamboul.

Midhat Pacha ouvrit la séance par un résumé de la situation ; il rappela ce que réclamait l'Europe par la voix de ses représentants et fit entrevoir les suites d'un refus de la part de la Porte ; il ne dissimula pas les dangers pour la Turquie, ne disposant ni d'argent ni d'alliances, d'une guerre avec un adversaire puissant et des voisins hostiles.

Le premier orateur qui prit la parole après l'exposé historique fait par le Grand Vizir s'écria : « Si selon, les explications qu'on vient de nous donner, une guerre était inévitable, il est possible que nous y perdions quelque chose, mais si nous acceptions les deux propositions, de la conférence, nous perdrions l'Empire tout entier. » Ces paroles ont été répétées pendant les débats par tous les membres de l'Assemblée, avec les variantes que le caractère de chaque orateur devait nécessairement apporter dans les expressions, mais sans aucun changement dans le fond de la pensée. Jeunes et vieux, musulmans et chrétiens, exprimèrent les mêmes sentiments, les mêmes résolutions, les mêmes espérances. Mehmet Ruchdi Pacha l'ex-grand vizir, dirigeait l'attaque contre le programme

de la Conférence, il faisait remarquer que les provinces
auxquelles on avait accordé des privilèges spéciaux étaient
sans cesse en insurrection contre leur suzerain, de sorte
que la Porte était obligée d'employer toutes les ressources
des parties paisibles de l'Empire pour combattre les parties
révoltées. « Est-ce qu'une pareille expérience ne montre pas
« le danger des créations de provinces autonomes regardées
« par l'Europe comme une solution du problème oriental?
« Est-ce qu'elle n'est pas la meilleure preuve que les demandes
« de la Conférence aboutiraient, si elles étaient acceptées, à
« faire de la Bosnie et de la Bulgarie une seconde Serbie? »
A ces arguments, la plupart des auditeurs ont répondu
par des cris d'enthousiasme patriotique : « Il faut, a dit
Réouf Bey, éclairer nos maisons avec des chandelles de
suif et nous vêtir de bure, mais répondre aux Puissances
de manière à sauver notre honneur. » Les ulémas se sont
écriés : « Nous devons avoir confiance en Dieu et faire la
guerre. » Le Patriarche catholique arménien, qui a fait le
plus long et le plus éloquent discours, après avoir remarqué
que Dieu avait fixé un terme déterminé à la vie de chaque
État, a ajouté: « Si ce grand Empire doit s'écrouler, les
catholiques considéreront comme un devoir de s'ensevelir
sous ses ruines. Mourir avec honneur vaut mieux que de
vivre déshonoré ; mais pour tomber avec honneur il ne faut
pas recevoir la balle dans le dos, il faut la recevoir dans
la poitrine. » Le grand Rabbin, le représentant du patriarche grec, le représentant des protestants et l'assemblée
entière applaudirent à cette fière et magnifique déclaration.
Dans l'entraînement général de l'Assemblée il ne s'est trouvé
personne pour rejeter la motion contraire au programme
de la Conférence. « Il n'y a ni dans cette salle ni au dehors,
s'est écrié Ibrahim Pacha, des gens assez lâches pour être
d'un autre avis. » Ce n'est pas que Midhat eût cherché à for-
cer le vote de l'assemblée. Pendant toute la discussion, il
ne cessa de représenter aux membres du Conseil les

dangers de la résolution qu'ils allaient prendre. Comme il fallait s'y attendre, un orateur, emporté par la passion, attaqua vivement la Russie. « Si l'Europe a quelque chose à nous reprocher, qu'elle pense d'abord à cette pauvre Pologne ; elle a encore plus de droits que nous à sa commisération », paroles imprudentes, auxquelles Midhat répondit : « Est-ce que le criminel a droit à l'impunité lorsqu'il déclare devant le tribunal qu'un autre a commis le même crime que lui ? » Midhat a également réfuté les objections de ceux qui accusaient l'Europe d'être animée contre la Turquie d'intentions malveillantes. Il a exposé sans exagération l'état des forces militaires et des ressources financières de l'Empire. « L'armée turque est très nombreuse et composée de soldats excellents, mais on ne fait plus la guerre uniquement avec des hommes, il faut encore de l'argent ; or, l'Empire ottoman n'a pas d'argent, il n'a que du papier-monnaie. Il se peut qu'il arrive chez nous, a-t-il dit, ce qui est arrivé en France, à l'époque des assignats, qu'un kaimé[1] de 20 piastres monte jusqu'à 700 piastres, qu'on ferme les boulangeries, que le peuple ait faim, que la confusion soit partout, que les enfants eux-mêmes assaillent le gouvernement. On se dira peut-être alors : Voyez où l'on nous a mené ; les propositions de la Conférence se réduisaient à la surveillance de quelques vilayets, on les a repoussées ; dans quelle situation sommes-nous ? » Les membres de l'assemblée répondent à ce sombre tableau par des cris de résistance. « Nous ne sommes pas seuls ici, a ajouté Midhat Pacha, les sujets non musulmans sont, aussi bien que nous, intéressés dans la question. La Constitution leur a accordé les mêmes droits qu'à nous. Ils peuvent parler aussi. » C'est alors que les représentants des différentes Églises chrétiennes ont affirmé qu'ils étaient prêts à combattre pour la défense de l'Empire. A la fin de

1. Coupure de papier-monnaie.

la discussion, le ministre du commerce, Halid Pacha, représenta, à son tour, combien il serait regrettable de braver le péril d'une grande effusion de sang, s'il était possible de trouver un arrangement avec la Conférence ; mais sa voix fut étouffée sous le tumulte et sous ce cri : « cela n'est pas possible ! » Le gouvernement avait rempli son devoir en s'efforçant d'éclairer et de modérer le Grand Conseil. La Conférence, par sa conduite, avait réveillé et porté jusqu'à l'exaspération le patriotisme ottoman et au milieu d'un enthousiasme considérable, l'ultimatum des puissances fut rejeté. Dès lors les envoyés étrangers ne pouvaient que quitter la capitale, ce qu'ils firent le 20 janvier 1877.

Il n'est pas inutile de rappeler ici que, pendant la Conférence, Midhat envoya Odian Effendi à Londres avec mission d'expliquer à Lord Derby la situation telle qu'elle résultait des derniers événements et lui proposer, puisque les Puissances n'avaient pas adopté les mesures préconisées par la Russie, de mettre la Constitution ottomane et son fonctionnement sous la protection et la surveillance des Puissances. La dépêche suivante de Lord Derby à Lord Salisbury et à Sir H. Elliot indique le résultat de cette démarche.

Le comte Derby au marquis de Salisbury et à Sir H. Elliot [1].

Ministère des affaires étrangères.
10 janvier 1876.

Mylord et Sir,

Odian Effendi est venu chez moi cet après-midi et m'a exposé de nouveau l'impossibilité dans laquelle se trouve son gouvernement d'accepter les propositions qui lui ont été faites à la Conférence. « On pourrait, me dit-il, faire des concessions de part et d'autre en ce qui concerne les réformes ; mais la question des garanties subsistera toujours, et offrira des difficultés insurmontables. »

---

1. Blue Book, Turquie, 2, 1877, N° 152.

Il paraissait, en ces circonstances, impatient d'émettre une idée personnelle propre, d'après lui, à arranger les choses et dont l'adoption par Midhat Pacha ne faisait pas de doute pour lui. Son projet était de porter à la connaissance des puissances la Constitution récemment décrétée par le Sultan sous une forme qui ferait de son exécution l'objet d'un engagement assumé par la Porte ; de laisser, en outre, aux Ministres ottomans le droit d'organiser les administrations provinciales avec l'approbation des Puissances ; les mesures ainsi arrêtées feraient partie d'un plan général et seraient soumises à l'agrément de ces dernières.

Tout le système de réforme décrété par le Sultan serait de la sorte placé sous la garantie des Puissances qui auraient le droit d'en surveiller le mode d'application.

Odian Effendi désirait savoir si cette proposition serait favorablement accueillie par le Gouvernement de Sa Majesté, et si je croyais qu'il y aurait quelque utilité à ce que la Porte la présentât à la Conférence.

Je répondis à Odian Effendi qu'il y aurait un manifeste inconvénient à traiter ici les questions qui, dans le même moment, étaient en cours de discussion à Constantinople et qu'en conséquence je devais m'abstenir d'exprimer une opinion sur le plan qu'il me soumettait.

Pareille proposition devait être présentée à Constantinople par le Gouvernement turc, sous sa propre responsabilité.

Je suis,...

(Signé) DERBY.

Bien que les réponses officielles de lord Derby et de lord Salisbury fussent négatives, on peut voir, par la correspondance que nous donnons ici entre le Sultan et Midhat Pacha, que la Constitution ottomane était considérée en principe, tant en Angleterre qu'en France, comme une solution de la crise. Si le Sultan Abdul Hamid avait été de bonne foi et qu'il eût maintenu Midhat au pouvoir jusqu'au moment de la signature du protocole de Londres, il est certain que la guerre aurait été évitée et la Turquie serait devenue pour toujours un État constitutionnel.

Le premier secrétaire du Sultan à Midhat Pacha,
Grand Vizir.

Altesse,

Vous connaissez certainement, en dehors de la communication présentée officieusement par le Marquis de Salisbury, la note remise hier collectivement à la Sublime Porte par les délégués des Puissances et dont la teneur est inadmissible. Comme Sa Majesté n'a pas encore pris connaissance du contenu de cette seconde note, Elle ordonne que, si la réponse déjà préparée par la Sublime Porte ne satisfaisait pas les Puissances et qu'une discussion plus approfondie fût nécessaire, le Conseil des Ministres délibère immédiatement sur les droits et la situation du pays, examine les propositions compatibles avec la Constitution et celles qui porteraient atteinte à l'indépendance et à l'intégrité de l'Empire, et prépare, dès maintenant, les réponses qu'il faudra faire éventuellement à la Conférence. Vu l'urgence un autre Iradé impérial prescrit la réunion du Conseil des Ministres pendant les fêtes du Bayram.

J'ai l'honneur d'être,...

3 heures de la nuit
8 Zilhidje 1293 (24 décembre 1876).

(Signé) SAID.

Comme la Sublime Porte sera ouverte demain et que je m'y rendrai vers les six heures, si vous y venez, nous pourrons causer de ce qui fait l'objet de votre lettre.

(Signé) MIDHAT.

Deuxième lettre.

Altesse,

J'ai eu l'honneur de recevoir, en rentrant chez moi, la lettre de Votre Altesse et la traduction y incluse du télégramme d'Odian Effendi. Comme Sa Majesté s'était déjà retirée au Harem impérial, il m'a été impossible de les lui présenter ; ces pièces seront sûrement remises demain, et je m'empresserai de porter à la connaissance de Votre Altesse l'Iradé y relatif, aussitôt qu'il aura été promulgué.

La dépêche, dont la transmission à Constantinople par Lord

Beaconsfield est signalée par Odian Effendi, semble être déjà arrivée à sa destination ; car aujourd'hui même, au Palais, Sir Henry Elliot disait qu'une solution favorable de la situation actuelle paraissait imminente et que la Porte, ayant prouvé par des actes son intention d'accomplir des réformes, la Conférence pensait ne plus retenir de ses diverses propositions que celle concernant l'institution d'une commission mixte et temporaire pour les provinces insurgées.

Je prends la respectueuse liberté de soumettre à Votre Altesse mon opinion personnelle sur le point suivant :

La réflexion émise par Odian Effendi en vue de garantir l'application de la Constitution, et de consentir à l'inscription de cet engagement au procès-verbal de la Conférence, ne peuvent que servir nos intérêts. Si Votre Altesse s'en souvient, j'avais, il y a une vingtaine de jours, attiré sa haute attention sur ce même point ; car la Constitution, qui est l'œuvre de Votre Altesse, ne peut être durable qu'avec une telle garantie. Pour éviter une perte de temps précieux dans de longues correspondances et d'interminables discussions, je suis d'avis que Votre Altesse ferait mieux de se rendre demain directement au Palais et d'exposer à Sa Majesté dans une audience la véritable situation, pour mener à bonne fin l'affaire.

J'ai l'honneur d'être,...

25 Zilbidje 1293, 6 heures du soir
      (11 janvier 1877).

                           (Signé) SAID.

Troisième lettre.

Altesse,

J'ai soumis à Sa Majesté que Lord Derby, après avoir pris connaissance de la décision du Grand Conseil, loin de manifester du mécontentement, a tenu, au contraire, des propos très favorables, sur la composition de ce conseil due à votre haute et sage initiative et qui a rencontré l'approbation non seulement du pays mais aussi celle de l'étranger : Tous vos actes étant dignes d'éloges, Sa Majesté s'est plu à en exprimer sa satisfaction. Vu les remarques de Lord Derby sur la nécessité d'appliquer le plus tôt possible des réformes compatibles avec la Constitution, en prenant en considération les recommandations des grandes Puissances, et vu l'intérêt qu'il y, a d'autre part, pour le pays à en connaître les détails, Sa Majesté ordonne qu'à partir de demain, sans perdre une minute, Votre Altesse ait à faire connaître les mesures qu'il y aurait lieu d'adopter pour pacifier et organiser les provinces soulevées.

J'ai l'honneur d'être,...

La nuit 2 heures, 5 Moharem 1294
(21 janvier 1877).

(Signé) SAID.

Quatrième lettre.

Altesse,

Je vais soumettre à Sa Majesté vos explications confidentielles sur l'admission d'élèves non musulmans dans les écoles militaires. Hier soir, j'ai reçu plusieurs Iradés concernant la note lue par l'ambassadeur de Russie à la Conférence. Mais comme le manque de temps m'a empêché de les communiquer à Votre Altesse, je les résume dans la présente lettre. Sa Majesté a parfaitement apprécié et approuvé les observations de Votre Altesse à ce sujet. Elle est profondément attristée du discours véhément et hostile du général Ignatieff. Sa Majesté regrette que l'ambassadeur se soit efforcé d'annuler ou d'amoindrir la portée et la valeur de la Constitution promulguée spontanément par la Turquie, qu'il ait accusé le gouvernement de ne pas respecter les immunités accordées aux communautés chrétiennes, qu'il ait même donné plus d'importance aux quatre ou cinq articles de la loi élaborée par Mahmoud Pacha et contenus dans un firman qu'à la Constitution elle-même ; l'ambassadeur a outrepassé les prérogatives et les limites de la Conférence, tandis que rien, de notre côté, n'a été émis contre les principes et la méthode de discussion acceptés par cette même Conférence. Si l'ambassadeur, après son discours, a refusé de continuer la discussion, le Président n'en avait pas moins le droit d'inviter l'orateur à en écouter la réfutation et puisque les délégués des autres Puissances ont quitté la Conférence après ce discours, il ne fallait pas signer le protocole sans qu'il y fût ajouté une protestation. La Conférence ayant été close de la sorte pour marquer l'intention des Puissances d'intervenir dans les affaires de l'Etat, et la publication du protocole *ne varietur* pouvant produire un mauvais effet, Sa Majesté ordonne de chercher un moyen possible de protestation.

J'ai l'honneur d'être,...

8 moharem 1294
(8 janvier 1877).

(Signé) SAID.

*Télégramme confidentiel (en français) de Midhat Pacha
à Musurus Pacha, ambassadeur ottoman à Londres.*

Depuis quelques jours, l'idée d'un rapprochement direct avec la Russie s'est révélée inopinément autour de nous. Ceux qui préconisent cette idée se gardent bien d'en faire la propagande auprès des Ministres du Sultan et ne la proclament guère publiquement, mais ils n'en semblent pas moins exercer une certaine influence sur les esprits timorés ou égoïstes. A en croire ces Messieurs, la Russie ne tiendrait nullement ni à l'autonomie des trois provinces, ni aux réformes administratives et gouvernementales, telles qu'elles ont été conçues. Il nous suffirait, pour détourner les dangers d'une guerre, de recourir à sa générosité. Elle ne demanderait pas mieux que de laisser la Turquie jouir de son indépendance et de son intégrité : elle ne serait pas la plus exigeante des Puissances pour ce qui concerne les chrétiens d'Orient, et si la Sublime Porte renonçait au bénéfice de l'article 5 du traité de Paris qui, dans aucune circonstance, n'a empêché les puissances d'intervenir dans les rapports du Sultan avec ses sujets, les effets de la bienveillance de la Russie se feraient sentir pour l'Empire et nous prémuniraient contre toutes les exigences du dehors. Ce ne serait pas même le protectorat des orthodoxes demandé par Mentchikoff, la Russie ne demanderait que de nous aider de ses conseils, en sa qualité de Puissance voisine directement intéressée à la tranquillité de notre pays.

Ceux qui ont pu imaginer une pareille combinaison se sont, sans doute, aperçus de la position et du rôle auxquels ils destinent leur pays, et, dans toute autre circonstance, cette combinaison ne mériterait pas que le gouvernement impérial en fît le moindre cas. Mais telles sont les inextricables difficultés au milieu desquelles nous nous débattons en ce moment, sans pouvoir trouver une issue à la situation, qu'à un moment donné cette funeste idée peut avoir le dessus. Menacés d'une guerre dans laquelle ils n'espèrent trouver aucun allié, placés en face de propositions et d'exigences qu'il leur devient impossible de concilier avec l'indépendance et l'intégrité de l'Empire, placés aussi en face de l'exaspération nationale, les Ministres actuels de Sa Majesté, au dernier moment, ne prendraient conseil que de leur patriotisme mortifié, et dût la guerre entraîner la perte du pays, ils préféreraient entrer dans cette voie du désespoir que de se prêter à des combinaisons tendant à faire de la Turquie une province de la Russie. Mais leur voix peut ne pas être écoutée, et alors il ne leur resterait qu'à se retirer.

C'est d'une manière tout à fait confidentielle que je vous fais part de l'éventualité qui se prépare. Je crois que nous ne devons pas la laisser ignorer à Lord Derby, que nous conjurons de ne pas nous abandonner au milieu des dangers qui nous menacent de tous les côtés. Ces dangers pourraient être détournés, à notre avis, si l'on s'entendait à ne nous demander que des garanties pour des réformes basées sur le principe de décentralisation et sur un contrôle des populations, conformément au système parlementaire.

Veuillez me communiquer au plus tôt les impressions que vous recueillerez de votre conversation avec Lord Derby.

(Signé) MIDHAT.

Les envoyés étrangers avaient à peine quitté la ville, et à peine les portes de la grande Salle de l'Amirauté étaient-elles fermées derrière eux que le Palais proposa de mettre le feu à la mine qu'il avait si soigneusement préparée contre les réformateurs. Dans l'espace de quinze jours, après le départ des plénipotentiaires, les relations entre Midhat et le Palais prirent une tension extrême. Les deux questions réservées pour une discussion ultérieure, après les travaux de la Conférence : la retraite de Galib Pacha et les écoles mixtes, étaient remises sur le tapis et devenaient le prétexte d'une guerre ouverte.

Midhat avait résolu la destitution du Ministre des Finances, par trop complaisant envers la Cour, qui avait, de son propre chef, trouvé le moyen de porter au double la somme affectée à la liste civile, en la payant tout simplement en or. D'autres charges pesaient d'ailleurs sur le Ministre, entre autres l'irrégularité manifeste dans la comptabilité du Trésor ; Midhat, sans suspecter la probité de Galib, était, néanmoins, convaincu de l'incapacité de ce personnage, révélée surtout par son système d'émettre sans mesure des bons du Trésor, ce qui provoquait une dépréciation excessive et alarmante du papier d'État. Le Sultan avait consenti à la destitution de Galib, mais à la condition qu'on le nommerait immédiatement sénateur; tandis que Midhat insistait sur un examen préliminaire des comptes de son département. On comprend aisément que ces disputes cachaient beaucoup plus de choses qu'on ne se l'imagine tout d'abord et qu'elles expliquent l'amertume des ressentiments nourris au Palais contre Midhat.

La lettre suivante, si on lit entre les lignes, jettera quelque lumière sur ce débat :

Lettre au premier Secrétaire de Sa Majesté.

Excellence,

Je viens de recevoir l'Iradé de Notre Auguste Maître par lequel je suis invité à faire savoir pourquoi la nomination de Son Excellence Galib Pacha comme membre du Sénat a été retardée.

Je ne veux rien dire qui mette en doute l'intégrité personnelle de Galib Pacha ; ce sont toutefois des actes engageant sa responsabilité dans la gestion des finances qui m'ont décidé à demander son remplacement. Il est manifeste qu'un serviteur fidèle de l'État, pour se conformer aux intentions de Notre Auguste Maître, ne doit pas reculer devant son devoir, et, pour mettre un terme à des discussions sans exemple dans le passé, il doit se soumettre aux conséquences de sa conduite quelles qu'elles puissent être. Puisqu'on me demande des explications, je m'empresse de les fournir aussi brièvement que possible. Pour juger si Galib Pacha est capable ou non d'administrer les finances de l'État, il me suffit seulement de constater la chute du papier-monnaie.

Midhat Pacha.   8

Le papier-monnaie émis il y a quinze ans atteignait le chiffre de 20 millions (L. T.); sa dépréciation était de 50 à 60 %, bien que sa circulation fût limitée au rayon de Constantinople, et qu'il ne fût pas accepté en paiement des impôts. Actuellement le montant total n'en dépasse pas 4 millions, il circule dans tout l'Empire, il est accepté en paiement des impôts, et sa dépréciation a atteint 70 %. Cet état de choses est uniquement le résultat de l'indifférence et de la négligence du Ministre des Finances. L'énorme écart entre le papier-monnaie et l'or a favorisé toute sorte d'abus de la part des fonctionnaires des provinces et a provoqué une grande surexcitation dans le public.

Nous ne mettons pas en cause, je le répète, la probité de Galib Pacha, pas plus que nous ne nions la nécessité de l'émission de bons du Trésor, en vue de nous procurer l'or qu'il nous faut exporter en Europe pour les fournitures militaires. Mais en tenant compte de tout cela, la quantité de papier nécessaire à l'achat de cent mille livres suffit, à elle seule, pour amener la hausse de l'or : il est donc du devoir du Ministre des Finances de prendre des mesures et d'employer des moyens tels que la dépréciation, qui est à craindre, soit diminuée le plus possible. On devrait, par exemple, prélever sur les recettes ordinaires une partie de la somme à convertir en or, de manière à n'émettre chaque fois qu'une somme limitée en papier, et éviter soigneusement de faire naître la panique sur le marché. Mais Galib Pacha semble incapable d'apprécier l'avantage de pareilles mesures et les finances de l'État en sont compromises.

Il s'agit là de responsabilités diverses dont la principale revient au chef de chaque département ; mais le Grand-Vizir, à son tour, doit veiller à la marche régulière de l'administration et en prévenir les erreurs.

Dans le rapport qu'il a adressé à la Sublime Porte, et dont lecture a été donnée au Conseil des Ministres, Galib Pacha avoue son impuissance à trouver un moyen de remédier à la situation. Quand un fonctionnaire fait une pareille déclaration, il est impossible de le maintenir à son poste sans partager ses responsabilités. C'est sur quoi nous nous sommes fondés pour demander sa démission.

Un jour après que Sa Majesté eut confirmé cette décision, Son Excellence Damad Mahamoud Djelaleddine Pacha nous a proposé de nommer Galib Pacha à un autre poste ; mais il s'est trouvé que la comptabilité du Trésor n'est pas défectueuse seulement en ce qui concerne le papier-monnaie précédemment émis :

sur les sept millions qu'il s'agit d'émettre encore, ce n'est pas un million, comme on l'a prétendu, mais bien deux qui ont été jetés dans la circulation : le fait est indéniable.

J'ai donc pensé, ainsi que je vous le fis savoir le 4 moharem 1294, qu'il convenait de maintenir Galib Pacha au Ministère des Finances jusqu'à ce qu'il eût mis de l'ordre dans ses comptes.

Seulement, le 6 moharem, Galib Pacha nous a déclaré en plein conseil qu'il venait de prendre des arrangements avec quelques banques privées pour l'acquisition de 90.000 L. T. en or contre 210.000 L. en papier. Cette énorme différence, tout au plus admissible en cas d'extrême urgence, nous a paru passer les limites permises.

Quelle que soit l'honnêteté d'un fonctionnaire, lorsque de telles irrégularités viennent à se produire dans son administration, le moins que l'on puisse faire est de lui demander de régulariser sa situation avant de lui confier un mandat aussi important que celui de sénateur.

Les déclarations que Galib Pacha lui-même a faites au Conseil des ministres me paraissent donc justifier le retard que j'ai apporté à sa désignation au Sénat.

Ce petit incident ne comportait pas d'aussi longues explications ; je vous prie de les soumettre à Sa Majesté si elles vous sont demandées.

Recevez...   MIDHAT.

    9 moharem 1294
    (25 janvier 1877).

Après l'affaire du Ministre des finances, Galib Pacha, la question des écoles mixtes revint de nouveau sur le tapis : comme nous l'avons déjà vu, Midhat en considérait la solution comme le corollaire indispensable du régime qu'il inaugurait et par lequel il avait en vue l'union des divers éléments de l'Empire. Il désirait commencer par l'application de son projet aux académies militaires. A la veille, peut-être, d'une grande guerre pendant laquelle le pays pouvait avoir besoin de tous ses enfants, il lui paraissait naturel de préparer l'incorporation des chrétiens dans l'armée par une mesure qui, au bout d'un certain temps, aurait fourni un premier contingent d'officiers non musulmans. Il insista d'une manière pressante auprès du Sultan ;

mais il se heurta à la tactique ordinaire du palais — hésitations, promesses, délais. — Le Sultan fit des objections,
temporisa, donna d'abord, puis retira son consentement :
une longue discussion s'ensuivit et s'aigrit au point de
provoquer le mémorandum suivant que Midhat adressa au
Sultan au nom de tout le Ministère.

Au premier secrétaire du Palais.

Tous les sincères amis de la Turquie ne manquent pas une
occasion de nous engager, comme le faisait dernièrement
M. Thiers, à donner, dans les circonstances actuelles, à l'Europe, des preuves de notre bon vouloir. Aujourd'hui même,
une dépêche de Musurus Pacha nous fait savoir que Lord
Derby félicite le gouvernement impérial de la dissolution de la
Conférence : il y voit un succès pour la Turquie. Lord Derby
nous conseille de conclure, au plus tôt, la paix avec la Serbie
et de commencer l'application de la Constitution et des
mesures, recommandées par la Conférence, qui sont susceptibles d'immédiate réalisation. Et pendant que, prenant en très
sérieuse considération ces bons conseils, nous travaillons à
mettre sans retard à exécution les firmans concernant les
réformes, un iradé impérial, promulgué avant-hier, interdit l'admission des chrétiens dans les écoles militaires, admission
qu'un autre iradé avait précédemment autorisée. Or, cette
interdiction est de nature à compromettre sérieusement, dès le
début, une réforme importante et que tout le monde attend à
la suite de la Constitution : il est naturel que des entraves de ce
genre découragent et paralysent les efforts que nous déployons
constamment pour servir avec dévouement notre pays. Nous
regrettons donc vivement que, de toutes les questions qui seront
mises à l'étude au Conseil de ce jour, celle-là seule demeure en
suspens et nous le regrettons d'autant plus que les explications
que, par écrit, nous avons soumises à Sa Majesté hier matin,
sont restées sans réponse. Aussi avons-nous recours à la bienveillance impériale et ne saurions-nous trop prier Sa Majesté
d'apporter dans cette affaire toute la prudence et toute l'attention qu'elle mérite.

Signé : Midhat.

9 moharem 1294 (hégire)
 24 janvier 1877.

· Las de ces machinations, Midhat décida d'y couper court en posant la question de cabinet ; il adressa donc la lettre suivante au Sultan :

Sire,

En promulguant la Constitution, nous n'avons eu d'autre but que d'abolir l'absolutisme, d'indiquer ses droits et ses devoirs à Votre Majesté, de définir et d'établir ceux des Ministres, d'assurer enfin à la nation une entière liberté et de relever le pays par un commun effort.

Contrairement au sort des précédents Hatti-Humayouns (chartes) rendus depuis bientôt trente ans, le nouveau Hatt ne doit pas rester lettre morte, il doit recevoir son entière application, malgré la crise actuelle ; car, en promulguant la Constitution, nous n'avons voulu ni donner une solution à la question d'Orient, ni chercher à faire une simple démonstration de nature à nous concilier les sympathies de l'Europe, qui nous est hostile.

Permettez-moi, Sire, de vous soumettre quelques explications à ce sujet. Tout d'abord, Votre Majesté, qui est responsable de ses actes devant la nation, est tenue de connaître ses devoirs aussi bien que ses droits et prérogatives. Au surplus, il est indispensable que les Ministres aient la conviction absolue de pouvoir accomplir leur tâche et que nous puissions nous affranchir de cette flatterie servile qui a dégradé notre peuple et a conduit le pays à la ruine, depuis plus de quatre siècles.

Je suis animé d'un profond respect pour la personne de Votre Majesté. Mais, en me référant aux lois et au Chéri (lois religieuses), je dois m'abstenir, Sire, d'obéir à vos ordres toutes les fois qu'ils ne sont pas conformes aux intérêts de la nation ; car autrement le fardeau de ma responsabilité serait trop lourd à porter. Je redoute la voix de ma conscience, envers laquelle j'ai pris l'engagement formel de conformer mes actes à ce qui peut assurer le salut et la prospérité de ma patrie. Il est possible que ce sentiment me soit imputé à crime par mon souverain ; mais, quelque désir que j'aie d'écarter tout soupçon à mon sujet de l'esprit de Votre Majesté, je ne puis que Lui répéter que ce que je crains par-dessus tout, ce sont les reproches de ma conscience et les malédictions de ma nation.

L'alarme que j'éprouve sur ce point me donne seule la force de soumettre les présentes considérations à Votre Majesté. Il est indispensable, Sire, que la nation ottomane ait le pouvoir de se réformer et de s'administrer conformément à la loi. Il est superflu d'expliquer à Votre Majesté tout ce que j'entends dire par ces mots. Je la prie humblement d'avoir confiance en moi et en mes collègues pour l'accomplissement d'une tâche aussi difficile que celle dont nous nous sommes chargés par pur patriotisme.

Je crois pouvoir me vanter de n'avoir rien fait qui engage ma responsabilité vis-à-vis de moi-même. Je désirerais cependant que le peuple fût convaincu que nous lui devons compte de nos actes et plus il sera pénétré de cette pensée, plus je serai heureux.

Voilà bientôt neuf jours, Sire, que vous vous abstenez de faire droit à mes requêtes. Vous refusez votre sanction à des lois indispensables au bonheur du pays, et sans lesquelles notre entreprise demeurera stérile. Alors que vos Ministres s'efforcent de restaurer l'édifice gouvernemental qui, à grand'peine, a échappé à la ruine, je puis dire que Votre Majesté travaille à le détruire.

Au cas où, pour les opinions que je viens d'émettre, Votre Majesté croirait devoir me relever des fonctions de Grand Vizir, je La prierais de les confier en des mains fortes et capables de concilier mieux que moi les idées et les principes dont Elle s'inspire avec les besoins du pays et la gravité de la situation dans laquelle l'Empire se trouve placé aujourd'hui.

Je suis, Sire, de Votre Majesté l'humble serviteur.

Signé : MIDHAT.

18 janvier 1293 (ancien style)
        30 janvier 1877.

Pendant trois jours Midhat Pacha s'abstint d'aller au Palais. Le Sultan qui était maintenant préparé à toutes les extrémités, lui envoya Safvet Pacha pour l'informer que tout ce qu'il demandait serait accordé et le prier de se rendre à la Cour. Safvet, ministre des affaires étrangères, et l'un des délégués ottomans à la Conférence, n'était pas précisément un homme énergique. Il était enclin à la conciliation et aux transactions beaucoup plus qu'aux grandes résolutions ; mais il était essentiellement honnête : la duplicité et la perfidie étaient tout à fait étrangères à sa nature. Si, dans cette occasion, il fut employé comme un instrument de duplicité, ce fut à son insu. Midhat, cependant, fit des objections à l'invitation, et exigea que les iradés, nécessaires au sujet des affaires retenues au Palais, fussent publiés avant qu'il reprît ses fonctions. Là-dessus, le Sultan lui envoya son premier aide de camp, Ingliss Said Pacha, pour l'assurer que les iradés paraîtraient s'il voulait l'accompagner. Midhat accepta l'offre. En route, il remarqua un déploiement inaccoutumé de troupes dans le quartier de Tauchan Tachi, où était sa résidence ; il ignorait que, dans la nuit du 4 au 5 février, le yacht impérial « Izzeddine » avait été amarré tout près de l'embarcadère de Dolma Bagtché. L'eût-il su d'ailleurs, il était trop tard pour échapper au piège qui lui était tendu. A son arrivée au Palais, on le conduisit dans une vaste anti-chambre où on lui dit d'attendre les ordres du Sultan.

Le premier aide de camp revint bientôt avec l'ordre de lui retirer le sceau de l'État et de le conduire tout droit à bord de l'« Izzedine » qui, déjà sous vapeur, leva immédia-tement l'ancre et prit le large dans la direction de la mer de Marmara. Le capitaine avait des ordres scellés, qu'il ne devait ouvrir que si, après un arrêt de vingt-quatre heures, dans la baie de Tchelkmedge, il ne recevait pas de nouvelles instructions ; au bout de ce temps, il lui était prescrit de conduire Midhat au port européen que celui-ci choisirait ; et, en effet, il poursuivit sa route jusqu'à Brindisi, où il le débarqua.

Il n'a jamais été sérieusement contesté que le bannisse-ment du Grand Vizir fût une violation de la lettre aussi bien que de l'esprit de la Constitution, promulguée et jurée par le Sultan. La raison d'État « alléguée » couvrait simplement un acte d'arbitraire. On invoqua comme pré-texte l'article 113 de la Constitution. Le pouvoir concédé par cet article au Sultan ne visait que l'état de siège imposé par le salut de l'État : et il était absurde de l'inter-préter dans le sens qu'on s'est plu à lui donner dans cette circonstance.

L'esprit même de la Constitution, prise dans son ensemble, défendait qu'un sujet, quel qu'il fût, pût encourir une pénalité sans jugement préalable. En outre, les articles 31, 32 et 34 contenaient des dispositions spéciales et minutieuses relatives à l'arrestation et au jugement des Ministres coupables de trahison ou de malversation ; de sorte que l'exil de Midhat, avec les circonstances qui l'ont précédé, constituait la violation la plus flagrante de la Constitution.

Moralité politique, et patriotisme mis à part, il faut reconnaître que la tactique du Palais était très habilement conçue. Si le Sultan s'était aussi ouvertement attaqué à la Constitution qu'à son champion, à la réforme qu'au réformateur, il aurait soulevé dans le pays une tempête qui aurait exposé le trône au plus grand danger ; mais en se bornant à précipiter la chute de l'auteur et du soutien de la Réforme, il tua en fait cette dernière et mit la Constitution à sa merci, plus sûrement que s'il l'avait totalement supprimée ; en se posant en partisan et en défenseur de la Constitution, il retirait simplement l'aiguillon de la piqûre et dissimulait la portée véritable de l'acte qu'il venait de commettre. Il y avait à Constantinople un parti, qui s'imaginait que Midhat n'était pas indispensable à la cause de la réforme, et qu'Abdul Hamid était sincère dans ses protestations de libéralisme. Les uns étaient de bonne foi, les autres simplement guidés par l'intérêt. Les uns et les autres découvrirent bientôt leur erreur, lorsqu'on les envoya dans des provinces éloignées méditer à loisir sur les dangers d'une trop grande confiance dans la parole du Maître.

Le Palais, bien qu'il eût hasardé ce grand coup, ne se sentait nullement sûr de l'effet qu'il produirait à Constantinople, malgré toutes les précautions qu'on avait prises. L'ordre donné au commandant de « l'Izzedine » de rester vingt-quatre heures à l'ancre dans la baie de Tchekmedgé n'avait d'autre raison que celle de permettre, en cas de soulèvement dans la capitale, de rappeler Midhat et de le replacer dans ses fonctions — jusqu'à ce qu'une occasion plus favorable s'offrît pour le perdre. Le Palais jouait son existence.

Étourdi par la soudaineté du coup, troublé par des bruits habilement répandus, le peuple ne bougea pas, et le Palais respira librement ; sa victoire était complète.

Entre la dissolution de la Conférence et la déclaration de la guerre, la série des faits diplomatique peut être exposée très brièvement.

Le 1er janvier 1877, le prince Gortchakoff envoya aux Puissances une circulaire qui peut se résumer dans cette question : « Qu'allez-vous faire ? » Cependant une certaine phrase de ce document mérite une remarque spéciale. Il y était dit que l'accord au sujet du mémorandum de Berlin n'était pas unanime ; et la crise s'étant aggravée depuis surtout la révolution de Constantinople, les Cabinets avaient repris les négociations ; sur l'initiative de l'Angleterre, ils se mirent d'accord sur le fond de la question et sur les garanties qui seraient discutées dans une Conférence à Constantinople. Il n'est pas douteux que cette révolution de Constantinople — dont le but avéré était de réprimer l'absolutisme et de donner au peuple ottoman les garanties d'un bon gouvernement — était aux yeux de la Russie une aggravation de la crise, et justifiait, et même nécessitait, à son avis, une action dirigée contre la Turquie. Le gouvernement russe qui s'était attribué depuis un siècle et demi le rôle de protecteur de la liberté et du progrès, dans l'Empire ottoman, voyait s'établir tout d'un coup dans l'État voisin des institutions beaucoup plus libérales que tout ce qu'il était permis au peuple russe lui-même d'espérer ; la pensée qu'il y aurait à Constantinople un Parlement, dont le nom seul inspirait la terreur à Saint-Pétersbourg, n'était-elle pas le plus intolérable des griefs ?

A ce propos, on peut lire avec quelque profit la fameuse dépêche du comte Pozzo di Borgo, du mois de novembre 1828, à M. de Nesselrode :

« Lorsque le Cabinet impérial examina la question de
« savoir si le moment de prendre les armes contre la Porte
« était arrivé, quelques doutes quant à l'urgence de cette
« mesure pouvaient exister dans l'esprit de ceux qui n'avaient
« pas médité suffisamment sur les effets des réformes san-
« guinaires [1] que le chef des Ottomans venait précisément
« d'exécuter avec une terrible énergie. Mais à présent, l'ex-
« périence que nous avons faite doit réunir tous les suffrages
« en faveur de la ligne de conduite adoptée alors. L'Empe-
« reur a mis à l'épreuve le système turc, et Sa Majesté y a
« trouvé un commencement d'organisation matérielle et
« morale qu'il n'a jamais possédée jusqu'ici. Si le Sultan a
« été à même de nous opposer une résistance plus vive et
« plus soutenue quand il avait à peine rassemblé les élé-
« ments de ses nouveaux plans de réforme et de progrès,
« combien plus formidable eussions-nous trouvé la Turquie
« s'il avait eu le temps de leur donner plus de solidité ?... »

Toute la politique de la Russie à l'égard de la Turquie est contenue dans la dépêche ci-dessus. Les Cabinets ne répondirent pas immédiatement à la circulaire du Prince Gortchakof du 1er janvier. Le général Ignatieff fit un voyage circulaire en Europe et sonda les gouvernements. Le 13 mars, le comte Schouvaloff communiqua à Lord Derby le protocole rédigé pour être soumis à la signature des Grandes Puissances de manière « à terminer l'incident ». Dans cette entrevue, l'ambassadeur russe insista sur les conséquences qu'aurait l'ombre même d'une divergence entre les différents Cabinets dans la réponse qu'ils feraient

---

1. Première réforme du Sultan Mahmoud et massacre des Janissaires qui s'y étaient opposés.

à la circulaire russe : l'apparence seule d'un désaccord obligerait la Russie à chercher une solution *soit dans une entente directe avec la Porte, soit dans le recours aux armes.*

Lord Derby ne paraît pas avoir demandé à l'ambassadeur russe d'expliquer ce langage obscur à dessein et qui cachait plus de profondeur qu'il ne se l'imaginait peut-être. Voici une phrase remarquable échappée au comte Schouvaloff dans cette conversation et qui montre qu'il n'avait même pas pris la peine, dans son entrevue avec le ministre anglais, de se donner l'apparence de la fermeté : *Comme une période de quelques mois serait insuffisante pour accomplir des réformes, il serait préférable, etc.* Mais, c'était là entre M. Disraéli et Lord Derby une question — vite abandonnée — relative à l'ajournement d'une action diplomatique, et les Ministres ottomans ne furent jamais en peine de l'invoquer comme une bonne et valide raison pour différer à jamais la Conférence.

Le protocole qui fut signé à Londres le 31 mars 1877 était un document bien incolore comparé au protocole de la Conférence de Constantinople. Après avoir résumé certains actes diplomatiques récents, et tenu compte de quelques autres, à titre d'indication, « les Puissances proposent de surveiller avec soin, au moyen de leurs représentants à Constantinople et de leurs agents locaux, la manière dont les promesses du gouvernement ottoman seront exécutées. » Il concluait en disant: « Si leurs espérances devaient être trompées encore une fois et si la condition des sujets chrétiens du Sultan n'était pas améliorée de manière à empêcher le retour des complications qui troublent périodiquement la paix de l'Orient, elles croyaient pouvoir déclarer avec raison qu'un tel état de choses serait incompatible avec leurs intérêts et ceux de l'Europe en général. Dans ce cas, elles se réservaient le droit d'aviser d'un commun accord aux moyens qui leur paraîtraient les plus propres à assurer le bien-être de la population chrétienne et les intérêts de la paix générale.

Ce protocole était accompagné de deux déclarations remarquables annexées aux minutes du Foreign Office où le protocole fut signé, l'une de la part de l'ambassadeur russe, l'autre émanant du Ministre anglais.

Cette dernière disait que, au cas où le but visé par le protocole, c'est-à-dire : — le désarmement et une paix réciproque, — n'aurait pas été atteint, le protocole en question devait être considéré comme nul et non avenu.

La déclaration de l'ambassadeur russe était conçue dans les termes suivants :

« Si la paix avec le Monténégro est conclue, si la Porte accepte les conseils de l'Europe et si elle se montre disposée à replacer ses forces sur le pied de paix, et à entreprendre sérieusement les réformes mentionnées dans le protocole, qu'elle envoie à Saint-Pétersbourg un envoyé spécial pour traiter du désarmement auquel Sa Majesté l'Empereur consentirait aussi. Si des massacres pareils à ceux qui se sont produits en Bulgarie avaient encore lieu, ils mettraient certainement un terme aux mesures pacifiques. »

La Porte jugea à propos, peut-être inutilement, d'autant plus que son adhésion au protocole n'était pas exigée, de faire, le 9 avril 1877, une réponse énergique aux dispositions prises par les signataires de ce document.

Elle fit remarquer que les efforts des Puissances étaient exclusivement dirigés en faveur de ce qu'elles considéraient comme devoir être un bienfait pour une partie seulement des sujets du Sultan, alors que les réformes que la nouvelle Constitution cherchait à introduire n'avaient pas un caractère exclusif ou spécial à telle province, à telle race ou à telle religion ; que le peu de cas que les Puissances semblaient avoir fait, à la fois des grands principes d'égalité et de justice que le gouvernement ottoman cherchait à introduire dans l'administration intérieure, et de ses droits d'indépendance et de souveraineté, était profondément regrettable ; que la Turquie, comme État indépendant, ne pouvait se résigner à être placée sous une surveillance, collective ou non ; « que le traité de Paris déclare explicitement le principe de la non-intervention ; or un traité unissant les autres parties contractantes, aussi bien que la Turquie, ne pouvait être aboli par un protocole auquel la Turquie n'a pris aucune part. Enfin que, dans la clause finale, le gouvernement du Sultan voit un procédé d'intimidation calculée, qui enlevait à l'action des Puissances tout mérite de spontanéité, et une source de complications graves pour le présent aussi bien que pour l'avenir. »

Au sujet de la déclaration de l'ambassadeur russe, annexée au protocole, la Porte remarqua d'une manière fort piquante que « pour ce qui avait trait aux désordres pouvant éclater en Turquie et mettre en mouvement l'armée russe, le gouvernement du Sultan, tout en ressentant les termes offensants dans lesquels cette idée avait été exprimée, croyait l'Europe convaincue que les désordres qui avaient troublé la tranquillité des provinces étaient dus à une agitation extérieure ; que le gouvernement impérial ne pouvait en être rendu responsable et que, par conséquent, le gouvernement russe ne serait pas justifié de faire dépendre le désarmement de telles éventualités ».

Ce dernier paragraphe dénonce une sérieuse difficulté pratique, qui met le gouvernement ottoman face à face avec la proposition de désarmement. On savait que la Russie était à même de mobiliser ses armées en huit jours ; en tout cas, c'était pour elle une question de jours. La Turquie, à cause de sa position géographique et de la nature de son organisation, avait besoin de plusieurs mois pour atteindre ce but. Si, par conséquent, après avoir fait les plus grands sacrifices pour réunir ses forces, elle devait ensuite les renvoyer dans leurs foyers éloignés, et que la Russie, sur un prétexte de son invention, fît remobiliser son armée, la Turquie aurait été aux prises avec les plus grandes difficultés, et complètement à la merci de son adversaire. Dans ce cas rien n'aurait été plus facile à la Russie que d'employer le moyen dont elle s'était déjà servie en d'autres occasions dans le but d'exciter les troubles pouvant fournir le prétexte d'une attaque délibérée de l'Empire ottoman, resté sans défense. La Porte avait fait l'expérience de ces procédés et de ces arguments à propos de la Serbie. Le 2 novembre 1876, Sir H. Elliot écrivait à Lord Derby : « Le général Ignatieff m'a dit ce matin qu'il a été chargé par son gouvernement d'informer la Porte qu'il considérerait tout excès commis par les troupes ottomanes comme une violation de l'armistice ; et un des secrétaires de l'ambassade russe a été prié, cet après-midi, de me dire, en outre, que le général avait des ordres pour quitter immédiatement Constantinople à la moindre violation de cet armistice », et il ajoute : « un prétexte facile pour une rupture paraît ainsi avoir été préparé[1]. »

Le 19 avril 1877, le prince Gortchakoff publia une autre circulaire contenant une déclaration de guerre contre l'Empire ottoman et se terminant par la phrase remarquable suivante : « En assumant cette tâche, notre auguste Maître remplit un devoir qui lui est imposé par les intérêts de la Russie *dont le paisible développement est entravé par les troubles permanents de l'Orient.* »

Tout commentaire gâterait ce passage de choix. L'agneau troublait le courant, comme dans la fable.

Le 1ᵉʳ mai, Lord Derby fit, à la circulaire russe, une réponse caustique et impitoyable.

Après avoir fait remarquer que la Porte n'avait jamais varié en « affirmant ses intentions d'accomplir les réformes déjà promises », ce qui était le but avoué des Puissances, et que ce but aurait toujours pu être atteint si de part et d'autre on avait manifesté de la patience et de la modération ; que c'était la présence, sur les frontières, de forces

1. Livre Bleu, Turquie 1, 1877, n. 985.

russes considérables menaçant la sécurité de la Turquie qui rendait le désarmement impossible, et qui excitait un sentiment de crainte et de fanatisme parmi la population musulmane en constituant un obstacle matériel à une pacification et à des réformes intérieures. Elle continuait en disant que la voie dans laquelle était entré le gouvernement russe entraînait des considérations plus graves et plus sérieuses. Il était en contradiction avec les stipulations du traité de Paris du 30 mars 1856, par lequel la Russie et les autres Puissances signataires s'étaient engagées, chacune de son côté, à respecter l'indépendance et l'intégrité territoriale de l'Empire ottoman ; et en outre elles avaient, pas plus tard qu'en 1871, signé une déclaration à la Conférence de Londres, « confirmant le traité comme étant un principe essentiel de la loi des nations ; qu'aucune Puissance ne peut se libérer des engagements d'un traité, ni en modifier les clauses, si ce n'est avec le consentement des parties contractantes, au moyen d'un arrangement amical... » Elle concluait en disant que relativement à la prétention de la Russie d'agir dans l'intérêt de la Grande-Bretagne et des autres Puissances, elle se sentait tenue de déclarer d'une manière formelle et publique que la décision du gouvernement russe n'était pas une de celles qui pourraient avoir leur concours ou leur approbation.

Rien ne pouvait être plus logique ou plus raisonnable ; mais ce n'était ni la logique, ni la raison qui étaient capables de retenir les armées de la Russie de l'autre côté du Pruth.

CHAPITRE VIII

MIDHAT PACHA EN EUROPE

L'exil de Midhat Pacha, après sa destitution sensationnelle, le 5 février 1877, fit grand bruit en Occident. L'empereur d'Autriche déclara ouvertement son mécontentement : « Mon Dieu, dit-il, ces Turcs sont incorrigibles. » et M. Thiers disait : « Que l'ennemi le plus acharné de la Turquie aurait difficilement imaginé de donner au Sultan un conseil aussi diabolique. » Les cabinets perdirent l'espoir de voir appliquer les réformes en Turquie. La presse anglaise comme, d'ailleurs, la plus grande partie de la presse européenne, témoigna sa sympathie à l'ex-Grand Vizir et son mécontentement au Sultan. Parmi les journaux russes le « Golos » de Saint-Pétersbourg, du 9 février 1877, tout en faisant remarquer les avantages que la Russie retirait de l'éloignement de Midhat Pacha, émettait l'opinion suivante : « La fin de l'Empire turc en Europe a sonné. La seule chose maintenant nécessaire est la patience, et il n'est pas difficile d'attendre puisque la guerre est impossible avec un État qui périra plus rapidement par l'effet de sa crise intérieure que par les armées étrangères. La Russie aura suffisamment de temps pour sauver les chrétiens du malheur qui pourrait leur arriver par la chute de la Turquie. Pour la Russie aussi bien que pour les chrétiens, il est maintenant plus avantageux d'attendre et de voir comment la Turquie tombera d'elle-même que d'accentuer par une intervention les progrès de cette dissolution. »

L'exil de Midhat Pacha et le changement de ministère causèrent également une grande émotion parmi la population ottomane[1].

Mais le Sultan avait pris toutes ses précautions contre l'éventualité d'un soulèvement de la population en faveur du Grand Vizir exilé. Afin de faire croire qu'il était plus libéral que son Grand Vizir lui-même et pour montrer que la chute de Midhat n'entraînait nullement l'abolition de la Constitution nouvellement promulguée, il se hâta de convoquer le Parlement.

L'ouverture des Chambres avait été fixée au 1er mars ; mais comme, d'après le statut, le Parlement ne pouvait être ouvert avant que les deux tiers au moins des députés fussent présents, l'ouverture fut reportée au 4 mars. A cette date, le Sultan l'ouvrit avec beaucoup de solennité dans le Palais de Dolma-Bagtché.

A droite du trône, les Ministres et les hauts fonctionnaires, les chefs des communautés religieuses chrétiennes et les membres du Conseil d'État ; à gauche les Ulémas, avec le Cheik-ul-Islam à leur tête et les présidents de la Haute Cour de Justice avec les généraux de division ; un

---

1. M. Blunt, consul de S. M. B. à Salonique, adressa, à cette occasion, la dépêche suivante à Lord Derby :

> (Livre Bleu Turquie, 15, 1877. N. 174).
> Salonique, 10 février 1877.

Les hommes les plus influents avec lesquels j'ai causé et le peuple ici en général, montrent beaucoup de surprise et une certaine irritation de la destitution soudaine du Grand Vizir Midhat Pacha, en qui ils avaient la plus grande confiance pour le succès des réformes. L'impression dominante ici est, surtout parmi les Turcs, que la chute de cet homme d'État populaire a été, dans sa préparation et son accomplissement, l'œuvre de l'entourage immédiat du Sultan.

Au cas où il y aurait une démonstration quelconque à Constantinople, en faveur de Midhat Pacha, le sentiment populaire à Salonique serait, je crois, d'accord avec elle.

J'ai l'honneur........................

J. E. BLUNT.

peu plus loin le personnel de la Cour. Les représentants
des puissances étrangères, présents à la cérémonie, étaient
rangés derrière le Trône. Au milieu de la salle étaient les
députés et les membres du Sénat. Le Sultan entra habillé
de noir, et resta debout à côté du Trône, la main sur son
épée, pendant que le premier Secrétaire du Palais lisait le
discours suivant :

Discours du Sultan.

Messieurs les Sénateurs,
Messieurs les Députés,

C'est avec la plus vive satisfaction que j'ouvre le Parlement
de mon Empire qui se réunit aujourd'hui pour la première fois.

Vous savez tous que le développement de la grandeur et de
la force des États, aussi bien que des peuples, repose sur la
Justice.

Mon gouvernement impérial a puisé, à l'origine, sa force et
son influence à l'extérieur, dans le respect qu'il a porté à la
justice dans l'administration de l'État, ainsi qu'aux droits et
aux intérêts de toutes les classes de ses sujets.

L'un de mes ancêtres, le Sultan Mehmet le Conquérant, de
glorieuse mémoire, a accordé des immunités aux chrétiens pour
assurer la liberté individuelle et la liberté de conscience et des
cultes.

Marchant sur ses traces, mes augustes prédécesseurs n'ont
jamais non plus laissé porter atteinte à la liberté de conscience
et des cultes. Il est incontestable que c'est par une conséquence
naturelle de ce même principe de haute justice que nos diverses
populations ont pu conserver depuis six siècles leur caractère
national, leur langue et leur religion.

C'est grâce au respect qui entourait alors la justice et l'application des lois que la richesse et le bien-être de l'État et de la
nation avaient reçu un développement si remarquable ; mais à
la longue, les dispositions du cheri et celles des lois établies
n'étant plus observées, le cours du progrès se ralentit et la force
première se changea en faiblesse.

Mais mon aïeul, Sultan Mahmoud, d'heureuse mémoire, ayant
fait disparaître le désordre, cause réelle de l'affaiblissement
dont l'État était frappé depuis longtemps, et conjuré la crise

provoquée par la révolte des Janissaires a délivré l'État et la nation des entraves qui arrêtaient leur essor, et, le premier, il a ouvert la voie à l'introduction, dans notre pays, de la civilisation de l'Europe moderne.

Mon illustre père, feu Sultan Abdul Medjid, suivant ce noble exemple, a promulgué le Tanzimat qui garantit la vie, les biens et l'honneur de nos sujets. Depuis lors, les ressources du commerce et de l'agriculture de notre Empire se sont développées, les revenus de l'État se sont en peu de temps considérablement accrus ; des lois et des règlements ont été élaborés pour favoriser les améliorations nécessaires et enfin, l'instruction dans les arts et dans les sciences a acquis une notable extension.

Ces premiers essais de réforme et la sécurité intérieure de l'État permettaient d'entrevoir pour l'Empire un avenir de progrès et de prospérité ; mais la guerre de Crimée est malheureusement survenue et a arrêté les efforts qui tendaient à améliorer la situation de l'Empire et de ses habitants.

Jusqu'alors notre Trésor impérial n'avait contracté aucune dette à l'étranger ; mais vu l'impossibilité de faire face aux dépenses urgentes de la guerre au moyen de nos propres revenus, on fut obligé de recourir à des emprunts extérieurs. C'est ainsi que la voie des emprunts s'est trouvée ouverte. Il est vrai que les grandes puissances alliées, reconnaissant la justice de notre cause, nous ont prêté un concours complet et efficace, qui comptera comme une grande page dans les annales de l'histoire, et grâce auquel un traité de paix a été conclu, qui place l'intégrité et l'indépendance de notre Empire sous la garantie des puissances européennes.

Il était alors permis de croire que cette paix nous assurerait dans l'avenir le temps et les moyens de rétablir nos affaires intérieures et de faire réellement entrer le pays dans la voie du progrès.

Malheureusement les événements qui se sont succédé ont amené un résultat opposé à celui qu'on était en droit d'espérer ; des intrigues et des excitations coupables, en créant des embarras intérieurs et successifs, non seulement ne nous ont pas permis de nous consacrer à la réorganisation et à la réforme de l'État, mais encore nous ont mis dans l'obligation de mobiliser chaque année des corps d'armée extraordinaires et de retenir sous les drapeaux une partie importante de la population valide du pays. Le développement de notre commerce et de notre agriculture en a été entravé. Malgré tant de difficultés et d'empêchements, le progrès moral et matériel ne s'est pourtant pas arrêté. L'augmentation constante des revenus de l'État depuis vingt ans est une preuve de l'amélioration qui ne cessait de s'opérer dans les conditions du pays et dans le bien-être des populations.

Bien que nos embarras actuels découlent des circonstances qui viennent d'être énumérées, il eût été possible cependant d'en atténuer sensiblement la portée, et de conserver le crédit de l'État, si, dans l'administration des finances, on s'était attaché aux principes d'une stricte loyauté. Mais les mesures qui furent prises à cette époque, en vue, apparemment, d'améliorer les finances, ne pouvaient qu'augmenter la gravité de la situation, du moment que, sans songer à l'avenir, on ne visait qu'à des expédients momentanés.

La persistance de ces difficultés, jointe à la nécessité de nous pourvoir d'un matériel de guerre nouveau et d'une marine cuirassée, devenus les principaux éléments de la puissance militaire des États, et en outre la non observation des règles d'économie qui doivent régir le budget des recettes et des dépenses, ont introduit graduellement le désordre dans nos finances, ont augmenté nos dettes et nous ont enfin conduits à l'état de gêne extrême dans lequel nous nous trouvons aujourd'hui.

Sur ces entrefaites, et sous l'influence d'intrigues et de menées subversives se produisirent en Herzégovine des événements qui prirent bientôt des proportions plus considérables.

Les hostilités avec la Serbie et le Monténégro ont tout à coup éclaté, et de sérieuses complications sont survenues dans le monde politique. C'est au moment où cette crise atteignait son plus grand degré d'intensité que, par la volonté du Très Haut, j'ai été appelé à occuper le trône de mes augustes ancêtres.

Les difficultés et les dangers que présentent notre situation générale ne peuvent être comparés à aucune des crises que mon Empire a traversées jusqu'ici. J'ai été obligé tout d'abord, afin de sauvegarder les droits de l'Empire, d'augmenter l'effectif de mes armées sur divers points, et d'appeler sous les armes 700.000 combattants. Puis, j'ai considéré comme un devoir de chercher, au moyen de réformes fondamentales, à mettre fin, avec l'aide de Dieu, au désordre de la situation, et à assurer ainsi notre avenir d'une manière permanente.

Il est évident que, grâce aux ressources dont la Providence a doté notre pays, et aux aptitudes de mes sujets, une bonne administration nous permettrait de faire en peu de temps des progrés considérables. Si nous n'avons pas atteint le niveau du progrès du monde civilisé, il faut en voir la cause dans l'instabilité des institutions nécessaires à l'État et des lois et règlements qui en découlent, instabilité qui provenait de ce que tout était l'œuvre d'un Gouvernement absolu méconnaissant le principe salutaire de la délibération en commun.

Les progrès obtenus par les États civilisés, la sécurité et la richesse dont ils jouissent, sont le fruit de la participation de tous à l'établissement des lois, et à l'administration des affaires publiques. J'ai cru nécessaire de rechercher pour nous aussi dans cette voie les moyens d'arriver au progrès en donnant pour base à notre système de législation le suffrage général du pays, et c'est dans ce but que j'ai promulgué la Constitution.

Par la création de ces nouvelles institutions, mon intention n'a pas été tant d'inviter les populations à assister à la gestion des affaires générales, qu'à faire de ces institutions des instruments puissants pour la réforme de l'administration et pour l'extirpation des abus et des pratiqués arbitraires.

Indépendamment des avantages qui lui sont inhérents, la Constitution est destinée à jeter les bases de la fraternité et de l'union parmi mes peuples et à ouvrir ainsi la voie à une prospérité également partagée entre tous.

Mes illustres ancêtres ont remporté de grandes victoires, qui ont réuni sous leur sceptre les populations multiples habitant ce vaste Empire.

Il restait pourtant à rallier des peuples si divers par les croyances et la nationalité, sous une loi unique dans le sentiment d'une même existence.

La divine Providence, dans son inépuisable bonté, a voulu que cette œuvre reçût son accomplissement.

Désormais tous mes sujets, devenus enfants d'une même patrie et vivant sous l'égide tutélaire d'une même loi, seront appelés d'un même nom, de ce nom, si hautement porté par mes aïeux depuis six cents ans et qui a laissé tant de souvenirs de gloire et de grandeur dans les fastes de l'histoire. Le nom d'Ottoman, jusqu'à présent personnifiant l'idée de force et de puissance, symbolisera dans l'avenir, j'en ai la conviction, le maintien en un seul faisceau des intérêts désormais identiques de tous mes sujets.

C'est en m'inspirant de ces principes et de ces intentions que je me suis tracé la voie dans laquelle je suis résolu à persévérer. J'attends maintenant que votre coopération efficace et intelligente permette de recueillir d'une Constitution, fondée sur la justice, les résultats qu'on est en droit d'espérer.

J'ai cru qu'il était d'une urgence absolue d'assurer la liberté et l'égalité de mes sujets, de mettre un terme au régime de l'arbitraire, de placer la confection et l'application des lois et la gestion des affaires sous le contrôle de la volonté du pays ; en un mot de rattacher les règles de notre système administratif au principe constitutionnel et délibératif.

A l'effet de réaliser mes vœux les plus chers à ce sujet, j'ai décidé la réunion d'un Parlement, composé du Sénat et de la Chambre des députés.

Il vous incombe, à présent, de remplir fidèlement et avec droiture les devoirs législatifs confiés à votre patriotisme. Dans cette tâche vous ne devez vous laisser influencer par aucune considération de personnes, et n'avoir en vue, dans l'exécution fidèle de vos travaux, que le salut et le bien-être de l'État et du pays. Les améliorations dont nous avons besoin aujourd'hui et les réformes administratives attendues de toutes parts sont de la plus haute importance. L'application graduelle de ces mesures dépend de l'accord qui règnera entre vous.

Le Conseil d'État s'occupe, d'un autre côté, de l'élaboration des projets de loi qui vous seront soumis.

Dans la présente session, vous serez saisis des projets de règlement intérieur de la Chambre, de loi électorale, de loi générale concernant les vilayets et l'administration des communes, de loi municipale, du code de procédure civile, de lois relatives à la réorganisation des tribunaux, au mode d'avancement et de mise à la retraite des juges, aux attributions et au droit à la retraite de tous les fonctionnaires publics en général, de lois sur la presse, et la Cour des Comptes, et enfin de la loi sur le budget.

Je désire vivement que ces diverses lois soient successivement étudiées, discutées et délibérées.

Vous aurez à vous occuper d'urgence de la réorganisation des tribunaux, unique sauvegarde des droits de chacun, et de la formation du corps de la gendarmerie. Ce double but ne peut être atteint que par l'augmentation du chiffre des allocations spéciales.

Or, ainsi que vous le verrez par le budget soumis à la Chambre, nos finances se trouvent dans un état extrêmement difficile. Je vous recommande de vous appliquer avant tout à adopter en commun des mesures propres à parer aux difficultés de cette situation et à rétablir le crédit de l'État, tout en ayant soin de prendre simultanément les mesures propres à assurer les fonds exigés par les réformes urgentes.

Un des plus grands besoins de mon Empire et de mes sujets est le développement de l'agriculture et de l'industrie. Ce résultat, si indispensable au progrès de la civilisation et de l'accroissement de la richesse publique, est étroitement lié au développement des sciences et de l'industrie.

Des projets de loi ayant pour objet l'amélioration des établissements scolaires et la fixation du programme des études, vous seront soumis dans votre prochaine session.

En ce qui concerne la bonne application des lois précitées, ainsi que de toutes celles auxquelles il y aura lieu de pourvoir plus tard, on ne saurait attacher une trop grande importance au bon choix des fonctionnaires de l'État. Mes ministres y consacreront tous leurs soins en même temps qu'ils veilleront à la mise en pratique du système de récompenses et d'encouragements que la Constitution a établi en faveur des employés intègres.

Du jour de mon avènement, pénétré de cette vérité, j'ai décidé de fonder à mes frais une école destinée à fournir dans l'avenir le personnel de l'administration générale.

Ainsi qu'il est dit dans le règlement de cette école, les élèves sortant de cet établissement pourront aspirer aux postes les plus élevés de l'administration et de la diplomatie, et ils seront recrutés, sans distinction de culte, parmi toutes les classes de mes sujets, et leur avancement sera réglé d'après leurs capacités.

Depuis bientôt deux ans nous avons dû faire face à des complications intérieures. Durant cette période, notamment pendant les hostilités avec la Serbie et le Monténégro, mes fidèles sujets ont tous donné des preuves de patriotisme et mes troupes ont accompli, au prix de grandes souffrances, des actes de courage et de bravoure que j'apprécie hautement.

Dans tous ces événements, nous n'avons eu en vue que la défense de nos droits. Les efforts que nous avons faits dans ce but ont eu pour résultat le rétablissement de la paix avec la Serbie. Quant aux dispositions à adopter par suite des négociations engagées avec le Monténégro, elles seront soumises à votre examen dès votre première réunion, et je ne saurais trop vous recommander de hâter vos délibérations à ce sujet.

Mes relations avec les puissances étrangères sont toujours empreintes de cette amitié et de cette déférence qui constituent pour mon Empire une tradition des plus précieuses.

Le Gouvernement de Sa Majesté Britannique ayant proposé, il y a quelques mois, de réunir une Conférence dans ma capitale, et les autres puissances ayant appuyé les bases proposées, ma Sublime Porte a adhéré à cette Conférence. Si cette réunion n'a pas abouti à une entente définitive, nous n'en avons pas moins montré que nous étions prêts à devancer, dans l'application, les vœux et les conseils des puissances qui pouvaient se concilier avec les traités, le droit international, et les nécessités impérieuses de notre situation et de nos droits.

Les causes de ce défaut d'entente se trouvent bien plus dans la forme et dans les procédés d'application que dans le fond même de la question.

J'apprécie hautement la nécessité de porter à un plus haut degré de perfection les progrès déjà si considérables réalisés, depuis l'origine du Tanzimat jusqu'à ce jour, dans toutes les branches de l'administration et dans la situation générale de mon Empire. Tous mes efforts seront consacrés à cette œuvre. Toutefois, je considère aussi comme un de mes plus grands devoirs, celui de veiller à ce qu'il ne soit porté aucune atteinte à la dignité et à l'indépendance de mon Empire. Le temps se chargera de prouver à tous la loyauté et la pureté de mes intentions.

Mon but étant de persévérer dans la voie du maintien et de la défense de nos droits et de notre indépendance, en aucun cas je ne m'en écarterai dans mes actes ultérieurs.

Avant, comme après la Conférence, mon Gouvernement a constamment donné des preuves de sa sincérité et de sa modération, lesquelles, j'aime à l'espérer, contribueront à resserrer davantage les liens d'amitié et de sympathie qui nous unissent à la grande famille européenne.

Que le Tout-Puissant daigne accorder le succès à nos communs efforts.

Ainsi, contrairement à sa volonté, le Sultan avait été obligé d'ouvrir la Chambre des députés ; mais il ne cherchait qu'une occasion pour enlever au peuple les libertés qu'il lui avait données. Les événements la lui fournirent et il en usa, non sans astuce, au détriment de la nation et de l'Empire.

Le rejet par la Porte et par le Grand-Conseil des propositions de la Conférence de Constantinople avait créé une situation critique, bien que tout le monde, à part la Russie et le Sultan Abdul Hamid, penchât à croire que la résistance de la Turquie ne pouvait avoir de graves conséquences du moment que la Constitution, solennellement proclamée, assurait à l'Empire la réforme de l'administration. Néanmoins, la chute de Midhat Pacha, l'homme qui avait fait promulguer cette Constitution, permettait de douter qu'elle fût sincèrement appliquée. Le 12 avril, le prince Gortchakoff lança sa circulaire aux puissances, et, le 24 avril 1877, les hostilités étaient ouvertes par la Russie.

Les faits de guerre détournaient l'attention du public de sa situation intérieure. La nation, toute au danger russe, se souciait beaucoup plus du salut immédiat de l'Empire que de la conservation de la charte constitutionnelle. Le Sultan avait donc atteint son but ; il ne trouvait plus d'obstacle à sa volonté. Il ferma le Parlement et exila quelques députés qui avaient, pour protester contre cette décision, un peu trop élevé la voix.

La guerre déclarée par la Russie secondait admirablement les vues et les secrets désirs d'Abdul Hamid. Après avoir exilé Midhat Prcha, clos le Parlement, il lui fallait, pour monopoliser entre ses mains le pouvoir suprême, anéantir toute velléité de liberté. Tous ses efforts convergèrent vers ce but : ne laisser subsister aucune force capable de contrecarrer ses projets. S'étant informé des dispositions des hommes politiques et des généraux les plus marquants, il se hâta d'enlever toute autorité à ceux qu'il croyait susceptibles de lui porter ombrage. Les instructions contradictoires qu'il envoyait aux généraux en campagne, les mouvements de troupes qu'il ordonnait du fond de son palais de Yildiz prenaient leur origine dans les craintes que lui inspiraient certains des chefs militaires suspectés de libéralisme.

C'est ainsi que le généralissime Abdul Kérim et le maréchal Suléiman furent traduits devant un Conseil de guerre et condamnés, non pour des fautes commises sur le champ de bataille, mais parce qu'un de ces officiers supérieurs avait participé à la déposition du Sultan Abdul Aziz et que l'autre était connu pour ses opinions libérales.

Le traité de San Stephano couronna les efforts d'Abdul Hamid. La circulaire du prince Gortcharkoff qui avait paru le 9 avril 1877 dans le « Journal officiel de Saint-Pétersbourg » démontra que ce que la Russie voulait obtenir de la Turquie, dans la Conférence de Constantinople, ne différait pas sensiblement des conditions qu'elle lui imposait par le traité de San Stephano contre lequel Lord Salisbury éleva les justes objections consignées dans sa dépêche du 1er avril 1878.

Quoique le Cabinet Britannique eût déclaré nettement sa volonté de ne pas s'ingérer dans la querelle turco-russe, les intérêts généraux de l'Europe et les intérêts particuliers de l'Angleterre s'y rattachaient si intimement qu'il était impossible que cette puissance n'eût pas, tôt ou tard, à s'en préoccuper. L'intervention de l'Angleterre, malheureusement un peu tardive, détermina la réunion du Congrès de Berlin (1878) qui modifia profondément le traité de San Stephano imposé à la Turquie par la Russie.

Comme Midhat Pacha ne prit, au surplus, aucune part directe aux événements qui suivirent la guerre turco-russe, nous nous bornerons au récit des péripéties de son voyage en Occident, de ses démarches patriotiques, des entrevues qu'il eut avec des chefs d'État et des hommes politiques.

Il arriva à Brindisi le 11 février 1876, et après avoir pris quelques jours de repos, il passa à Naples et songea à y vivre loin du mouvement des grands centres politiques. Nous empruntons à la « Neue Freie Presse » de Vienne les déclarations suivantes qu'il fit sur l'avenir de sa constitution :

Il ne faut pas voir, nous dit-il, dans mon bannissement, l'action du despotisme contre le régime constitutionnel.

Montesquieu nous enseigne que la création d'une Constitution est chose difficile et lente. Un souverain habitué au pouvoir absolu ne se laisse persuader que peu à peu à céder de son pouvoir la part nécessaire au régime constitutionnel. C'est un travail difficile, interrompu souvent par des courants contraires ; mais il ne faut pas désespérer d'atteindre le but ; avec le temps, de la patience et de la persévérance, on finit toujours par y parvenir. Ce n'est pas dans la personne du Sultan, ni dans celle des ministres actuels que je vois un danger pour la Constitution ; mais bien dans l'absence de caractère et de courage chez les conseillers du Souverain, qui, bien loin d'agir selon leurs convictions, recherchent leur intérêt personnel en cachant la vérité. Je n'ai jamais hésité à émettre devant le Sultan, quel qu'il fût, mon opinion lorsqu'elle différait de la sienne ; je l'ai toujours fait avec le plus profond respect, mais sans la moindre réticence. Bien des malheurs seraient évités dans ce bas-monde, s'il y avait plus d'hommes capables de dire toute la vérité à leur souverain.

Le danger pour la Constitution n'est pas dans le manque de bonne volonté, mais dans le manque de savoir-faire chez ceux qui sont chargés de diriger le fonctionnement de ce mécanisme. La forme gouvernementale du despotisme m'apparaît comme un moulin primitif qui peut être mû par la force de l'eau ou que l'on peut faire tourner en agissant sur la roue. Le gouvernement constitutionnel est aussi un moulin ; mais il est mis en mouvement par un mécanisme artistement construit et compliqué. Il faut savoir faire fonctionner cette machine et la maintenir en mouvement. Il est à souhaiter que les hommes expérimentés qui se trouveront à la tête des affaires à Constantinople ne cherchent pas à mettre en mouvement le mécanisme du moulin neuf avec les idées et la routine du moulin primitif ; les mœurs et les hommes du système absolu ne peuvent pas devenir les forces motrices du gouvernement constitutionnel. Lorsqu'on reprocha un jour à Réchid Pacha, notre grand réformateur, d'employer des jeunes gens, frais émoulus de l'école, il répondit que cela devait être ainsi, parce qu'il fallait préparer un nouveau personnel d'administrateurs. J'ai toujours été de cet avis, et chaque fois qu'autour de moi je croyais apercevoir beaucoup de rivaux, je me réjouissais à l'idée que ma patrie en profiterait. C'est que pour rendre des services réels à son souverain et à sa nation, il faut être patriote; tout dépend seulement de ce que l'on entend par ce mot. Pour moi, celui-là seul est un vrai patriote qui, négligeant son propre intérêt, se voue moralement et matériellement au but suprême qui est le bien de la Patrie. On doit se résoudre à renoncer à tout et à être prêt, à chaque instant, à sacrifier son bonheur, sa famille et sa vie pour ce que l'on a reconnu être le bien du pays.

J'aurais pu, plus d'une fois, conserver les hautes fonctions auxquelles j'ai été appelé, acquérir des trésors pour terminer ma carrière dans le bien-être, au milieu de l'opulence et couvert d'honneurs. Mais ce n'est pas ainsi que je comprends le devoir patriotique. L'estime, l'amour et la sympathie de ma nation ont toujours été pour moi supérieurs à toutes les splendeurs de ce monde. Je ne reste pas ministre lorsque mon Souverain ne me permet pas d'agir comme l'exigent la prospérité et le bonheur de ma nation, tels que je les comprends ; et je préfère la pauvreté et l'exil aux sabres d'honneur, aux diamants et aux plus insignes faveurs ; car ce qui peut me satisfaire et me rendre fier est uniquement la considération de mes compatriotes.

Les événements d'Orient prenaient une tournure de plus en plus dangereuse ; Midhat ne voulut pas rester à Naples, impassible devant les malheurs qui assaillaient sa patrie de tous côtés. Il alla à Paris et de là à Londres. Dans les deux capitales, il reçut un chaleureux accueil. Malgré sa situation si délicate d'exilé, il entreprit de chercher une solution qui épargnât à son pays les périls que lui faisait courir la guerre avec la Russie. Ses relations amicales avec Lord Beaconsfield et les hommes d'État anglais ne tardèrent pas à produire les effets qu'il en attendait. Lorsqu'il fut certain des bonnes dispositions du cabinet de Saint-James et qu'il put compter sur ses bons offices pour mettre un terme à la guerre, il se rendit à Vienne où il fut reçu par l'Empereur François-Joseph. En apprenant la nouvelle de la résistance victorieuse de l'armée ottomane à Plevna, il jugea le moment venu d'élever la voix en faveur de la paix et adressa la dépêche suivante au Sultan Abdul Hamid :

Au premier Secrétaire du Sultan Saïd Pacha.

Durant mon séjour à Londres j'ai tâché de plaider, dans la mesure de mes faibles moyens, la cause de l'Empire et de préparer une paix honorable. Je me flatte d'y avoir quelque peu réussi. Je désire agir ici dans le même sens, si, toutefois, Sa Majesté Impériale y consent ; mais il va sans dire que, pour que mes efforts produisent l'effet souhaité, il importe que je sois renseigné sur les projets de Sa Majesté ; mon action ne saurait être efficace qu'autant que je connaîtrais quelque chose des intentions du Gouvernement Impérial.

MIDHAT.

Vienne (1877).

En réponse, le Sultan lui fit savoir qu'après les victoires que ses armées avaient remportées, il n'accepterait pas de parler de paix, le premier : il alla même jusqu'à faire cette déclaration ridicule que quiconque travaillerait dans ce sens ne saurait se prévaloir du titre de patriote.

Midhat Pacha, comprenant que la paix était encore impossible, retourna à Londres où il ne cessa de faire de son mieux pour être utile à son pays.

Les événements se précipitaient. Les armées russes avaient franchi les Balkans et marchaient sur Constantinople ; Midhat n'en continuait pas moins ses efforts pour entraîner l'Europe dans une action contre les prétentions du vainqueur. Les lettres qu'il échangeait avec des hommes politiques bien placés pour le renseigner et le seconder dans les principales capitales témoignent de l'activité qu'il a déployée pendant la période critique qu'a traversée la Turquie entre la signature des préliminaires de San Stéfano et la réunion du Congrès de Berlin.

Nous regrettons de ne pouvoir donner ici que les quelques communications qui suivent et qui, malgré les changements qu'ont subi, depuis trente ans, les rapports des Puissances entre elles présentent encore, croyons-nous

(les deux dernières surtout), un certain intérêt dans l'état
actuel de la question d'Orient.

A Son Altesse Midhat Pacha.

                              Rome, 30 décembre 1877.
       Altesse,

. . . .
. . . .
     La médiation demandée par la Sublime Porte à l'Angleterre
est, à mon sens, un coup si habile que j'y reconnais le génie
de Votre Altesse, qui trouve encore moyen de tenir, de loin, le
gouvernail de sa patrie ou du moins d'en diriger l'esprit dans
des cas exceptionnels.
     Votre Altesse a beaucoup d'amis et une grande influence en
Angleterre. Qu'elle engage vivement tous ses amis anglais à se
servir de la question actuelle comme du seul contre-poids possible aux menées de Gladstone et aux efforts que les partisans
de l'école de Manchester veulent faire en Angleterre. L'ouverture du Parlement britannique approche. Nous n'avons plus que
18 jours, comme tout porte à le croire. Lord Beaconsfield est
sincère et ne descend pas à de honteuses transactions. Les
moments sont précieux, et au fond de l'exil d'où Votre Altesse
ne peut, comme elle le devait, gouverner sa patrie, la puissance
de sa voix suppléera à l'impuissance momentanée de sa position
politique...
     En attendant, je vous prie, Altesse, agréez, etc...

A Son Altesse Midhat Pachà.

                              Vienne, 24 janvier 1878.
       Altesse,

. . . .
. . . .
     Voici en deux mots quelle est la situation en ce moment-ci :
nos sphères suprêmes sont inquiètes des progrès que fait l'armée
russe en Turquie. Mais il y a des engagements réciproques, —
c'est ce que'on voit maintenant très clairement — entre la
Russie et l'Autriche, et il s'ensuit que l'Autriche ne peut pas

bouger. M. Andrassy a dit hier à un de mes amis, qui est personnellement lié avec lui, *qu'il allait tenir ses promesses et espérait que la Russie ne manquerait pas aux siennes, mais que s'il était trompé, il ferait la guerre sans s'arrêter un seul instant à ce qu'en dira la Prusse.* Pour ce qui concerne les dits engagements, il paraît que la Russie s'est obligée à ne pas faire d'annexions en Europe et à donner, dans tous les cas, la Bosnie et l'Herzégovine à l'Autriche. Pour toutes les autres questions, elle a promis seulement, en général, de ne rien faire qui pourrait froisser les intérêts de l'Autriche. M. de Bismarck intervenait dans tous ces pourparlers ; M. Andrassy s'était fié aux deux cabinets du Nord, et il n'avait pensé ni à stipuler les conditions de la navigation du Danube, ni à préciser la forme dans laquelle la Russie pourrait demander une indemnité de guerre, ni encore moins à la possibilité d'un traité secret entre la Russie et la Turquie, dont on lui laisserait ignorer jusqu'au premier mot. Or, en voyant aujourd'hui que la Russie pourra bien demander et obtenir une indemnité de guerre qui équivaudrait à une annexion, et qu'en outre, elle pourrait s'en tirer par un traité secret dont les stipulations resteraient inconnues à l'Autriche et pourraient tourner à son préjudice, on commence à être fort inquiet chez nous ; mais on doit forcément se résigner à attendre qu'une démarche quelconque de la Russie contraire à ses promesses autorise l'Autriche à passer aux voies de fait.

Il paraît que la Russie a le pressentiment de ces inquiétudes, parce que M. Novikoff, rentré samedi dernier à Vienne, a réitéré à M. Andrassy les assurances de son cabinet, en insistant pour que l'Autriche ne se mêlât aucunement des négociations russo-turques, dont le résultat définitif ne peut, dans aucun cas, déplaire au cabinet autrichien. Aussi le Czar a-t-il adressé en même temps une lettre autographe à l'empereur François-Joseph, et la lui a envoyée par un général de sa suite. On a pris note de ses déclarations, sans cependant cesser de dresser les oreilles du côté de Constantinople.

. . . .

. . . .

L'archiduc Rénier est rentré non-seulement content, mais enchanté de l'accueil qu'on lui a fait à Rome. L'Empereur paraît être parfaitement rassuré par son rapport sur la politique actuelle de l'Italie. Cependant on n'a pas interrompu pour cela les travaux de fortification aux frontières austro-italienne, et encore, samedi dernier, on a envoyé à Rovendo une nouvelle commission d'ingénieurs militaires des chemins de fer.

Veuillez agréer, Altesse, etc...

A Son Altesse Midhat Pacha.

Rome, 27 janvier 1878.

Altesse,

....
....
....
....
....

Comme il est notoire à la diplomatie, M. Correnti est un des hommes d'État les plus influents en Italie, M. Depretis, qui lui doit tant, ne fait pas un pas sans lui ; maintenant que le président du Conseil a pris le portefeuille des affaires étrangères à la place de M. Melegari, la politique étrangère de l'Italie est surtout dans les mains de M. Correnti. D'autre part, il est le favori du roi Humbert beaucoup plus qu'il n'était celui de Victor-Emmanuel. Le nouveau roi a fait de lui son conseiller le plus intime. M. Correnti est depuis quelque temps l'adversaire acharné de M. Crispi, qu'il accuse de conduire le pays à la république en trahissant la monarchie. M. Correnti est anti-Prussien et anti-Russe ....
....

Or, M. Correnti me disait hier que, contrairement à l'opinion générale, l'Italie n'a aucun engagement ni avec la Prusse, ni avec la Russie. Elle tient, au contraire, en ce moment, à être au mieux avec l'Angleterre et avec la France. Toutes ses tendances naturelles la portent du côté de la France, et ce n'est que le fantôme de l'ultramontanisme et de la réaction qui la poussait malgré elle vers la Prusse. Aujourd'hui, ses appréhensions sont en partie calmées. Il est faux que le roi Humbert soit tant dévoué à la Prusse. Il a même été fort mécontent du prince héréditaire de Prusse, qui, au balcon du Quirinal, prit le petit prince de Naples dans ses bras pour le présenter au peuple. Le roi dit que c'était à lui et non à un prince étranger à présenter son héritier à son propre peuple. La bruyante démonstration qui eut lieu en l'honneur du prince Frédéric-Guillaume avait été organisée par M. Crispi. Le roi a témoigné beaucoup plus d'empressement à l'archiduc Rénier, son oncle, qu'à Frédéric-Guillaume. L'Italie tend à se rapprocher de l'Autriche et serait charmée que le concert des trois empereurs cessât. Le roi Victor-Emmanuel avait, l'automne dernier, offert à M. Andrassy l'alliance de l'Italie ; il voulait lui donner 300.000 hommes contre la Russie, mais à condition, bien entendu, que l'Autriche, en s'étendant vers le Nord, ferait des concessions territoriales à l'Italie. M. Andrassy refusa tout. M. Correnti et M. Depretis affirment qu'il y aurait un moyen de s'entendre avec l'Autriche et de s'allier à elle pour venir au secours de la Turquie ; si l'ambassadeur d'Angleterre, contrairement aux intérêts bien compris de son gouvernement, n'avait toujours contribué par ses rapports exagérés ou même entièrement faux à exciter les défiances de l'Angleterre, laquelle, à son tour, irritait le gouvernement autrichien contre l'Italie. L'expédition italienne en Albanie fut une invention de Sir Paget. A la Cour d'Italie on est si mécontent de Sir Paget, qu'on a voulu à plusieurs reprises demander son rappel. Je prie Votre Altesse d'en informer confidentiellement Lord Beaconsfield et de lui affirmer que, même à présent, l'Italie s'allierait volontiers à l'Angleterre et à la Turquie, mais toujours à condition d'avoir des avantages soit en Europe, soit en Afrique.

L'Allemagne et la Russie ne peuvent rien lui donner et l'Autriche persiste à lui refuser le Trentin. Il serait donc beaucoup plus facile à l'Angleterre et à la Turquie de lui offrir des compensations. Ne vaudrait-il pas mieux sacrifier Tunis ou tout autre pays et avoir l'alliance de l'Italie contre la Russie, que de ne rien sacrifier et de tout perdre sans alliés ? Seulement il faudrait qu'un envoyé extraordinaire vînt faire des propositions au gouvernement italien, car je crois qu'on n'a plus de confiance dans sir Augustus Paget. Ce que j'ai l'honneur d'écrire à Votre Altesse n'est point le résultat de mes observations ou de mes suppositions personnelles, mais celui de mes conversations avec M. Correnti, qui est aujourd'hui l'inspirateur principal du roi et de M. Depretis.

Croyez-moi, je vous prie, Altesse, etc...

. . . . .

A Son Altesse Midhat Pacha.

Rome, 1er février 1878.

Altesse,

. . . .

J'ai eu hier soir encore un long entretien avec son excellence le commandeur César Correnti.

« Ceux m'a-t-il dit, qui qualifient la politique italienne de machiavélique se trompent du tout au tout : notre politique, au contraire, se base sur la sincérité et la vérité ; mais nous serions assurément des arrière-petits-neveux de Machiavel peu dignes de ce grand homme si nous avions réellement certaines idées et certaines tendances qu'on nous prête à l'étranger, parce que ces idées et ces tendances se trouveraient en contradiction ouverte avec nos intérêts. Or je vous déclare brusquement et d'emblée que nous ne faisons point de la politique de sentiment, et en ferions-nous, que l'Europe suspecterait notre bonne foi. Mais elle ne peut équitablement nous refuser sa confiance lorsque nous lui parlons au nom de nos intérêts, et que nous lui prouvons leur réalité, qui, du reste, saute aux yeux. Je ne vous dirai pas du tout que nous aimons l'Autriche, car ce serait rentrer dans la question de sentiment ; mais je vous affirme de la manière la plus péremptoire que nos intérêts, et rien que nos intérêts bien compris, nous imposent la nécessité absolue, urgente, suprême, de maintenir l'Autriche au rang de puissance de premier ordre.

« Ceux qui nous attribuent une politique différente manquent des notions les plus élémentaires de nos intérêts. En donnant la main soit à la Prusse, soit à la Russie, ou à toutes les deux à la fois pour détruire l'Autriche, nous attenterions à notre propre sûreté, nous nous mettrions sur les bras deux voisins, l'un plus dangereux que l'autre. Notre participation à son démembrement ne pourrait jamais devenir un contre-poids suffisant à ces dangers : l'Allemagne pèserait sur nous du poids de ses soixante millions de Germains, nos implacables adversaires depuis les temps de Tacite, et dont la seule question du pouvoir temporel des Papes a fait par hasard et momentanément nos amis et nos alliés ; de l'autre côté, l'empire moscovite s'appesantirait sur nous, pareil à un gigantesque cauchemar, avec ses cent millions de Slaves russifiés. C'est là pourtant où nous conduirait tout droit le demembrement de l'Autriche succédant à celui de la

Turquie. Les compensations que nous recevrions pour cet écrasant voisinage seraient, je le répète, bien insignifiantes en comparaison de ces deux épées de Damoclès suspendues sur notre tête. L'Allemagne nous donnerait peut-être le Trentin et quelque chose encore, mais elle ne nous livrerait jamais Trieste, parce que le colosse germanique aurait besoin d'une mer au sud comme d'un soupirail pour ne pas étouffer. La conservation de l'Autriche nous met, au contraire, à l'abri de ces dangers.

« Aujourd'hui nous sommes entièrement tranquilles par rapport à la France, nous ne craignons plus qu'elle n'entreprenne une croisade en faveur du pouvoir temporel de papauté. Nous serions même portés à croire qu'une secrète intelligence existe entre l'Autriche et elle, et que la France forme le corps de réserve de l'Autriche pour les éventualités qui commencent à se dessiner. C'est là pour nous un motif de plus de désirer une entente avec l'Autriche, pour résoudre la question d'Orient.

« L'Autriche, elle aussi, a besoin de l'Italie pour résoudre cette question, qui est pour elle d'une importance capitale. Sans nous, cette Hongrie, à laquelle nous sommes également unis par de vieux liens et par de récents et patriotiques souvenirs, risque de sombrer dans l'océan du slavisme. Nous serions très heureux, toujours dans notre intérêt plus que dans le sien, de contribuer à son sauvetage.

« *Mais nous sommes en droit d'exiger que l'Autriche n'agrandisse pas son territoire d'un pouce sans que nous en recevions l'équivalent.* Je ne vous dirai pas que nous ne voulons pas du Trentin, de la vallée de l'Isonzo : bien au contraire, nous désirons ôter cette épine qui blesse également l'Autriche et nous. Mais nous voulons que le Trentin nous soit spontanément cédé, qu'il nous arrive comme une compensation volontaire de sa part, comme le résultat d'un amical accord. Si le Trentin doit devenir entre nous une pomme de discorde, eh bien ! nous n'en voulons pas, et nous demanderons en ce cas d'autres compensations facilitant notre navigation dans la Méditerranée. Nous eussions pu depuis longtemps nous entendre à ce sujet avec l'Angleterre, le comte Menabreca, le meilleur diplomate que nous ayons avec le chevalier Nigra, était l'homme le plus propre à hâter cette entente ; mais malheureusement le gouvernement britannique s'est laissé défavorablement prévenir à notre égard par les rapports de sir Augustus Paget, lequel, à son tour, accueillait les insinuations de MM. Minghetti et Bonghi. Les chefs de la droite, ne croyant pas que la gauche resterait aussi longtemps au pou-

voir, s'efforçaient de la discréditer en lui prêtant maints projets
ambitieux et aventureux. Ils ne s'apercevaient pas qu'ils ne dis-
créditaient que l'Italie, et que celle-ci, même si elle renverse le
cabinet actuel, ne reviendra pas de sitôt à eux.

« Quant à l'Albanie, je vous dirai confidentiellement que nous
avons bien considéré l'éventualité de sa possession, mais jamais,
au grand jamais, d'accord avec la Russie ou par suite de ses
promesses. Il est absolument faux que nous lui ayons offert notre
alliance, comme le prétend l'opuscule de Munich. Nos vues sur
l'Albanie étaient tout à fait éventuelles, nous prévoyons le cas
où toutes les puissances concourraient au démembrement de la
Turquie, et où l'Italie seule ne pourrait arrêter le torrent.
Devions-nous, en pareil cas, permettre que la Russie s'étendît
jusqu'à l'Adriatique ? L'Albanie, le cas échéant, nous eût servi de
digue contre l'invasion moscovite ; mais certes à une pareille
extrémité nous préférons cent fois la conservation de l'Empire
ottoman ; oui, nous préférons maintenir la Turquie, préserver
la Hongrie, mais cette tâche n'est possible que de plein accord
avec l'Autriche. Il faut que cette dernière dépose ses injustes
préventions, ses défiances obstinées envers l'Italie, qu'elle nous
tende franchement et loyalement la main, qu'elle nous assigne
enfin des compensations, soit en nous aidant à nous étendre
d'un autre côté, pendant que nous l'aiderons, à notre tour, à se
dilater au Nord. Voilà toute notre politique. »

. . . .

En répétant à Votre Altesse la conversation ci-dessus, j'ai la
ferme croyance de ne pas reproduire seulement les opinions
personnelles de M. Correnti, mais celles du Gouvernement italien et même celles d'un auguste personnage.

Je joins aussi à la présente la copie de la dépêche que j'ai
adressée hier au Gouvernement. La conversation que j'y résume
est extrêmement importante et contient des données positives
sur la politique italienne. Les rapports officieux valent plus
quelquefois que les rapports officiels, et je ne doute pas que les
renseignements que mon écrit contient pourraient même être
très utiles dans le moment au gouvernement britannique.

Je prie votre Altesse d'agréer, etc.

Abdul Hamid, pendant ce temps, loin de savoir gré à
Midhat de se consacrer tout entier au salut de son pays, travaillait de son mieux à le discréditer à Constantinople.

Voici une lettre qui en dit long sur les sentiments que la conduite du Souverain inspirait à ce moment à son ancien Grand Vizir.

A Kiamil Bey, Grand Maître des cérémonies.

Mon cher Monsieur,

Je n'ignore pas combien il vous serait agréable d'éviter de correspondre avec moi dans ma disgrâce actuelle. Toutefois, je vous prie d'accueillir avec indulgence ces quelques lignes. J'ai appris qu'à propos d'une lettre, parue dans un journal de Constantinople, on s'était livré à des attaques contre ma personne. Je sais bien qu'un exilé qui critique les actes du gouvernement et provoque par là l'inimitié de certains personnages, ne peut éviter de froisser ses amis, au lieu de s'attirer leur pitié et leur sympathie : mais je ne veux pas m'attarder sur ce sujet, car c'est presque un crime de s'occuper de soi pendant que l'État court les plus graves dangers. Tous ceux qui ont lu ou liront ma lettre reconnaîtront qu'elle est l'expression de la plus pure vérité ; si les termes en sont un peu durs, ils n'en sont pas moins mérités. J'ai pu rester indifférent aux attaques de mes ennemis qui, depuis plus d'un an, se sont acharnés contre moi auprès de Sa Majesté au moyen d'articles de journaux et de pamphlets : il est encore en mon pouvoir de supporter avec calme ces mêmes procédés. Mais on ne s'étonnera pas que je revendique, avec les trente-six millions d'habitants de l'Empire, le droit de parler dans un moment où la patrie traverse une aussi terrible crise et où nos ministres sont aux prises avec les plus grandes difficultés. Le temps presse et l'avenir tant redouté depuis quarante ans se dessine de plus en plus nettement. C'est donc un devoir pour chacun de nous de faire entendre sa voix et de manifester ses craintes à son souverain : ceux à qui l'accès du trône est interdit comme à moi, usent naturellement de tous les moyens pour arriver à ce but. Il est grand temps de comprendre qu'exposer la vérité au souverain est un acte de loyalisme et que la cacher est simplement de la félonie. Les événements ayant révélé clairement les erreurs de ceux qui se sont opposés à l'exécution des sages mesures préconisées par notre souverain en vue de sauver la nation et l'État, je suis porté à croire qu'abjurant toute inimitié personnelle, ces mêmes hommes se décideront enfin à mettre à profit les bonnes dispositions de Sa Majesté et à consacrer tous leurs efforts au salut du pays. Je termine en vous priant d'être indulgent pour cette lettre dépourvue d'emphase et d'adulation.

Recevez,.....

MIDHAT.

27 Zilhidje 1924 (hégire)
(novembre 1877).

Le Sultan, que le séjour en Europe de son ex-Grand-Vizir inquiétait sérieusement, se résolut à le faire rentrer en Turquie. Nous publions ci-après la correspondance échangée entre Midhat et le Grand Maître des cérémonies et qui aboutit au retour du premier. Sa confiance, cette fois, en Abdul Hamid devait lui coûter la vie, disperser le parti dont il avait été le chef et retarder de plus de vingt ans la régénération de l'Empire.

Lettre de Kiamil Bey, Grand Maître des Cérémonies,
à Midhat Pacha en exil.

Altesse,

Sa Majesté m'ayant questionné il y a quelque temps sur la situation de Votre Altesse, j'ai répondu que, triste et abattu, vous meniez une vie errante. Quant à vos moyens d'existence j'ai déclaré que vous viviez d'emprunts. Sa Majesté, impressionnée au dernier point et touchée de compassion, a versé quelques larmes, et a bien voulu, pour le moment, faire présent à Votre Altesse d'une somme de 1000 L. T. pour parer à vos besoins les plus urgents. Je me suis permis de faire observer qu'il fallait vous demander comment cette somme devait vous être envoyée et si Votre Altesse désirait déléguer quelqu'un pour toucher cet argent. Ce que je dis là n'est connu que de Sa Majesté, de Votre Altesse et de moi, et doit être gardé secret. Sa Majesté a même prononcé ces mots: « Le pauvre homme a été trompé. » Quant à la situation actuelle de Votre Altesse, elle se modifierait avantageusement grâce à une correspondance suivie avec votre serviteur, ainsi que le désire Sa Majesté.

J'attends avec impatience votre réponse, ainsi que la lettre de

remerciement pour la faveur dont Votre Altesse a été l'objet de
la part de Sa Majesté.

J'ai l'honneur d'être,.....

KIAMIL.

15-25 novembre 1293 (1877).

P. S. — Sa Majesté m'a enjoint à plusieurs reprises de garder le secret sur tout ce que je viens de vous écrire.

Réponse.

Mon très cher Monsieur,

J'ai reçu votre lettre du 13 novembre. J'ai d'abord été surpris de voir un ami qui, depuis mon départ de Constantinople
prenait toutes les précautions possibles pour me faire parvenir
par des tiers un simple salut, pousser aujourd'hui le courage
jusqu'à m'écrire une lettre de sa propre main; mais, après vous
avoir lu jusqu'au bout, j'ai saisi le motif qui vous y avait déterminé. Je vous remercie de la pensée que vous avez eue de m'attirer la bienveillance impériale, et d'avoir répondu que « j'erre
triste et abattu » à la question que Sa Majesté a bien voulu
vous poser sur mon compte. Toutefois, je dois vous faire observer que ces mots s'appliquent mieux aux opprimés malheureux
et découragés, alors que moi je n'ai été éloigné de Constantinople que parce que Sa Majesté, selon ses propres déclarations,
désirait mettre un terme aux bruits calomnieux qui couraient
sur ma personne et qui étaient de nature à créer des inquiétudes. Comme il n'est pas de la dignité de l'État qu'un homme
qui a occupé le plus haut rang dans son pays et qui a reçu publiquement en maintes occasions des preuves de la faveur impériale soit traité en proscrit errant à travers les pays étrangers,
je crois que si vous aviez dit : « Midhat Pacha s'est retiré à
Naples où il prie pour le bonheur du Sultan, » vous eussiez été
plus près de la vérité et répondu d'une manière plus agréable à
Sa Majesté.

Quant au reste de votre lettre, je vous fais d'avance mes
excuses des critiques qu'elle me suggère. Vous n'êtes pas sans
savoir que je suis le fils de Hadji Echref Effendi et que je n'ai
pas eu d'autre protecteur que Dieu. J'ai beaucoup travaillé, sans
y avoir réussi complètement, pour m'instruire. J'avoue que mes
capacités sont au-dessous de celles de mes collègues ; si j'ai pu

arriver à un rang supérieur à mes mérites, je ne le dois, je pense, qu'à la franchise de mon caractère. Selon l'expression de Sa Majesté, « que s'est-il donc passé pour que j'aie pu être trompé ? » Il fallait un souverain à l'État après le Sultan Abdul Aziz ; le Sultan Murad lui succéda, conformément à la loi : celui-ci tomba malade ; il fut déposé, et à sa place, le Sultan Abdul Hamid monta sur le trône. Nul n'ignore qu'il a sincèrement manifesté de nobles intentions et beaucoup d'aptitudes pour diriger l'État dans la voie nouvelle du progrès ; il a témoigné de l'estime à tout le monde et son estime et sa bienveillance pour moi ont été immenses. Moustafa Fazil Pacha dit dans le rapport qu'il remit dans le temps au Sultan Abdul Aziz que la vérité est la dernière chose qui entre dans le Palais des souverains ; autant elle est dangereuse pour celui qui la dit, autant elle est utile à l'État et à son chef. Subordonnant mon intérêt personnel au bien public, je n'ai jamais caché la vérité, jamais je n'ai hésité à montrer, sans aucune arrière-pensée, la voie qui menait au salut et celle qui conduit à la ruine du pays. Des gens mal intentionnés se sont, je le sais, servis de mes idées comme d'une arme contre moi ; mais aujourd'hui les faits ont prouvé l'un après l'autre la justesse et l'opportunité de mes avis. Au lieu de chercher les moyens de tirer l'Empire de la situation dangereuse où il se trouve, certains personnages, n'envisageant que leur intérêt propre et leur prestige à sauvegarder, ont commis des fautes graves et irréparables. Ils ont jeté le discrédit sur l'Empire, ils en ont préparé la destruction.

Néanmoins, et pour ne parler que des sentiments que je professe à l'égard de Sa Majesté, je puis assurer que j'ai gardé un souvenir reconnaissant de ses bontés pour moi et que depuis que j'ai quitté Constantinople, je n'ai cessé d'attester la sincérité des intentions du Sultan.

Ceux qui me connaissent ne pouvaient pas attendre autre chose de ma part. Mon plus ardent désir, en ce moment, est de voir le pays délivré des malheurs de la guerre : mes affaires personnelles sont secondaires.

Recevez, cher Monsieur,.....

MIDHAT.

28 novembre 1293
(10 décembre 1877).

Réponse.

Altesse,

J'espère que Votre Altesse a parfaitement reconnu, par le ton de ma lettre, la source dont elle provenait. Je m'attendais à trouver dans la vôtre un témoignage de gratitude à l'adresse du Sultan ; mais mon attente a été déçue : Votre Altesse a, au contraire, exposé dans toute sa nudité, la réalité des choses, sans prendre en considération les nuances dont je me suis servi. J'en ai éprouvé du chagrin, et mon espoir de voir Votre Altesse contribuer de nouveau activement au progrès du pays, s'en est trouvé atteint. Dans certains milieux on laisse croire que Votre Altesse compterait sur un changement de Khalife. Je suis venu passer quelques mois en Égypte, et si Votre Altesse croit devoir me répondre, je la prierai de m'adresser ses lettres ici.

J'ai l'honneur d'être,.....

Kiamil.

24 décembre 1293
(6 janvier 1878).

CHAPITRE IX

LE RETOUR DE MIDHAT PACHA EN TURQUIE

Après avoir été l'objet, pendant dix-sept mois, de l'accueil le plus sympathique en Europe et notamment à Londres et à Paris, Midhat Pacha, malgré les sages conseils, de ses amis tant de l'étranger que de Turquie, finit par se rendre à l'invitation du Sultan Abdul Hamid et retourna dans son pays parce qu'il préférait, disait-il, y mourir plutôt que de vivre au loin. Il avait refusé toute fonction et manifesté le désir de rester hors des affaires au milieu des siens : il choisit comme résidence la Crète. Dans son exil, il avait remarqué que le Sultan Abdul Hamid s'engageait dans les voies du despotisme, en nommant au pouvoir des hommes dont le passé n'avait rien d'estimable, et en renvoyant de la capitale tous les libéraux, tous ceux qui avaient travaillé à l'établissement d'un régime de justice et de progrès ; il voyait sa patrie exposée à tous les dangers sous la griffe des ambitieux qui, pour satisfaire leurs vues personnelles, encourageaient les tendances despotiques du Sultan et se montraient indifférents à la décadence du pays ; il avait vu toute son œuvre s'anéantir, et la Constitution, pour l'établissement de laquelle il avait tant travaillé et tant souffert, devenir lettre morte et passer à l'état de souvenir historique, rappelé brièvement en tête de l'Annuaire officiel.

Les postes que Midhat a occupés, après sa rentrée en Turquie, doivent être considérés comme lui ayant été imposés par le Sultan soucieux de l'avoir à portée de sa main, et de surveiller de près les tentatives, toujours à craindre, de son ancien Grand Vizir, pour faire revivre la Constitution. Il savait que, comme gouverneur d'une province, Midhat se dévouerait exclusivement à sa réorganisation. On verra, en effet, par la suite, que, tour à tour, gouverneur général de Syrie et de Smyrne, Midhat ne chercha pas à jouer un rôle politique ; relégué dans ces fonctions qu'il n'avait pas briguées, il se borna à s'en acquitter de manière à faire profiter au moins quelques parties de l'Empire du bon vouloir et de l'expérience qu'il avait rêvé de mettre au service du pays tout entier.

Midhat, comme nous l'avons dit plus haut, avait choisi l'île de Crète pour s'y établir. Le Sultan confirma ce choix et envoya au devant de lui à Syra un cuirassé de la flotte ottomane qui le transporta à Candie le 14 septembre 1878, pendant que le yacht impérial « Fuad » y conduisait sa famille de Constantinople.

La population crétoise fit à Midhat Pacha l'accueil le plus chaleureux et le plus cordial ; musulmans et chrétiens, tous les habitants de l'île lui firent une ovation enthousiaste, aux cris répétés de : « Vive Midhat Pacha » ; les flottes étrangères qui se trouvaient dans la baie le saluèrent à son débarquement par une salve de coups de canon.

Cette réception et la manifestation spontanée des flottes étrangères produisirent le plus désagréable effet sur Abdul Hamid dont les craintes redoublèrent encore à la suite des intrigues incessantes des ennemis de Midhat. Comme il fut question alors à Constantinople de nommer Midhat Pacha gouverneur général de l'île de Crète, un de ses amis, sujet anglais, dont il ne convient pas de publier le nom, lui adressa, à ce sujet, la lettre suivante sur l'invitation de l'ambassadeur britannique, Sir Henry Layard, et que nous reproduisons telle quelle :

Constantinople, 3 octobre 1878.

Altesse,

Ce matin j'ai eu une entrevue avec notre ambassadeur ; Son Excellence m'a assuré que depuis quatre mois elle cherche à agir sur l'esprit du Sultan tant directement que par tous les moyens en son pouvoir pour amener Sa Majesté à croire à votre fidélité et à votre dévouement à son trône. Sir Henri Layard m'a affirmé qu'il a des preuves incontestables qu'à l'époque où Votre Altesse était au pouvoir, un individu payé par le général Ignatief, et faisant partie de votre entourage, dînait tous les soirs à votre table et le lendemain rapportait au général tout ce que vous disiez. Son excellence m'a chargé de vous dire que Sa Majesté est toujours entourée d'émissaires russes qui s'efforcent de vous déprécier auprès d'Elle et par conséquent Son Excellence est obligée d'observer la plus grande discrétion en parlant à Sa Majesté de Votre Altesse. L'ambassadeur m'a exprimé son grand regret que vous ayez refusé d'accepter les mille livres que le Sultan vous a offertes.

L'ambassadeur m'a aussi chargé de vous dire *en toute confidence* qu'il était question de vous nommer gouverneur général de Crète, et qu'il a empêché cette nomination, convaincu que vous ne feriez rien de bien dans cette île et que l'insurrection augmenterait au lieu de diminuer. En outre, il m'a dit son désir de voir Votre Altesse occuper un poste beaucoup plus élevé dans lequel vous rendriez de grands services au gouvernement. Il désirerait beaucoup vous rencontrer en quelque endroit et causer avec vous ; mais pour le moment il ne voit pas la possibilité d'une telle rencontre ; en attendant, si Votre Altesse voulait se mettre en correspondance confidentielle avec lui, rien ne lui fera plus de plaisir que de recevoir de vos nouvelles.

Tel est, Altesse, le résumé de notre conversation. Je suis parti avec la conviction que l'ambassadeur entrevoit les grandes difficultés qu'il y a à faire des réformes dans le pays sans la coopération de Votre Altesse. Votre opinion sur la politique anglaise et vos vues sur le moyen d'introduire des réformes seront, j'en suis sûr, très appréciées par Son Excellence, et si vous jugez convenable d'écrire à l'ambassadeur, vous pouvez compter sur mon honneur que personne au monde ne saura que vous êtes en correspondance avec Sir Henri Layard.

Agréez, Altesse, l'assurance de mon affection et de mon dévouement sincères.

Le peu de temps que passa Midhat en Crète ne présente guère d'événements dignes d'être signalés. Il vécut paisiblement, comme il l'avait désiré, au milieu de sa famille, sans s'occuper des affaires de l'État.

Au bout de deux mois, il reçut du Palais un télégramme lui annonçant sa nomination de gouverneur général du vilayet de Syrie. Il accepta forcément ce nouveau poste et s'embarqua avec sa famille, sur le yacht impérial « Fevayid », à destination de Beyrouth.

CHAPITRE X

MIDHAT PACHA, GOUVERNEUR GÉNÉRAL DE LA SYRIE

L'arrivée de Midhat en Syrie fut accueillie par la population avec autant de sympathie et d'enthousiasme qu'en Crète. Mis en demeure d'accepter cette nouvelle position, qui n'était autre chose qu'un exil déguisé, Midhat, sans autre préoccupation que celle de se rendre utile et de tirer le meilleur parti possible pour l'Empire de sa disgrâce même, se mit en devoir d'étudier la situation générale de la province et les améliorations qu'elle réclamait, ainsi qu'il l'avait fait autrefois dans d'autres vilayets. Il introduisit les réformes les plus urgentes dans l'administration qui était en pleine anarchie. Il fonda une école d'arts et métiers, ainsi qu'un orphelinat, rétablit la sécurité publique, fit construire des routes et facilita les communications entre le chef-lieu du vilayet et les districts éloignés par l'établissement, entre autres, d'une ligne de tramways reliant la ville de Tripoli de Syrie au port de Mina. Les actions de cette ligne, émises à cinq livres turques, en valent aujourd'hui plus de vingt.

Le même Anglais, qui avait adressé à Midhat, en Crète, la lettre que nous avons publiée plus haut, lui écrivit, au sujet de sa nomination en Syrie, une nouvelle lettre dont les passages suivants présentent un réel intérêt.

12 février 1879.

Altesse,

Je profite du départ de... pour vous accuser réception de votre aimable billet du 4 janvier et vous féliciter du succès que vous avez obtenu auprès du gouvernement impérial qui vous a autorisé à exécuter des réformes pour améliorer le sort de la province confiée à Votre Altesse.

Je n'ai nullement été étonné d'apprendre que vous avez trouvé le pays dans un état d'anarchie, bien que votre prédécesseur prétende l'avoir laissé heureux, content et prospère. Sachant dans quel état sont les vilayets voisins de la capitale, comment s'imaginer que les provinces éloignées sont mieux organisées. Je ne doute nullement que la Syrie profite beaucoup de votre séjour ; mais nous verrons si on vous permettra de cueillir les fruits de vos efforts...

. . . .

Sir Robert Dalyell dit, dans une lettre, qu'il a rencontré M. Wright, le secrétaire du Duc de Sutherland, lequel lui a appris que le Duc]et Lord Blantyre désiraient beaucoup avoir de vos nouvelles quand le temps vous permettra de leur écrire...

Sir Henry Layard m'a promis, depuis bien longtemps, de s'intéresser à Ismail Kémal Bey ; Saïd Pacha aussi prétend s'intéresser à lui, mais je crois que personne n'ose le proposer au Sultan. Je vous prie, si faire se peut, de m'écrire quelques mots que je puisse remettre à l'Ambassadeur, en exprimant votre désir que ces pauvres innocentes victimes de la défunte Constitution soient enfin libérées de leur exil...

Votre dévoué de cœur.

. . . .

Les populations de la Syrie, si diverses au point de vue ethnique et religieux, et toujours en guerre entre elles, restaient fidèles à leurs traditions, à leurs haines et à leurs rivalités. Le rapprochement et l'union de tous ces éléments et la consolidation de la suprématie ottomane dans un pays où les influences étrangères excitaient les esprits, dépendaient avant tout de la réorganisation de l'administration, de la justice et des finances.

Le Sultan Abdul Hamid, qui cachait mal ses rancunes contre Midhat Pacha sous les messages flatteurs qu'il lui adressait, refusait, de parti pris, sa sanction à tout projet qui lui était soumis par le nouveau vali. Son hostilité grandissait dans la même proportion que la popularité de ce dernier. Pour contrecarrer Midhat, il ne négligea rien de ce qui pouvait perpétuer le désordre dans la Province : il s'attacha surtout à opposer au gouverneur général les chefs militaires, notamment le maréchal Ahmed Eyroub Pacha, commandant du Ve corps d'armée, et le général Djémil Pacha. Las de se débattre au milieu des intrigues dont tous les fils aboutissaient à Yildiz, Midhat finit par envoyer sa démission à Constantinople. La correspondance, que nous donnons ci-après, éclaire, mieux que nous ne saurions le faire, les événements de Syrie qui remplirent cet intervalle de deux ans, depuis la nomination de Midhat, jusqu'à son départ de Damas.

Aali Fuad Bey, premier secrétaire du Palais.

Excellence,

Fatigué physiquement et moralement après quarante ans passés au service de l'État et arrivé à un âge voisin de la vieillesse, je sollicite, comme une faveur, de Sa Majesté, de vouloir bien agréer ma démission du gouvernement de la Syrie et me permettre de me rendre, s'il est possible, soit à Constantinople, soit à ma villa de Metelin, soit encore dans quelque endroit habitable du littoral de la Syrie où je me fixerai avec ma famille pour y passer le reste de mes jours.

Agréez,...

7 octobre 1295 (hégire).
(19 octobre 1879).

Mıdhat.

Au Grand Vizir Saïd Pacha[1].

Altesse,

Ayant atteint un âge où l'on ne peut plus servir utilement l'État, j'avais préparé ma démission et j'étais sur le point de

---

1. D'abord premier Secrétaire et favori du Sultan Abdul Hamid et depuis plusieurs fois Grand Vizir : c'est lui qui se réfugia à l'ambas-

l'envoyer, lorsque votre nomination au Grand Vizirat est
venue en retarder l'expédition ; mais l'arrivée de Mahmoud
Nedim Pacha[1] au Ministère de l'Intérieur ne pouvait que me
déterminer à la présenter au Palais. Si j'ai l'honneur de vous en
aviser, c'est pour que ma démission, coïncidant avec votre nomination de Premier Ministre, ne donne pas lieu de votre part à
une interprétation erronée de ma pensée. Je vous prie de vouloir bien appuyer ma requête et d'intercéder pour l'autorisation
que je sollicite de finir le reste de ma vie avec ma famille dans
un endroit qu'il me soit possible d'habiter.

Je suis,...

MIDHAT.

Réponse télégraphique du premier Secrétaire du Palais à Midhat Pacha.

Altesse,

Sa Majesté a pris connaissance de la démission de Votre
Altesse du gouvernement de la Syrie. Les succès de Votre Altesse
dans ce vilayet avaient été exposés à Sa Majesté par Sir
H. Layard au retour d'un voyage que celui-ci y a fait. Aussi
au moment où Sa Majesté était sur le point de vous adresser ses
félicitations et de vous demander quelles étaient les mesures
dont l'application rencontrait des obstacles, l'arrivée de votre
démission a causé des regrets à Sa Majesté. Votre Altesse
déclare que la première cause de sa démission est son âge
avancé. Mais vous ne nierez pas que plus longs sont les services d'un fonctionnaire, plus grandes aussi sont son expérience et sa compétence. Or, votre décision de vous retirer des
affaires publiques, juste au moment où l'État est sur le point de
récolter les fruits de la longue expérience et de la haute compétence de Votre Altesse, ne concorde guère avec vos sentiments connus de patriotisme, et Sa Majesté ne saurait, actuellement, se décider à mettre en disponibilité un serviteur aussi

sade d'Angleterre à Péra pour ne pas être enfermé par le Sultan
dans un pavillon attenant au Palais de Yildiz : de favori d'Abdul-
Hamid il est devenu, depuis 1894, l'homme *le plus suspect* de l'Empire : il en est peut-être un des plus distingués.

1. Sous Abdul Aziz, deux fois Grand Vizir, ennemi mortel de
Midhat, il a, en 1875, par sa politique et ses flatteries envers le
Sultan, ruiné l'État, et causé la perte du Souverain.

hautement qualifié que Votre Altesse. Au surplus, les raisons de votre démission ne sont pas admissibles. Sa Majesté m'ordonne de prier Votre Altesse, si elle a quelque plainte à formuler, de s'adresser directement au Palais.

J'ai l'honneur d'être,...

10-22 octobre 1295 (1879).

AALI FUAD,

Réponse à Aali Fuad Bey, premier Secrétaire du Palais.

Excellence,

J'ai reçu le télégramme chiffré du 10 octobre 1295, et je remercie humblement Sa Majesté pour les questions qu'Elle a daigné me poser par votre intermédiaire. Ma démission est motivée par l'état de ma santé autant que par l'impossibilité où je suis d'assumer la responsabilité de diriger les affaires de ce vilayet dans son état actuel. Tous les services sont en désordre ; les localités du littoral subissent presque toutes des influences étrangères ; l'intérieur du pays est troublé, depuis la dernière guerre, par des soulèvements qui paralysent tous nos efforts pour assurer aux populations la tranquillité et la justice, par une administration consciente des exigences locales et des besoins des habitants. En l'état actuel des choses, l'application par la force, dans ce vilayet, de réformes analogues à celles qui ont été imposées au vilayet de Konia et d'Angora n'a fait qu'éloigner davantage les populations du gouvernement, et les pousser de plus en plus à sympathiser avec l'étranger. En outre, pendant que les forces susceptibles d'assurer la sécurité dans la province sont entre les mains de l'administration militaire, c'est le Vali qui est responsable de tout, ce qui est en contradiction avec les lois et règlements existants. Les conflits résultant de ce système ne peuvent que s'ajouter aux autres inconvénients ; et comme le vilayet ne saurait résister plus de six mois ou un an à ce régime, je me suis vu obligé de me démettre de mes fonctions. Je sacrifierai ma vie au service de Sa Majesté dans n'importe quelle contrée, dans n'importe quelle fonction ; mais il n'y a qu'un moyen d'améliorer l'état de cette province, c'est d'y nommer un vali capable et honnête auquel il serait accordé pleins pouvoirs d'appliquer toutes les réformes administratives, financières et d'utilité publique exigées par les conditions du

pays et des populations ; de placer, en outre, entre les mains de
ce vali, comme il a été fait jadis pour Bagdad, la force armée, de
manière à faire converger vers le même but l'activité de tous
les pouvoirs publics. Je ne me suis permis d'exposer les idées
qui précèdent que pour obéir à l'ordre impérial que vous m'avez
transmis.

Recevez,...

11-23 octobre 1295 (1879).

MIDHAT.

Réponse du premier Secrétaire du Palais à Midhat Pacha.

Altesse,

Le télégramme de Votre Altesse à peine arrivé, a été soumis
à Sa Majesté qui a été vivement satisfaite d'apprendre que Votre
Altesse sacrifierait sa vie pour le service de Sa Majesté. Aussi
m'a-t-elle chargé de faire parvenir à Votre Altesse ses salutations impériales et de vous faire savoir que dans deux ou trois
jours un personnage du Palais chargé de porter à Votre Altesse
les instructions et les iradés relatifs à votre télégramme par-
tira pour la Syrie.

J'ai l'honneur d'être,...

12-24 octobre 1295 (1879).

Aali FUAD

Comme on le voit, Abdul Hamid n'accepta pas la démission de Midhat Pacha, mais celui-ci lui offrit de choisir
entre sa démission et les réformes et envoya au Grand
Vizir un projet de réorganisation générale.

Au Grand Vizir, Saïd Pacha.

Altesse,

Fatigué après quarante ans passés au service de l'État
et affaibli par l'âge, je n'avais, à mon retour d'Europe, que
le désir de vivre loin des affaires. L'autorisation que j'avais
obtenue de Sa Majesté d'habiter l'île de Crète avec ma famille
était une faveur conforme à mes vœux. Mais Sa Majesté, se

rappelant les services que j'ai rendus et daignant croire que je pourrais en rendre encore, m'a appelé au gouvernement de la Syrie. Bien qu'affaibli par des souffrances morales et physiques, je m'inclinai avec reconnaissance devant la volonté impériale, et confiant dans l'appui du Très-Haut, je me rendis à mon poste.

Il y a trente ans, j'avais déjà rempli les fonctions de secrétaire général dans ce vilayet, et il y a vingt-sept ans, j'y étais venu en mission temporaire. J'avais donc une certaine connaissance du pays et de ses habitants. Aussi, quelle fut ma surprise, à mon arrivée, de constater cette fois un changement complet dans l'état administratif et politique de cette province. La France soutenant les Libanais, l'Angleterre protège les Druses ; les Américains fondent des écoles et des établissements hospitaliers dans le Djebel Noussairi, afin d'y établir une sphère d'influence, les Allemands, de leur côté, créent de véritables colonies d'émigrants en Palestine ; les Espagnols eux-mêmes paraissent nourrir des projets analogues, et ont construit à Jaffa une école et une église. Toutes ces influences sont en effet regrettables ; car une partie des chrétiens rêve de s'unir au Liban, une autre recherche la protection étrangère, pendant que les musulmans sont dans le plus complet désarroi. Le devoir de l'État devant cette situation était de rassurer l'opinion publique, et de mettre un terme aux influences extérieures ; or, les seuls ordres transmis par l'autorité centrale n'ont trait, vu les exigences de la guerre, qu'à des demandes d'argent et d'hommes pour l'armée ; il en est résulté toute sorte d'abus et d'atteintes portées à la loi et au bon ordre. Les fonctionnaires de tout rang, sauf de rares exceptions, ne cherchent qu'à satisfaire leurs propres intérêts, et ne paraissent pas se soucier de la sécurité de leurs administrés exposés au meurtre et au pillage. Pour ne parler que de Tripoli de Syrie, je me suis assuré par moi-même que, dans ces quatre dernières années, dans les seuls arrondissements de Akiar et Safna, les attentats contre les personnes et les biens ont été de 90 et il n'y en a pas eu un seul de jugé. Les voleurs et les brigands restent impunis ou sont relâchés, pendant que des innocents sont détenus dans les prisons et subissent des peines variant entre huit et onze ans sans jugement préalable. J'ai libéré moi-même quelques prisonniers de cette catégorie et je m'abstiens de qualifier l'administration des arrondissements qui dépendent du Kaimekan de Dehlé.

Quant à l'état financier, il est des plus déplorables, et, comme j'ai eu l'honneur de vous l'exposer longuement dans ma précédente lettre, les revenus publics ont diminué de moitié, la dîme a épuisé le pays et les déprédations de l'armée ont fait le reste. La débâcle désastreuse du papier-monnaie ayant réduit nos ressources de cinquante pour cent, on est épouvanté du déficit accusé par la comptabilité du vilayet.

Je ne donne là qu'un résumé de la situation : les étrangers sont les premiers à s'en plaindre, comme ils sont aussi les premiers à tirer les plus grands profits politiques de la continuation de ce désordre ; il est certain que si tout cela ne cesse vite, les Grandes Puissances, sous prétexte d'y introduire des réformes, voudront remettre entre les mains de fonctionnaires étrangers l'administration des vilayets d'Anatolie. Et comme les projets des étrangers sur la Syrie sont bien connus, en nous exposant à des critiques fondées sur la mauvaise administration actuelle que dénoncent les journaux d'Europe, nous finissons par encourager les mécontents à réclamer l'appui des cabinets européens.

Dès mon arrivée, tous mes efforts ont porté sur l'introduction d'un peu d'ordre dans l'administration, pour diminuer les dangers provenant de l'état de choses que je viens d'exposer. La préfecture de Damas fonctionne déjà plus régulièrement ; mais, l'amélioration n'est pas encore générale dans toute la province ; la plus grande difficulté est d'asseoir sur une base équitable les finances du vilayet, de réformer les tribunaux, de mettre surtout un terme aux concussions des fonctionnaires qui, sans parler du dommage qu'elles causent au trésor, discréditent si gravement le gouvernement aux yeux des indigènes et des étrangers. J'ai essayé de rassurer dans la mesure du possible l'opinion publique par l'application des lois en vigueur.

Au degré de désorganisation où nous sommes arrivés, il ne reste qu'à appliquer d'urgence dans toutes les provinces de l'Empire, en tenant compte des mœurs et des coutumes de chaque province, les lois qui sont actuellement soumises aux délibérations du Conseil des Ministres. On se tromperait de croire que cette situation peut se perpétuer, et il m'est pénible de penser que, alors que je connais le remède que comporte le mal, il ne m'est pas permis de l'employer.

Je me vois forcé de soumettre encore une fois à Votre Altesse les observations ci-dessus.

J'ai l'honneur d'être,...

17-29 mars 1295 (1879).

MIDHAT.

Cependant Abdul Hamid, tout en promettant toujours de sanctionner les projets d'amélioration jugés indispensables, continuait son système dilatoire, et comme des troubles éclatèrent sur ces entrefaites, et que les Druzes et les Arabes du Hauran se trouvèrent aux prises, Midhat Pacha se vit obligé de garder ses fonctions afin d'empêcher que la révolte ne prît des proportions plus grandes et de nature à motiver l'intervention étrangère. Les causes de ces troubles et l'attitude du Palais et du gouvernement sont établies dans la correspondance suivante échangée entre Midhat Pacha et le Grand Vizir.

Télégramme au Grand Vizir.

Altesse,

Il faut que je fournisse à Votre Altesse les détails demandés par le télégramme du 3 octobre sur l'affaire du Hauran. Le Djebel Druze (Montagne Druze) et la vallée de Ledja sont entièrement habités par les Druzes. Ceux-ci, depuis la campagne égyptienne de 1839-40, ont dépouillé tout respect envers le gouvernement Impérial auquel ils refusent le contingent annuel d'hommes aussi bien que l'impôt : tous les crimes et méfaits commis aux alentours sont leur œuvre. La capture, an dernier, de la poste anglaise et l'attaque de la caravane cette année à « Iki Kapoulou » où deux hommes ont été tués sont dues aux Druzes ; une partie du bétail enlevé a été retrouvée à Djebel Druze, mais on n'a rien pu faire contre les auteurs de cet acte de brigandage. Cette région, se trouvant exemptée de toute redevance, est devenue un repaire de brigands ; quiconque veut vivre de la même vie que la leur ou a commis quelque crime, tous les déserteurs et les mauvais sujets du Liban, émigrent parmi ces gens depuis cinq ou six ans ; leur nombre a tellement grossi qu'ils sont à l'étroit sur la montagne ; aussi, ont-ils assailli le Hauran, fait fuir les habitants et conquis jusqu'à présent dix-sept villages : ils provoquent d'habitude, sans raison, des rixes et des massacres pour arriver à s'emparer successivement des autres villages. Les Arabes du Hauran pour déjouer, cette fois, la tactique druze, ont fait alliance, dès le commencement des événement actuels, avec les habitants de Adjloun, de Kantra ainsi qu'avec d'autres tribus arabes et se sont préparés à marcher contre les Druzes. Sur les conseils des fonctionnaires qui leur furent envoyés, les Hauraniens ont différé d'agir contre eux et ont obéi aux ordres du gouvernement ; mais ils insistent sur la mise en jugement et la punition des Druzes convaincus d'actes de brigandage ; ces derniers, de leur côté, sans vouloir entendre raison, restent avec une force de quelques milliers d'hommes armés, campés devant les Hauraniens. Nous avons bien appris que le commandant des troupes expédiées sur les lieux est en pourparlers avec les Druzes pour les faire rentrer dans l'ordre ; mais nous ne possédons pas de renseignements à ce sujet ; il faudrait en demander au maréchal.

J'ai l'honneur...

6-18 octobre 1295 (1879).

MIDHAT.

Télégramme du Grand Vizir à Midhat Pacha.

Altesse,

L'ambassadeur d'Angleterre est venu nous voir à l'occasion des événements druzes et nous en a exprimé de grands regrets ; il a tenu le même langage au Ministre des affaires étrangères. C'est un fait généralement connu que l'Angleterre offre aux Druzes sa protection morale pendant que la France offre la sienne aux Maronites. Comme les Anglais ne sont guère contents des mesures adoptées contre les Druzes, il résulte des déclarations que le Consul anglais a faites à Votre Altesse, que la France aura à formuler des plaintes si les pillages des Druzes continuent à s'exercer contre les Maronites. Bref, quoique la conduite des Druzes soit abominable, il ne peut convenir à la raison d'État de les punir actuellement : leurs brigandages datent des temps les plus reculés et nous n'avons pas encore trouvé l'occasion favorable de les châtier. En supposant que les troupes envoyées pour sauvegarder la sécurité publique suffisent à terminer l'affaire, il est certain que si les Druzes et les Hauraniens continuent leurs exploits, il n'en résultera rien de bon pour l'Empire. Par conséquent, le meilleur moyen, d'après nous, de mettre fin à cette affaire, est d'ajourner l'assujettissement des Druzes jusqu'à la réorganisation complète du vilayet, et de se résigner à servir seulement d'arbitre entre les Druzes et les Hauraniens pour un arrangement à l'amiable. Votre Altesse nous fait savoir que les Hauraniens refuseraient l'indemnité que les Druzes leur offrent. Quoique cette disposition soit de prime abord de nature à empêcher la médiation du gouvernement, il est nécessaire de convaincre les Hauraniens d'accepter cette indemnité pour éviter une effusion de sang et pour prévenir le grossissement d'incidents fâcheux pouvant donner suite à des complications politiques.

Votre Altesse est aussi autorisée, dans le cas où l'arrangement précité ne pourrait aboutir, à proposer aux Hauraniens le versement total par l'État de l'indemnité demandée, en portant à la connaissance du public qu'il entre dans les vues pacifiques du gouvernement impérial de recourir à cette solution pour faire disparaître l'inimitié existant entre deux peuples qui sont l'un et l'autre ses sujets.

Les instructions nécessaires ont été cependant données au Ministre de la guerre pour qu'il expédie les régiments demandés. Toutefois, je crois devoir ajouter que, dans le cas où les mesures adoptées pour terminer cette affaire à l'amiable seraient insuffisantes, il serait bon de recourir à l'intervention des notables les plus respectés des deux parties ; dans des circonstances semblables, leur influence a donné d'excellents résultats ; et, s'il le fallait, Votre Altesse pourrait se rendre en personne sur les lieux du conflit.

En un mot en priant Votre Altesse d'user de tous les moyens de conciliation, nous attendons avec intérêt la nouvelle du règlement de cet incident sans l'emploi de mesures coercitives.

Agréez,...

13-25 octobre 1295 (1879).

SAID

Réponse.

Altesse,

En réponse au télégramme du 13 octobre de Votre Altesse, je répète que l'incident du Hauran provient d'une querelle survenue à cause d'une jeune fille entre les habitants de deux villages ; cette querelle s'est étendue et a pris actuellement de sérieuses proportions. Comme il nous est impossible de rester simples spectateurs devant trois ou quatre mille individus armés, prêts à s'entre-tuer, nous avons d'abord envoyé des fonctionnaires, des gendarmes et enfin des troupes régulières pour empêcher le choc des deux partis ; nous avons ensuite fait venir les Chelkhs et leur avons proposé de terminer l'affaire à l'amiable ; mais les Hauraniens ont insisté pour que les Druzes coupables d'avoir injustement tué des Hauraniens fussent appelés devant la justice pour être jugés, ou bien que le gouvernement les autorisât, puisqu'ils sont plus nombreux, à marcher contre les Druzes. D'autre part, les Druzes prétendent qu'il n'est pas dans leurs habitudes d'être traduits en justice, et dans la crainte de créer un précédent, ils refusent de livrer les coupables, en même temps qu'ils prennent position devant les troupes et captent l'eau dont se sert l'armée. Les Druzes se préparent donc, d'un côté, à une forte résistance et, d'autre part, ils pillent les villages habités par les musulmans et les chrétiens ; hier encore, ils ont ravagé quatre villages, tué deux habitants, et blessé quatre personnes qu'ils ont rencontrées sur leur chemin. Des délégués spéciaux leur ont été, à plusieurs reprises, envoyés afin de leur faire comprendre la nécessité de remettre au moins une partie des vingt-trois coupables aux mains du gouvernement. Ils n'ont consenti qu'à donner une indemnité aux familles des victimes, refusant d'admettre toute autre solution. Après cela, il est certain que nous ne pouvons pas laisser les habitants du Hauran à la merci des Druzes sans créer de graves dangers politiques et administratifs. Par conséquent si Votre Altesse trouve un moyen autre que la force armée, nous travaillerons avec plaisir à le mettre à exécution.

J'ai l'honneur.....

14-26 octobre 1295 (1879).

MIDHAT.

Télégramme du Grand Vizir à Midhat Pacha.

Altesse,

Du moment que l'avis de Votre Altesse est, comme le nôtre, d'arranger à l'amiable la question Druze, il est nécessaire de prendre immédiatement les mesures les plus propres à amener un résultat satisfaisant et de prévenir le

retour d'incidents de ce genre, sans le secours ni l'emploi de la
force armée. Il serait utile aussi d'avoir le concours de ceux
qui, par leur influence, sont capables de tranquilliser les esprits.
La présence de Votre Altesse dans ces régions serait très salutaire. Votre Altesse est donc priée de nous informer de son
départ et des dispositions qu'elle compte prendre à cet égard.
Il ressort de la dépêche du Maréchal au Ministre de la guerre
que les Druzes ont fait feu sur les gendarmes envoyés par le
général Djemil Pacha sur les lieux avec ordre de rétablir la
tranquillité. Un capitaine ayant été tué, les gendarmes ont
riposté, ce qui a donné lieu à une bataille. Ce fait étant très
regrettable, Votre Altesse est particulièrement priée d'éviter les
représailles.

Le Ministre de la guerre nous a informé que deux bataillons
de l'armée régulière et trois bataillons de la réserve sont sur le
point de partir avec des munitions à destination de Beyrouth
par le vapeur « Mevloudi-Nussret ».

Agréez,.....

16-28 octobre 1295 (1879).

SAID.

Réponse.

Altesse,

Les troupes envoyées au Hauran n'étaient pas destinées
à combattre les Druzes ; mais, ainsi qu'il a été expliqué dans
ma dernière dépêche, plus de quatre mille hommes, de part
et d'autre, s'étaient armés et étaient prêts à se livrer bataille ;
le gouvernement était donc dans l'obligation d'intervenir
pour ne pas laisser le sang couler et aussi pour faire valoir
les droits de ceux qui avaient subi un dommage. Votre Altesse
n'est pas sans savoir que les fonctionnaires qui ont été châtiés
en 1276 (1860) l'avaient été pour ne pas avoir accompli cons-
ciencieusement leur devoir. Le rétablissement de l'ordre au Djé-
bel-Druze sera une conséquence naturelle de notre action ; mais
c'est là un point d'intérêt secondaire et puisque Votre Altesse
nous recommande ne pas pousser les choses plus loin, espérons
que les mêmes troubles ne se renouvelleront pas dans l'avenir.

Ainsi que Votre Altesse le fait remarquer, les Druzes, qui
ont vécu de tout temps de brigandage, ont été jusqu'ici favo-

risés d'un traitement spécial. J'ai porté mon attention sur ce point et cherché une solution. J'ai fait envoyer quelques-uns des chefs Druzes qui se trouvaient à Damas sur les lieux du conflit avec mission d'établir la paix ; mais ils se sont réunis à d'autres Druzes et ont commis des actes criminels. Nous n'avions pas envisagé cette trahison ; nous n'étions préoccupés que de trouver le moyen de mettre fin à ce conflit sans le secours de la force armée ; et nous comptions sur le bon vouloir des Chefs Druzes venant du Mont Liban, qui, par l'entremise de Rustem Pacha, s'étaient offerts comme médiateurs entre les belligérants. Mais hier, à trois quarts d'heure du campement de l'armée impériale, les habitants du Hauran et de Ledja ont repris les hostilités. Aussitôt que cette nouvelle a été connue au camp, une compagnie de gendarmerie et deux compagnies de troupes régulières ont été envoyées sur les lieux pour séparer les combattants. Les Druzes ont fait feu immédiatement sur les troupes impériales, tuant deux gendarmes et blessant un officier. Sur cela, le général Djémil Pacha, les ayant rejoints avec deux compagnies de troupes régulières, les Druzes ont tué un capitaine et treize soldats, et la bataille a duré jusqu'à minuit. D'après une dépêche que le Maréchal a reçue ce matin, Djémil Pacha est rentré au camp avec toutes ses troupes.

Après cet incident, le Maréchal Ahmet Eyoub Pacha a donné les ordres nécessaires pour concentrer tout ce qui reste de troupes. Holo Pacha accompagné d'un membre du Conseil d'administration du vilayet, se rendra sur les lieux pour décider les belligérants à déposer les armes. Mais pour terminer cette affaire en usant de modération, il importe de chasser les Druzes de leur position au Hauran. L'arrivée des troupes promises est indispensable.

J'ai l'honneur,.....

17-29 octobre 1295 (1879).

MIDHAT.

Le Grand Vizir à Midhat Pacha.

Altesse,

Il a été donné lecture au Conseil des Ministres des télégrammes échangés et du rapport du Ministre de la Guerre relativement à la question des Druzes du Hauran. Après délibération, il a été décidé de terminer cette question d'une manière pacifique; d'inviter Votre Altesse à aller personnellement sur les lieux des troubles, d'accélérer le départ des troupes demandées et de faire donner au Maréchal Eyoub Pacha, par le Ministère de la Guerre, les ordres nécessaires pour qu'il ait à se conformer aux vues de Votre Altesse. L'importance de la question et les dispositions de la Sublime Porte étant définies par la correspondance échangée jusqu'à présent, Votre Altesse est priée de se rendre au campement et de terminer pacifiquement avec cette affaire.

Agréez,.....

22 octobre 1295
(4 novembre 1879).

SAID.

Réponse.

Altesse,

Puisque la question Druze doit être terminée pacifiquement selon les ordres de Sa Majesté, je vous prie de me laisser le soin d'aviser aux moyens, et de patienter encore quelques jours. Vous pouvez être persuadé que l'affaire sera arrangée sans qu'il soit nécessaire de recourir aux armes et d'une manière digne du prestige de l'État et de l'armée.

J'ai l'honneur.....

23 octobre 1295
(3 novembre 1879).

MIDHAT.

Midhat Pacha au Premier Secrétaire du Palais.

Excellence,

La question Druze a pris fin avec l'arrivée, hier, à Damas, des Cheilkhs qui se sont empressés de solliciter la bienveillance de Notre Auguste Maître. Le gouvernement ayant insisté pour la livraison des individus impliqués dans l'assassinat de Bahr-el-Houreiri, les quatre individus qui ont survécu aux bagarres ont été livrés aux autorités et enfermés dans les prisons, en attendant leur comparution devant les tribunaux. Les Druzes n'ayant jamais l'habitude de livrer aux autorités les criminels qui cherchent un refuge parmi eux, ce fait est d'une grande importance pour l'avenir. Je m'occuperai désormais de la condition future des Druzes qui est très importante. Les bataillons de la réserve envoyés dernièrement n'étant plus d'aucune utilité, ils ont été dirigés vers leurs lieux d'origine. Nous avons aussi décidé avec le maréchal de renvoyer, dans quelques jours, les bataillons qui sont à Hauran et à Damas.

Recevez, Excellence,.....

29 octobre 1295
11 novembre (1879).

MIDHAT.

Midhat, qui avait retiré sa démission dans le seul but de ne pas laisser la province dans un état de trouble et pour donner à la question Druze une solution heureuse et légale, réussit à rétablir la paix d'une manière honorable pour le gouvernement, malgré la conduite injustifiable de la Sublime Porte et du Palais. Après avoir présenté un autre mémorandum au Palais, Midhat Pacha voyant qu'il lui était impossible de marcher d'accord avec le gouvernement et d'appliquer les réformes, offrit pour la seconde fois sa démission par le télégramme suivant :

Au Premier Secrétaire du Palais.

Excellence,

En réponse à ma demande de démission que j'avais faite au mois d'octobre dernier, Sa Majesté avait daigné promulguer un Iradé à la suite duquel je me suis décidé à patienter quelque temps encore ; or, la question des Druzes qui avait motivé le rejet de ma demande ayant été réglée, et la sécurité dans le vilayet étant on ne peut plus satisfaisante, je supplie humblement que, pour les raisons que j'ai déjà exposées et qui rendent ma place intenable, ma démission soit agréée par Sa Majesté.

Recevez,...

18-30 mai 1296 (1880).

MIDHAT.

Réponse à Midhat Pacha.

Altesse,

Le télégramme de Votre Altesse, en date du 18 mai 1296, a été présenté à Sa Majesté. Le départ du personnage qui a été chargé de communiquer à Votre Altesse les instructions impériales et de recueillir exactement vos réponses, a été retardé, vu l'impossibilité où il se trouve de quitter son poste. Il est difficile de lui trouver un remplaçant pour cette mission. Il ne faut donc pas attribuer à une autre cause la non exécution de cette promesse impériale. Dans le télégramme de Votre Altesse, il est dit que votre démission a pour cause des raisons que Sa Majesté n'est pas sans connaître : l'une est l'âge avancé de Votre Altesse, et l'autre, les entraves apportées dans votre gestion des affaires de la province. La première raison ne peut être sérieusement invoquée par un serviteur dévoué et fidèle à son pays et à son souverain dont le premier devoir est de ne jamais abdiquer l'honneur de servir l'État. Quant à la seconde, un règlement spécial étant sur le point d'être publié sur les devoirs des gouverneurs généraux et l'extension de leurs pouvoirs, votre démission n'aura plus de motif. Sa Majesté émet le désir de savoir, si la démission de Votre Altesse ne tiendrait pas à d'autres raisons étrangères à celles qui viennent d'être dites.

J'ai l'honneur d'être,.....

19-31 mai 1296 (1880).

Aali Fuad.

Au Premier Secrétaire du Palais.

Excellence,

En dehors des causes citées dans le télégramme répondant à celui qui contenait ma seconde demande de démission j'ajouterai que les difficultés qui surgissent dans l'application des nouvelles lois et les insultes auxquelles ma personne se trouve exposée de toutes parts me forcent d'insister à nouveau sur ma prière. Ainsi que je l'ai déjà déclaré, il y a six mois, dans ma lettre, je suis fermement résolu à sacrifier ma vie au service de Sa Majesté, mais comme elle approche de sa fin, le peu qui m'en reste n'a pas grande importance. Il est cependant une chose plus chère et plus sacrée que la vie, c'est l'honneur.

Il est bien possible que j'ignore la raison de certains agissements à mon égard; mais j'ai la ferme conviction que tout concourt à me blesser dans mon honneur aussi bien en ma qualité de chef du vilayet qui m'est confié qu'en celle de simple particulier. Et comme je suis excusable de ne pas laisser ternir mon honneur que j'ai conservé intact pendant plus de quarante-cinq ans passés au service de l'État, j'ai décidé de me retirer sans autre discussion. Je me permets donc de recourir encore une fois à la magnanimité souveraine.

Recevez,.....

21 mai 1296
(3 juin 1880).

MIDHAT.

Réponse à Midhat Pacha.

(Confidentielle).

Altesse

Le télégramme de Votre Altesse, en date du 21 mai 1296, a été soumis à Sa Majesté. Tout le monde sait combien Sa Majesté a, jusqu'à présent, préservé l'honneur de Votre Altesse; et Votre Altesse elle-même ne peut qu'approuver et reconnaître la justesse de cette observation. Votre Altesse a, pendant longtemps, rendu de grands services à l'État; elle occupe le rang le plus haut du Vizirat et se trouve être un des plus grands dignitaires et hommes d'État de l'Empire. Sa Majesté annonce à Votre Altesse qu'Elle se porte garant de votre honneur, de votre considération et de votre bonne renommée.

Si les difficultés que Votre Altesse déclare avoir rencontrées dans l'application des nouvelles lois sont relatives aux lois judiciaires, cela provient aussi de l'insuffisance des fonctionnaires du département de la Justice. Sans critiquer le sens fondamental des lois (malgré leurs lacunes), Sir Henry Layard a exposé, dans un rapport à Sa Majesté, les difficultés qu'il y aurait à appliquer ces lois, faute de fonctionnaires capables, et, tandis que tout le monde reconnaît la nécessité de faire et de promulguer ces lois et règlements, le bruit de démission de Votre Altesse a immédiatement donné lieu à des critiques formulées hier soir, par quelques personnages. Comme Votre Altesse le

sait, une des premières réformes dont l'exécution est désirée et
même celle qui devrait être appliquée avant toute autre, est la
réorganisation de la Justice. Mais les difficultés que cette
mesure soulève mettent le gouvernement dans un grand
embarras. Votre Altesse est priée de rédiger bien vite là-
dessus une note indiquant les changements qui s'imposent
d'après votre opinion si autorisée en ces matières, et de confier
cette note à un fonctionnaire capable et possédant votre confiance pour être remise à Sa Majesté. Votre Altesse se servira
aussi de ce même fonctionnaire pour sa correspondance avec le
Palais. Comme notre principal devoir est de servir l'État et le
souverain avec fidélité et dévouement, Votre Altesse est priée
de ne point attacher d'importance à des bavardages qui ne
méritent pas d'être pris en considération, et de ne point s'en
affecter. Sa Majesté apprécie les actes de Votre Altesse et vous
envoie ses salutations impériales les plus cordiales.

J'ai l'honneur d'être,...

28 mai 1296
(5 juin 1880).

Aali Fuad.

Au Premier Secrétaire du Palais.

Excellence,

L'expression de la bienveillance impériale à mon égard, est
ce que j'apprécie et ce qui me touche le plus dans le télégramme du 23 mai. Je tiens donc à adresser par vous mes
humbles remerciements à Sa Majesté. Votre Excellence n'est
pas sans savoir que, non seulement je reconnais en principe la
nécessité et les bienfaits des nouvelles lois, mais que je suis, en
outre, un partisan très convaincu des réformes judiciaires.
Ainsi qu'il est mentionné dans le télégramme impérial, me
conférant le gouvernement de la Syrie, il faudrait prendre en
considération, dans l'organisation nouvelle, les habitudes et les
mœurs locales. Mais, loin de suivre cette méthode, les lois et
règlements nouvellement élaborés semblent destinés à tous les
vilayets indistinctement ; et lorsque je suggère de légères modifications qui les assoupliraient de manière à me rendre l'application plus facile selon les lieux et les circonstances, mes
observations rencontrent une indifférence aussi complète que
systématique. Cet état de choses a produit un résultat contraire au but que nous poursuivons, et la plupart des lois, tant

nouvelles qu'anciennes, restent inappliquées. La situation générale est, de ce fait, des plus anormales et des plus bizarres.

À ce désarroi s'ajoute le différend surgi entre l'autorité civile
et l'autorité militaire, et qui a dégénéré en hostilité déclarée.
Un pays comme la Syrie, exposé à des troubles et des intrigues
intérieures ou extérieures a grand besoin de la force militaire ;
or, chaque fois que nous l'appelons à notre aide, celle-ci nous
est refusée de parti pris ou les troupes mises à notre disposition nous sont retirées sans raison ; on va même jusqu'à laisser
sans réponse nos communications officielles. Or, s'il est possible que ces procédés soient la conséquence des sentiments
dont on s'inspire à mon égard, il n'en est pas moins certain que
c'est le gouvernement et le pays qui en souffrent le plus ; et si
l'on pense que depuis six mois le gouverneur et le maréchal
commandant du corps d'armée d'un même vilayet ne se sont pas
rencontrés une seule fois, on peut s'imaginer l'état où se
trouvent les affaires de cette province. D'autre part, l'allocation
des gendarmes et les appointements des fonctionnaires ayant
été réduits, ces mesures ont porté atteinte à la sécurité du
pays et ont poussé les fonctionnaires à la vénalité, tandis que le
système judiciaire adopté par les tribunaux envers les criminels
a troublé la confiance publique.

Bien que cet état de choses soit connu à Constantinople, on
semble en rendre responsable le gouverneur général, si l'on
juge par les ordres que je reçois quotidiennement. Il m'est
impossible de supporter davantage cette situation. Je ne puis
citer dans ce télégramme toutes les difficultés qui me sont faites ;
mais, conformément à l'Iradé impérial, un fonctionnaire de confiance chargé de vous donner de plus amples renseignements
est sur le point de partir. Je m'efforcerai donc de patienter
jusqu'à son retour.

Recevez,...

25 mai 1296
(5 juin 1880).

MIDHAT.

Toutes questions mises à part, le Sultan Abdul Hamid
voyait de mauvais œil le séjour de Midhat Pacha en Syrie. Les
Syriens, qui savaient le bien que Midhat s'efforçait de faire à
leur pays, exprimaient leur gratitude en des termes que le
Sultan jugeait offensants pour lui-même. Les cris de « Vive
Midhat Pacha », dans les rues, le voyage de l'ambassadeur bri-

tannique, Sir Henry Layard en Syrie, ses entrevues avec le gouverneur général augmentaient tous les jours davantage les craintes du Palais. Les ennemis de Midhat faisaient circuler le bruit que la Syrie deviendrait bientôt une principauté autonome et que Midhat Pacha recevrait le titre de Khédive.

Aussi Abdul Hamid finit-il par faire savoir à Midhat Pacha qu'il n'acceptait sa démission de Vali de Damas que pour le nommer à Smyrne, car il voulait, disait-il, le conserver au service de l'Etat. Les Syriens s'en plaignirent au Palais, mais le Sultan ne prit pas en considérations leurs démarches, et Midhat dut aller rejoindre son nouveau poste.

CHAPITRE XI

MIDHAT PACHA, GOUVERNEUR GÉNÉRAL DE SMYRNE.

Le vilayet d'Aidine et son chef-lieu, la ville de Smyrne, se trouvaient alors, comme les autres provinces, dans un état lamentable de désorganisation. Certes, le Sultan, qui avait refusé de laisser appliquer en Syrie les réformes les plus urgentes n'avait pas fait venir Midhat à Smyrne pour qu'il portât remède à l'anarchie administrative de cette partie de l'Empire. Mais, bien que sachant d'avance que tout ce qu'il tenterait dans ce but serait systématiquement combattu par Yildiz, Midhat ne voulut pas manquer à son devoir, ni reculer devant ses responsabilités de gouverneur général.

A Smyrne, nombre de repris de justice, de nationalité étrangère, commettaient journellement des vols et des crimes ; la terreur était si grande que personne n'osait s'aventurer la nuit dans les rues. Midhat Pacha, jugeant insuffisante la gendarmerie dont il disposait, organisa à l'européenne un corps de police urbaine, comme il n'en avait jamais existé un en Turquie ; il rétablit ainsi au bout de très peu de temps la sécurité publique tant dans la ville même que dans le reste de la province. Il ne s'en serait pas tenu là, et il aurait sans doute entrepris nombre de réformes utiles que réclamaient ses administrés.

Mais le Sultan n'abandonnait pas son dessein de se

débarrasser de lui et quatre ou cinq mois après l'arrivée à Smyrne du nouveau vali, il se décida à porter à ce dernier le coup qu'il méditait depuis longtemps soulevant la question des circonstances de la mort de son oncle, le Sultan Abdul-Aziz. Le suicide avait été établi non seulement par des témoins oculaires, mais encore par le rapport de tous les médecins des ambassades étrangères. Le fait fut confirmé par les rapports des ambassadeurs à leurs gouvernements et depuis, sir Henry Elliot, qui représentait la Grande-Bretagne à Constantinople en 1876, racontant dans le numéro de janvier 1888, de la Revue *Nineteeth Century*, comment Abdul Aziz fut déposé, n'hésite pas à affirmer une fois de plus que ce Prince s'était donné volontairement la mort. Quatre ans après cet événement, le Sultan Abdul Hamid s'avisa de prétendre que son oncle ne s'était pas suicidé, mais qu'il avait été assassiné ; que ce crime avait été perpétré par Hussein Avni Pacha, ministre de la guerre, que Tcherkesse Hassan tua dans la maison de Midhat en 1876, et par ses deux beaux-frères Mahmoud et Nouri Pachas et que d'autres personnages de haut rang (allusion à Midhat, Mehmet Ruchdi et le Cheik-ul-Islam Haïrullah Effendi) avaient participé au meurtre. Les deux beaux-frères de Hamid, Mahmoud et Nourri Pachas, furent donc arrêtés à Constantinople et la nouvelle du prochain procès des meurtriers d'Abdul Aziz fut lancée dans la presse européenne [1].

---

1. Turquie. Constantinople. Les doutes que j'ai exprimés dans une récente dépêche quant à la véracité des principaux témoins dans l'enquête sur la mort d'Abdul Aziz sont actuellement confirmés et le Sultan hésite à porter l'affaire devant les tribunaux ordinaires. Plusieurs personnages importants, qui ne peuvent pas être soupçonnés de complicité, déclarent ouvertement que cette affaire n'est qu'une intrigue, et au Palais même l'opinion va croissant qu'elle se terminera par la dégradation et l'exil des beaux-frères du Sultan et l'emprisonnement temporaire de leurs complices présumés sans jugement préalable. Au début de l'enquête, un vieil ami dévoué de la dynastie rappela au Sultan un proverbe turc qui dit qu'on doit « laisser les chiens dormir » et Sa Majesté regretta, dès lors, non sans raison, de n'avoir pas écouté ses conseils. » (*Times*, 12 mai, p. 5, col. 3).

La presse turque, inspirée par le Palais, adressa des louanges au Sultan, et quelques journaux comme le *Terdjumani Hakikat* publièrent des injures à l'adresse des anciens ministres et allèrent même jusqu'à conseiller au Sultan « d'arrêter tous ceux qui étaient compromis dans l'affaire d'Abdul Aziz ».

La Sublime Porte avait perdu toute autorité et le nombre des adversaires de la Constitution s'y était accru considérablement. Mehmet Ruchdi Pacha, ancien Grand-Vizir et collègue de Midhat, avait été condamné à passer ses derniers jours dans sa propriété, près de Magnésie, dans le vilayet d'Aidine ; le Cheik-ul-Islam Haïrullah Effendi, partisan de Midhat, avait été banni à la Mecque. Les quelques libéraux qui restaient encore furent tous éloignés dans les provinces comme fonctionnaires ou en simples exilés. Il n'y avait plus à Constantinople que les partisans de la première heure du Sultan Abdul Hamid ou ceux qui, par opportunisme, s'étaient ralliés à ses vues de despote. Parmi ces derniers Ahmet Midhat Effendi, un des partisans les plus ardents de Midhat Pacha, se distinguait par le zèle qu'il mettait à accabler l'homme d'État déchu, dans son journal le *Terdjoumai Hakikat*, de ses injures et de ses imputations les plus calomnieuses : il demandait tous les matins l'arrestation des coupables.

Midhat Pacha recevait de Constantinople et de l'étranger les avis les plus alarmants ; on le prévenait que sa vie courait les plus grands dangers. Il répondait à tous : « Je n'ai aucun motif de m'alarmer et de quitter la Turquie. J'ai travaillé pour le bien de ma patrie, je n'ai rien à me reprocher ; si d'autres me reprochent quelque chose, je suis prêt à répondre devant le tribunal auquel je serai déféré. »

Il se contenta seulement d'écrire au Grand-Vizir une lettre que nous reproduisons ci-dessous pour protester contre le langage dont Ahmet Midhat Effendi se servait à son égard.

Midhat Pacha au Grand Vizir.

Altesse,

Le numéro du 5 décembre du *Tedjumani Hakikat* commence par annoncer que le directeur d'un journal d'opposition au gouvernement impérial publié à Athènes est Essad Effendi qui s'y est réfugié de Damas où il vivait en exil ; il insinue ensuite que j'accorde à la feuille en question mon appui moral et pécuniaire. Presque en même temps le journal *Messenger* accompagne, dans sa partie française, comme dans sa partie anglaise, de singuliers commentaires ces bavardages où mon nom est mêlé si à la légère. Tout le monde connaît la bassesse du rédacteur du *Terdjumani Hakikat.* Quant à Essad Effendi, ceux qui l'ont vu à Damas sauront apprécier ses publications à leur juste valeur. Je ne saurais daigner intenter moi-même un procès à un individu comme Ahmed Midhat Effendi. Mais, d'autre part, je crois pouvoir vous demander comment vous me laissez accuser du crime d'inspirer un journal hostile au gouvernement, alors que vous me gardez à la tête d'une administration aussi importante que celle du vilayet de Smyrne. Une pareille complaisance envers Ahmed Midhat pourrait nuire à la considération de l'État, par cela même que les calomnies de cet homme sont reproduites par les journaux qui passent pour réfléter l'opinion de la Sublime Porte. Je trouve que, pour en finir avec ces misères et sauvegarder l'honneur et le prestige de l'Empire, le plus sûr est de vous adresser ma démission, ainsi que j'en ai l'intention depuis quelque temps ; mais avant toute démarche officielle, j'ai cru de mon devoir de consulter Votre Altesse à ce sujet.

J'ai l'honneur...

25 décembre 1296
(7 janvier 1881).

MIDHAT

Après de longues hésitations Abdul Hamid se décida enfin à agir.

Deux de ses aides de camp, le général Hilmi Pacha et le colonel Riza bey, aujourd'hui ministre de la guerre, avec un grand nombre d'officiers subalternes, arrivèrent subitement à Smyrne sans que rien pût motiver ou expliquer leur présence. Midhat Pacha, se souvenant des avertissements qui lui parvenaient périodiquement de Constantinople, prit l'éveil et chargea des hommes de sa confiance de suivre leurs mouvements : il ne tarda pas à acquérir la certitude qu'ils étaient là pour l'arrêter dès qu'ils en auraient reçu l'ordre de Yildiz.

Parmi les agents de cette sorte de contre-police que Midhat venait d'improviser, il y en avait un de très intelligent qui, déguisé en riche négociant, alla habiter l'hôtel où était descendu Hilmi Pacha. Il eut vite fait d'entrer en relations avec ce dernier qui, à la fin d'un copieux repas, lui avoua qu'il était venu à Smyrne par ordre impérial pour arrêter le gouverneur général, mais qu'il attendait des instructions complémentaires. Midhat Pacha, à toute éventualité, avait déjà fait pratiquer dans le palais du gouvernement une porte secrète par où il serait sorti pour aller au port où un bateau de la compagnie Joly était prêt à le recevoir pour le conduire à l'étranger. Un soir, son agent vint avertir Midhat que Hilmi Pacha avait été appelé au bureau du télégraphe et qu'après avoir longuement communiqué avec le Palais, il était rentré à l'hôtel, s'était armé, avait endossé son uniforme et s'était rendu à la caserne. Il avait l'ordre de faire tuer Midhat, et de faire massacrer ensuite sa famille. Pour l'exécution de ce sinistre dessein, il lui fallait un complice dans la maison même du Pacha : un domestique, nommé Nézir, fut gagné qui, au moment où la force armée ferait irruption, devait tirer un coup de revolver sur les soldats, de manière à fournir un prétexte au massacre et à en donner le signal. Le doute à cet égard n'est pas permis depuis que l'on a vu Nézir entrer au service personnel du sultan avec de gros appointements aussitôt après l'envoi en exil de Midhat Pacha ; depuis surtout que Besim Bey, chambellan d'Abdul Hamid, a formellement ajouté que l'extermination de Midhat et de sa famille était bien ce que le Sultan avait exigé de Hilmi.

Dès qu'il eut connaissance de ce qui se préparait, Midhat, sans perdre son sang-froid, en avertit les siens, leur recommanda le calme et la résignation et leur fit part de son intention de quitter la Turquie pour assurer, avec le sien, leur propre salut. Minuit venait de sonner quand trois coups de canon partirent de la caserne (en Turquie ces trois coups de canon annoncent un incendie) ; Midhat comprit que c'était là un moyen imaginé pour détourner l'attention des habitants de ce qui allait se passer. Il sortit aussitôt par l'issue qu'il avait fait préparer, accompagné de son secrétaire, pour se diriger vers le port, mais il n'avait fait que quelques pas, quand il s'aperçut que les quais étaient gardés par la troupe ; il héla donc une voiture et. se souvenant que le consul anglais, M. Denis. était absent, à la campagne, il se fit conduire par un autre chemin, chez le consul de France dont il sollicita la protection en toute confiance.

Sur ces entrefaites, les émissaires de Yildiz, suivis de soldats s'avançaient jusqu'à l'appartement du gouverneur, sous prétexte de prendre ses ordres au sujet de l'incendie qui venait d'éclater. Il leur fut répondu que Midhat Pacha venait justement de sortir. Ils crurent qu'on leur cachait la vérité, et Hilmi Pacha, se démasquant brusquement, fit briser les portes du harem, y pénétra avec la troupe et se mit à fouiller la maison jusqu'aux combles. On ne tarda pas à se convaincre de l'inutilité des recherches, et alors on vit, tout à coup, Nézir, fidèle à ses engagements, surgir de derrière un sofa pour faire feu sur les officiers ; mais une servante qui avait épié ses mouvements, comprenant le danger, se précipita sur lui, lui arracha l'arme des mains, et tomba sans connaissance : l'émotion l'avait tuée.

Midhat restait aussi introuvable que les documents dont on aurait voulu s'emparer ; on avait cherché jusque dans le berceau d'une enfant de deux mois que veillait Mme Midhat dont l'exaspération et l'angoisse étaient extrêmes. Celle-ci voyant que toute cette bande ne se décidait point à s'en aller, fit appeler le général Hilmi et lui déclara que s'il n'évacuait pas la maison sur-le-champ, elle ouvrirait les fenêtres et appellerait le peuple à son secours. Le général pâlit, car il avait l'ordre de ne laisser provoquer aucune démonstration populaire; il garda près de lui quelques officiers et congédia le reste de ses hommes. Au bout de quelques heures on vint lui apprendre que Midhat se trouvait au consulat de France; il s'y rendit aussitôt et le fit cerner de toutes parts.

Le consul général, M. Pélissier, avertit immédiatement par télégramme l'ambassadeur de France à Constantinople. Midhat, de son côté, pria tous les consuls des Grandes-Puissances de venir à la résidence de leur collègue et, après leur avoir expliqué le danger auquel il venait d'échapper, il leur demanda d'intervenir auprès de leurs gouvernements respectifs pour que ceux-ci lui obtinssent la garantie qu'il serait jugé impartialement et au grand jour.

Bien des versions ont couru sur les circonstances et les motifs qui ont déterminé le gouvernement français d'alors à livrer au Sultan un homme qui avait joué un rôle de premier ordre dans les affaires de son pays, dont la réputation était universelle et qui entretenait des rapports d'amitié avec les principaux personnages politiques de l'Europe, parmi lesquels Gambetta et Thiers avec lesquels il correspondait régulièrement depuis nombre d'années. Ne possédant pas tous les éléments d'appréciation nécessaires, nous considérons que le temps n'est pas encore venu de porter un jugement définitif sur une décision aussi grave que celle qui a valu à Midhat l'exil et une mort tragique. La politique oblige, nous le savons, à bien des compromissions, à bien des transactions; mais les preuves nous manquent pour affirmer, comme d'autres l'ont fait, que les événements de Tunis en 1881 ont été pour quelque chose dans l'abandon de Midhat au Sultan[1].

1. « Du consulat français où il s'était réfugié, Midhat envoya des

Le Sultan avait déjà songé à faire arrêter Midhat lorsque celui-ci était gouverneur général de la Syrie ; mais la grande popularité dont le Pacha jouissait dans cette province l'obligea à changer son plan, de crainte d'une révolution.

lettres à tous les autres Consuls pour leur demander la protection des puissances. Les Consuls tinrent conseil et décidèrent de demander des instructions à leurs gouvernements respectifs. Midhat alléguait cette raison que, victime d'animosités personnelles, sa vie était en danger ; mais cette crainte parut infirmée par une décision impériale promettant de soumettre toute l'affaire à un tribunal régulier et en séance publique. Sa Majesté est évidemment soucieuse de voir toute l'affaire scrupuleusement examinée d'un bout à l'autre et dans ce but, elle a nommé une sous-commission pour interroger les docteurs étrangers qui firent l'autopsie du corps du feu Sultan, la rumeur ayant été répandue que le rapport médical fait à cette époque n'était pas d'accord avec le témoignage de certains témoins récemment interrogés. Cette procédure paraît écarter tout danger de violence personnelle que Midhat avait invoqué pour se placer sous une protection étrangère. »

Times, le 19 mai (p. 5, col. 4).

« Constantinople, le 18 mai. — En recevant les instructions de son ambassadeur, le Consul français à Smyrne demanda à Midhat Pacha de quitter le Consulat, sur quoi Midhat alla se livrer au gouverneur militaire turc. Une enquête judiciaire sera ouverte à Smyrne. »

« Turquie. Constantinople, 21 mai. — Des lettres de Smyrne donnent quelques détails sur l'arrestation de Midhat Pacha. Entre une et deux heures du matin, il fut réveillé par un clairon. Ayant remarqué que des troupes s'avançaient sous le commandement de Hilmi Pacha accompagné d'un des aides de camp du Sultan récemment arrivé de Constantinople, il soupçonna tout de suite le motif de cette visite nocturne ; et comme un corps de soldat entrait dans la cour, il s'évada par une porte du jardin du harem et arriva sain et sauf au Consulat français. De bonne heure, le Consul réunit ses collègues, et Midhat Pacha leur déclara qu'il se plaçait sous la protection des Puissances. Alors eut lieu l'échange de dépêches entre Constantinople et Paris, dont j'ai parlé dans un télégramme précédent. Midhat Pacha déclara qu'il n'avait aucun désir de quitter le pays et était prêt à se rendre à Constantinople s'il pouvait obtenir les garanties nécessaires qu'il serait jugé équitablement ; mais Hilm Pacha crut sage de prendre des mesures contre une seconde fuite en

Le lendemain de l'arrestation, la ville de Smyrne était gardée par des troupes et toutes les rues interdites à la circulation afin d'éviter des démonstrations. Les habitants avaient fermé leurs magasins, et les affaires furent suspendues pendant vingt-quatre heures. Midhat resta prisonnier à la caserne jusqu'à l'arrivée du yacht impérial qui amena son successeur et les magistrats accompagnant Djevded Pacha. Il s'embarqua tranquillement au milieu de l'émotion générale et arriva à Constantinople. En attendant la formation de la Haute Cour, le Sultan lui assigna pour résidence le petit pavillon appelé « Malta Kiosk », situé dans le parc de Yldiz.

empêchant les petits-bateaux d'approcher de cette partie du quai. Dans l'intervalle, le Consul français avait reçu des ordres rigoureux de retirer la protection temporaire qu'il avait accordée, et par conséquent, après avoir de nouveau réuni ses collègues, il livra, dans les formes, le fugitif au gouverneur militaire. Le lendemain matin, le Ministre de la Justice arriva sur un bateau spécial pour faire une enquête judiciaire. Midhat Pacha est actuellement détenu rigoureusement dans une salle de caserne. »

Times, 23 mai 1881 (p. 7, col. 2).

CHAPITRE XII

LE PROCÈS DE MIDHAT PACHA.

Dès son arrivée Midhat fut enfermé et gardé à vue dans sa résidence, en attendant que son procès fût instruit.

Après un interrogatoire de plusieurs jours et auquel le Sultan assistait derrière un paravent, un tribunal extraordinaire fut réuni dans l'enceinte même du Palais impérial, pour juger l'homme d'État en disgrâce dans des conditions qui, du premier jour, ne laissaient aucun doute sur le sort qu'on lui réservait. Les séances devaient être publiques et le furent, en effet ; seulement, à part les ambassades et quelques correspondants de journaux étrangers, ceux-là seuls étaient admis à suivre les débats dont *le zèle pour la justice et l'exemple à faire* était connu d'Abdul Hamid.

Nous ne possédons aucun renseignement inédit sur ce sensationnel procès, si étrangement conduit. Nous nous bornerons donc à donner ici, avec l'autorisation du *Times* les plus intéressantes des dépêches de son correspondant [1], ainsi que des extraits des débats qui eurent lieu à la

1. Sir Mackenzie Wallace, depuis tour à tour secrétaire général de la vice-royauté des Indes, membre du Parlement et directeur politique du *Times*. Peu après le procès de Midhat Pacha, le Sultan lui ayant fait faire des ouvertures dont on comprend la nature, il répondit à l'intermédiaire d'Abdul Hamid qu'il se croirait déshonoré d'accepter fût-ce même « une allumette ».

Chambre des Communes, à la suite de l'indignation que soulevèrent, en Angleterre et ailleurs, les péripéties de ce drame judiciaire.

Constantinople, 28 juin. — Le grand procès d'État qui a commencé hier, et dont je vous ai déjà résumé la procédure, présente un spectacle intéressant et pittoresque. A une extrémité du parc impérial de Yildiz-Kiosque se trouve, isolé au milieu d'un vaste espace libre, le pavillon de « Malta » ; autour de ce pavillon, à des distances très rapprochées, ont été postés de nombreux soldats ; défense était faite d'approcher aux personnes non pourvues de cartes. Les rares privilégiés découvraient près de l'habitation, derrière une sorte de mur en toile, une grande tente verte de forme ovale. A l'intérieur de cette tente, un côté était occupé par une estrade sur laquelle siégeaient les juges (trois musulmans et deux chrétiens), en redingote noire à la turque, et en fez rouge : ils étaient présidés par Sourouri Effendi, un uléma grisonnant, vêtu d'une robe noire et coiffé d'un turban blanc. A droite et à gauche des juges, étaient placés le ministère public, les secrétaires et les greffiers de rang inférieur ; derrière eux, debout, plusieurs aides de camp impériaux et des serviteurs du Palais. Au-dessous, dans un réduit séparé, on voyait, assis sur des chaises cannées, dix prévenus : Mahmoud et Nouri Pachas (les deux beaux-frères du Sultan), deux ex-fonctionnaires du Palais, trois officiers de la garde, deux lutteurs de profession et un portier du Palais. Derrière chaque prisonnier se tenait un soldat. Le côté de la tente faisant face au banc a été laissé libre pour le public admis au procès. Dans l'auditoire, composé d'environ cent vingt personnes, se trouvait l'ambassadeur de Perse, divers autres membres du corps diplomatique, plusieurs officiers supérieurs, une vingtaine d'aides de camp impériaux, quelques fonctionnaires du Palais, des ulémas en robe flottante et en turbans blancs et verts, et les représentants de la presse en

nombre limité. Les invités auraient pu être en nombre
bien plus considérable, car plus d'une centaine de chaises
sont restées inoccupées.

Après les formalités concernant l'identité des prévenus,
lecture a été donnée de l'acte d'accusation, qui peut être
brièvement résumé comme suit : « Quelques jours après
le détrônement d'Abdul-Aziz, Mahmoud Damad et Nouri
Damad engagèrent, ainsi qu'il appert des comptes de la
liste civile, deux lutteurs de profession et un garde du
Palais pour assassiner le souverain déposé, leur promettant
à chacun une pension mensuelle de trois livres turques.
Le crime fut commis avec l'aide du chambellan, Fahri Bey,
pendant qu'Ali Bey et Nedjib Bey, qu'avaient introduit les
assassins dans le Palais, montaient la garde, les épées nues,
à la porte de la chambre d'Abdul-Aziz. Il existait, à cette
époque, une commission suprême, composée de Midhat,
Mehmed Ruchdi, Hussein Avni, le Cheik-ul-Islam Haïroullah, et Mahmoud Damad, et comme aucun ordre
important ne pouvait être donné sans l'assentiment de
cette commission, il y avait lieu de croire que tous ses
membres devaient être instruits des procédés criminels de
Mahmoud et de Nouri Pacha, et c'est pour cette raison que
Midhat figure parmi les accusés [1]. »

Cette lecture terminée, le président, d'une voix calme et
digne commença l'interrogatoire des prévenus. Mustapha

1. Il convient de noter à cette place qu'il y a bien plus de raisons
de croire à la participation d'Abdul-Hamid, encore prince héritier,
à l'assassinat, par Tcherkess Hassan, de Husséin Avni et des autres
ministres (voir page 58) qu'il n'y en a eu jamais de soupçonner que
ces derniers ont pu être pour quelque chose dans la mort d'Abdul-Aziz.

La croyance est générale parmi les Circassiens de l'Empire, que
c'est le Sultan régnant qui a fanatisé Hassan et armé son bras dans
la nuit du 15 juin 1876; parmi eux il y en a qui vont jusqu'à l'affirmer sous serment et leurs dires paraissent très vraisemblables
quand on les rapproche du fait que c'est un ami ou un parent du
meurtrier de Husséin Avni qui a conduit les assassins de Midhat et
de Mahmoud Damad, comme on le lira à la page 224.

fut le premier appelé à dire ce qu'il savait : l'athlète, de taille moyenne, d'un développement musculaire n'ayant rien d'extraordinaire, et dont la figure d'un type vulgaire ne trahit aucun signe d'émotion lorsqu'il raconta en termes clairs et simples comment il avait ouvert les veines de l'ex-Sultan avec un couteau que Mahmoud Damad Pacha lui avait donné à cet effet. Le récit, accompagné de gestes descriptifs, cruellement pittoresques, fit une forte impression sur les spectateurs ; plus d'un vieillard dans l'auditoire traduisit son horreur par des exclamations. Les dires de Mustapha furent entièrement confirmés par Hadji Méhmed Pacha, qui déclara que, d'accord avec le chambellan Fahri Bey et Djezaïrli, il avait tenu Abdul-Aziz pendant que le crime se perpétrait. Djezaïrli, qui avait fait des aveux complets dans son interrogatoire préliminaire, fut ensuite questionné : il rétracta sa déposition précédente.

Fahri Bey, jeune homme à la longue moustache blonde, aux traits efféminés et délicats, de taille grande et mince, interrogé ensuite, nia et contredit l'athlète et son compagnon. D'une voix tremblante qui s'affermit dans la suite, il raconta, d'après ses observations personnelles, l'état mental d'Abdul-Aziz après son détrônement, soutenant fortement que l'ex-monarque s'était suicidé. Les autres prisonniers, sans essayer d'expliquer comment survint la mort du Sultan, soutinrent successivement leur propre innocence et trouvèrent des réponses plus ou moins plausibles à toutes les questions des juges. Mahmoud Damad Pacha, grand et vigoureux, aux traits beaux et réguliers, avec de grands yeux noirs, répondit plus difficilement et sa voix profonde et forte trahit plus d'une fois des signes d'émotion ; mais il nia énergiquement et s'indigna des accusations portées contre lui par les lutteurs et les autres. A deux heures environ, Midhat fut introduit et prit place à côté de Mahmoud Damad Pacha. Depuis la dernière fois que je le vis, il y a quatre ans, ses cheveux et sa barbe

avaient beaucoup blanchi ; son teint était toujours aussi
fleuri ; il paraissait bien portant et cherchait à dissimuler
son émotion en caressant sa barbe et en arrangeant les
notes sur lesquelles il s'apprêtait à parler. Soudain, se
levant et s'appuyant sur le dossier de sa chaise, il fit un
bref discours : il était heureux d'être cité devant un tribunal public, et rendant justice aux sentiments d'équité
du Sultan, il le louait d'avoir fait minutieusement examiner l'affaire. A toutes les questions qui lui furent posées
au sujet de la commission suprême, dont il était membre,
et qui avait dû être instruite du projet d'assassinat du
Sultan, il répondit avec force qu'une telle commission
n'existait que dans l'imagination de ses accusateurs et que
toutes les questions d'État étaient examinées régulièrement par le Conseil des Ministres. Lorsque le président
lui reprocha de n'avoir pas immédiatement ordonné une
enquête rigoureuse, il se reconnut coupable de cette omis-
sion ; mais en même temps il prétendit qu'à cet égard,
tous les autres ministres étaient responsables. Au sujet du
refuge qu'il avait cherché au Consulat de France à
Smyrne, ses réponses, quoique très ingénieuses, ne furent
pas aussi satisfaisantes. Au contraire des autres accusés,
Midhat se retira de la cour aussitôt qu'il n'eût plus rien à
dire. Après son départ, un certain nombre de témoins à
charge furent appelés. Les principaux d'entre eux étaient
trois jeunes gens qui avaient vu le crime se perpétrer
comme l'avaient décrit les athlètes, ainsi que la femme
d'un certain Ali Bey [1], qui faisait partie, à ce moment, du
harem d'Abdul-Aziz, avait assisté à quelques-unes des
scènes de l'assassinat. Un témoin intéressant a été un
musulman à barbe blanche, vêtu à l'ancienne mode qui

1. C'est par erreur que le correspondant du *Times* parle de la
femme d'Ali Bey : il s'agit de la femme de Munir Bey, aujourd'hui
Munir Pacha, ambassadeur du Sultan à Paris, qui doit son avancement au fait d'avoir forcé sa femme à ce faux témoignage.

raconta d'une voix hésitante qu'il avait lavé le corps d'Abdul-Aziz et remarqué une petite blessure dans la région
du cœur. La cour leva sa séance à sept heures et demie
sans avoir interrogé les témoins à décharge. Le procès con-
tinuera demain et sera peut-être terminé.

Constantinople, Times, 28 juin. — Le jugement des
personnes accusées du prétendu assassinat d'Abdul-Aziz a
été repris aujourd'hui : Après que l'avocat des accusés
présenta leur défense, les juges décidèrent que Mustapha (le
jardinier) et l'autre Mustapha (l'athlète), Fahri Bey et Hadji
Mehmed étaient coupables du meurtre et que Midhat
Pacha, Damad Mahmoud, et Damad Nouri Pacha, Ali Bey,
Nedjile Bey, étaient complices, puisqu'ils avaient été instruits du crime. L'arrêt sera rendu demain.

Constantinople, 28 juin, Times, 30 juin 1881. — L'audience d'aujourd'hui a duré huit heures. Plusieurs nouveaux témoins à charge furent entendus. Parmi eux se
trouvait Ibrahim Edhem Effendi qui avait servi d'intermédiaire entre les ministres et l'ex-Sultan, et raconta le dur
traitement auquel fut soumis ce dernier.

Les plaidoiries commencèrent ensuite. Quatre avocats
désignés d'office parlèrent sans conviction au nom des
accusés. Mahmoud Damad Pacha, mécontent à juste titre
de son avocat, se défendit lui-même, et malgré des signes
manifestes de maladie, réfuta quelques-unes des accusations portées contre lui. Vint après le tour de Midhat
Pacha : le président Sourouri Effendi déclara que Midhat
Pacha lui ayant reproché de s'être montré hostile à son
égard, il croyait de son devoir d'abandonner son siège de
Président et laissa à sa place son collègue Christoforidès
Effendi pour diriger les débats. L'ex-grand Vizir qui avait
pris une part prépondérante au détrônement, se défendit
pendant plus d'une heure de l'accusation portée contre lui.

Très au courant de la nouvelle procédure criminelle, il
signala plusieurs erreurs qui avaient été commises, demanda

la permission d'interroger contradictoirement les témoins aussi bien que les prévenus qui avaient fait des aveux ; mais toutes ses demandes furent rejetées par la Cour. Se voyant ainsi privé d'un droit qui lui était reconnu par la loi, il refusa de continuer à présenter sa défense.

Le président, après l'avoir trois fois invité vainement à reprendre son plaidoyer, leva la séance, et se retira pour délibérer avec les autres juges. Ainsi qu'il était à prévoir dès le début, le verdict déclare tous les accusés coupables à des degrés différents.

Quatre sont déclarés coupables d'assassinat prémédité, cinq, parmi lesquels Midhat et les deux beaux-frères du Sultan, coupables de complicité, au premier chef ; deux autres enfin de complicité à un degré moindre.

La cour se réunira demain pour prononcer son jugement. Selon le code Ottoman l'assassinat prémédité comporte la peine capitale ; les autres crimes sont punis des travaux forcés à temps, selon les cas.

29 juin. — Les observations, l'attitude, de Midhat Pacha hier au tribunal ont produit sur le public une impression très favorable, et il est facile de voir par là qu'il jouit encore de sa popularité parmi les bons musulmans. Comme de nombreux espions du Palais étaient présents, les fonctionnaires ottomans s'efforcèrent, sans y réussir cependant, de dissimuler leur sympathie secrète pour l'accusé. Plus d'une fois Midhat répondit avec beaucoup d'à propos aux questions et sur un ton à demi ironique, qui fut très goûté de l'auditoire. Tous les détails du procès étaient, au fur et à mesure, transmis au Sultan ; et Sourouri effendi se félicite, sans doute, d'avoir rejeté le mécontentement impérial de sa tête sur celle de ses collègues. Jusqu'ici aucune preuve n'établit la complicité de Midhat ; mais il n'est pas probable qu'il soit acquitté. Ce procès ayant été préparé et dirigé directement par le Palais, rempli d'ennemis de Midhat, il serait absurde d'attendre de la part des juges une attitude impartiale et indépendante. Il m'est arrivé de connaître plusieurs faits curieux de nature à montrer combien une telle attente serait illusoire, et je veux en citer un, qui suffira à éclairer la situation.

Hier matin, immédiatement avant l'audience du tribunal, Sourouri effendi eut une longue entrevue avec le Sultan. Sa Majesté lui donna certaines instructions sur la manière de diriger les débats. La partie la plus intéressante de la procédure d'hier a été l'incident qui se termina par le refus de Midhat de continuer sa défense. Voici brièvement les faits : Le président invita l'accusé à ne pas poursuivre sa défense, mais à la confier à un avocat. Midhat répondit qu'il se défendrait lui-même parce qu'il ne lui avait pas été permis de conférer librement avec l'avocat nommé d'office.

Il justifia sa fuite au consulat français à Smyrne, signala de nombreuses erreurs dans la procédure, exprima son étonnement contre une accusation aussi grave avec des preuves si insuffisantes, reprocha au Procureur général d'avoir admis des témoignages de certains eunuques, qui devaient, eux aussi, s'asseoir parmi les prévenus pour n'avoir point dénoncé le crime qu'ils prétendaient avoir vu commettre ; il tourna en dérision le témoignage de Marco Pacha, à ce moment-là médecin en chef du Palais, qui prétend avoir vu, de la côte asiatique du Bosphore, ce qui se passait dans le Palais situé sur la côte européenne, et qui vient dire maintenant qu'il a constaté une prétendue blessure sur le corps d'Abdul *Azir* dans la région du cœur, alors qu'au moment de la mort de ce souverain, il n'a rien vu de pareil. Il demanda ensuite parce qu'il n'avait pas assisté à l'interrogoire précédent, — que la cour examinât les prisonniers et les témoins en sa présence, et que les médecins des ambassades qui examinèrent le corps fussent cités — offrant de payer-lui-même les frais nécessaires — afin de comparer leur témoignage à celui de Marco-Pacha.

Sur la demande du procureur général la cour se retira pour examiner la requête de Midhat, et décida d'y faire droit à condition que les prisonniers ne seraient pas interrogés séparément. A cette réponse, Midhat opposa le texte du code de procédure criminelle et demanda son application intégrale déclarant qu'il avait le droit de questionner ceux qui avaient déposé, pour prouver leur parjure. Le président répondit que l'article en question se rapportait à des témoins, et non à des accusés ; il déclara que si des personnes avaient commis un parjure ce serait à la cour à les punir plus tard. Midhat soutint que les prisonniers qui l'accusaient devaient être considérés comme des témoins à charge, et envisageant, par suite, la décision du tribunal comme un déni de justice, il refusa de se défendre davantage ; il ajouta d'un ton amer qu'il retirerait peu de profit pratique de la punition d'un faux témoin lorsqu'il serait lui-même dans la tombe. La cour se retira de nouveau pour délibérer et rentrant après quelques minutes, le président *déclara* que la requête de Midhat Pacha ne pouvait être admise.

Le prisonnier ayant refusé, par trois fois, de poursuivre sa défense, le président mit fin aux débats, et la cour, au bout d'une heure, rendit son verdict de culpabilité contre tous les accusés.

Elle se réunira de nouveau ce matin à onze heures pour donner en détail son jugement sur ce procès sensationnel, dirigé, de la façon que j'ai exposée, et tout sera terminé.

Constantinople. 29 juin. Reuter Times. — La cour a rendu un arrêt de mort contre Midhat Pacha, Mahmoud Damad Pacha, Nouri Pacha, Ali Bey, Nedjib Bey, Fahri Bey, Hadji Mehmed, Mustapha l'Athlète et le jardinier Mustapha.

Izzet et Sayd sont condamnés, chacun à dix ans de travaux forcés. On a accordé huit jours aux prisonniers pour se pourvoir en appel ; l'acte d'accusation et les pièces se rattachant au jugement seront expédiés à la Cour qui aura à se prononcer sur le recours des condamnés.

Times 4 juillet 1881. — Constantinople le 1er juillet. — En vous télégraphiant au sujet du récent procès d'État, j'ai dû me soumettre jusqu'ici à de sérieuses restrictions qu'il ne m'était pas permis de mentionner dans mes télégrammes. Toutes les dépêches télégraphiques sur ce sujet devaient être soumises aux autorités qui naturellement empêchèrent la transmission de ce qui pouvait déplaire au Palais. Dans ces conditions, il m'a été impossible de critiquer la procédure ou même de donner un récit complet de ce qui s'est passé. Par bonheur, j'ai maintenant, une occasion de communiquer librement avec vous. Je m'empresse de déclarer que ce procès n'a été qu'une parodie de la procédure judiciaire européenne, qui, non seulement a soulevé la juste indignation des étrangers, mais aussi celle de nombreux Turcs. Dans un procès où l'élément politique était si prédominant, la première règle à observer était la neutralité complète du Palais ; or cette condition a été très grossièrement violée. C'est au palais qu'a été faite la première instruction, sous la direction immédiate et personnelle du Sultan, qui y était intéressé au plus haut degré. C'est au Palais que les prévenus ont été enfermés, les juges choisis, l'avocat de la défense, lui-même, y a été désigné, sans que l'avis des détenus ait été pris. C'est encore au Palais que ces derniers ont été interrogés et que des moyens aussi variés qu'injustifiables ont été mis en œuvre pour leur extorquer des aveux ; par exemple, le Grand Eunuque, un des trois plus grand dignitaires de l'Empire, porta des coups de poing au chambellan Fahri Bey et le maltraita indignement pendant l'interrogatoire qu'on lui faisait subir en présence de Sa Majesté. C'est sous l'influence immédiate du Sultan, que les peines à appliquer furent discutées et décidées ; et chacun sait que Sourouri effendi, le président du tribunal, n'ouvrit les débats qu'après avoir été reçu en audience privée par le Sultan, et qu'un dignitaire du Palais exhortait l'avocat de la défense, sur un ton cajoleur et dolent, à ne pas ajouter dans l'accomplissement de son devoir, aux embarras déjà nombreux du Sultan, d'autres encore ! Enfin c'est dans le voisinage immédiat du Palais que le procès a été jugé, des soldats de la garnison impériale entourant le local où siégeait la cour, et des aides de camp et autres fonctionnaires de Yildîz se pressant en foule aux audiences, pendant que des eunuques et d'autres messagers de confiance allaient et venaient constamment entre la résidence impériale et le tribunal. Il est vrai qu'une certaine publicité fut autorisée ; quelques cartes furent distribuées parmi le corps diplomatique et les principaux représentants de la presse ; mais avec quelle difficulté et combien de restrictions. La date du procès avait été gardée strictement secrète jusqu'aux quelques heures qui précédèrent l'ouverture des débats ; les correspondants des journaux, presque tous, connaissant mal ou pas du tout la langue et la procédure judiciaires turques, ne furent pas autorisés à s'adjoindre des interprètes, bien que les trois quarts de l'espace réservé au public fussent restés constamment inoccupés. J'ai fait à ce sujet des représentations personnelles à quelques fonctionnaires influents, mais ils me déclarèrent catégoriquement qu'on ne pouvait pas délivrer plus de cartes d'entrée. Je dois dire que le petit nombre de ceux qui furent admis furent l'objet de la plus grande courtoisie de la part des aides de camp impériaux et des maîtres de cérémonie dont les pouvoirs étaient d'ailleurs très limités. Quant à la censure imposée aux télégrammes, j'en ai déjà parlé plus haut.

Il est à peine nécessaire de dire que, sous l'influence absolue du Palais, il ne pouvait être question d'indépendance ou d'impartialité chez les magistrats pas plus que de zèle chez l'avocat de la défense. Mais il y a plus : l'ardent désir de presque tous ces gens de mériter la faveur impériale par la condamnation des prisonniers en général et de Midhat en particulier donna lieu à des violations flagrantes des garanties fournies par le code criminel. Sourouri effendi qui avait, dans l'enquête secrète préliminaire, dirigé l'accusation, et qui a néanmoins paru au procès comme président du tribunal, était connu de tout le monde comme un des ennemis personnels les plus acharnés de Midhat. Il prétend bien, pour se disculper, que dans l'enquête préliminaire, il n'a jamais signé les procès-verbaux, et qu'il a cédé à l'un de ses collègues la présidence et la direction des débats ; mais ces raisons aggravent plutôt qu'elles n'atténuent sa culpabilité morale. Il s'est abstenu de signer les procès-verbaux uniquement pour éviter de rendre possible un appel en cassation. La distinction qu'il fit entre Midhat et les autres prisonniers amena une autre violation de procédure faite exprès pour empêcher Midhat d'assister à une partie du procès. D'ailleurs la distinction fut plus spécieuse que réelle, car il savait qu'en obtenant la condamnation des autres prisonniers, il assurait implicitement celle de Midhat ; et bien qu'il ne fût pas à son banc lors de la comparution de Midhat, il alla rejoindre ses collègues dans la chambre des délibérations où il fut décidé de rejeter la requête de l'ex-grand Vizir qui demandait à être interrogé contradictoirement avec les témoins. Non content d'avoir un représentant dévoué tel que Sourouri sur le siège du président, le Palais contrôla encore la procédure par Raghib Bey, un des secrétaires privés du Sultan, et l'obséquieux ministre de la Justice, Djevdet Pacha, un des ennemis personnels de Midhat. Ces deux personnages étaient assis sur un banc derrière les juges et secrètement donnaient des instructions dans les moments difficiles d'hésitation. Sans crainte d'être démenti je peux affirmer le fait, car, à l'une des séances j'étais moi-même sur le banc et j'observais attentivement ce qui était invisible pour l'auditoire. Naturellement la conduite du procureur général a été d'accord avec celle du juge principal. J'ai su par des témoins oculaires, qu'il est entré dans la salle des délibérations lorsque les juges s'y retirèrent pour prononcer le verdict ; mais comme je ne l'ai pas vu de mes yeux je m'abstiens d'affirmer le fait. Cependant, bien des actes qui se sont passés en public méritent un commentaire. L'attitude de Midhat pendant l'enquête préliminaire laissait croire qu'il cherchait à obtenir la clémence impériale en ne soulevant pas d'objection et en ne faisant aucune tentative sérieuse pour se défendre au procès ; et comme aucun des autres prisonniers n'était suffisamment instruit en droit pour retarder la marche du procès, on s'attendait à ce que les débats prissent rapidement fin, en une seule séance ; cet espoir fut déçu dès le premier jour du procès par l'attitude énergique de Midhat, et c'est alors qu'on reconnut la nécessité de trouver le moyen de l'écraser définitivement. Un instrument vint se trouver à point en la personne d'un certain Rifat effendi qui déclara avoir entendu Midhat dire un jour à Damas qu'il avait fallu se débarrasser du Sultan Aziz, car il aurait pu remonter sur le trône et faire étrangler les ministres qui l'avaient déposé. Comme Rifat n'était pas sur la liste des témoins, il ne pouvait pas être appelé, sans une notification légale, à la Cour ; mais le procureur général ferma les yeux sur cette irrégularité et le cita le lendemain. Quand Midhat entendit cette nouvelle déposition il n'eut pas de peine à dire ce qu'il pensait du caractère de Rifat et du mobile qui le guidait.

Quelques mots maintenant pour montrer comment les prisonniers ont été traités. Selon le Code de procédure criminelle, l'accusé a le droit de choisir son avocat et de communiquer librement avec lui. Dans le cas actuel, l'avocat a été choisi par quelque personnage anonyme du Palais sans consulter l'accusé et sans lui permettre de communiquer librement avec son défenseur d'office. Midhat affirme qu'il n'a vu son avocat que deux fois. La première fois ils eurent à peine le temps de lire environ un huitième de l'acte d'accusation ; et la seconde ils furent favorisés de la présence de Raghib Bey [1], un des secrétaires privés du Sultan qui écoutait tout ce qui se disait. Bien mieux : avec une habileté consommée, les avocats eurent à défendre chacun des accusés par des arguments intentionnellement contradictoires. Par exemple, Refik effendi reçut l'ordre de défendre le boiteux Mustapha, qui se reconnaissait coupable, et accusait Fahri Bey d'avoir participé d'une manière active à l'assassinat, et ce même Réfik présentait, d'autre part, la défense de Fahri, qui

1. Ragbeib Bey, aujourd'hui Raghib Pacha, chambellan comblé de richesses et d'*honneurs* par le Sultan, pour ses actes odieux contre les libéraux et même contre la famille impériale.

La lettre suivante d'un grand industriel anglais explique admirablement le rôle de ce personnage dans le procès de Midhat Pacha :

Londres, 10/3-1902. 167 Cronwell road.

A Ali Haydar Midhat Bey.

Cher Monsieur,

J'ai lu avec beaucoup d'intérêt votre lettre au *Times*.

J'étais à Constantinople lorsque votre père Midhat Pacha passait en jugement à Yildiz ; je poursuivais par l'intermédiaire de Raghib Bey l'introduction en Turquie des produits de ma fabrique...

J'ai eu l'occasion de causer à plusieurs reprises du procès avec Raghib Bey qui m'a dit que chaque matin avant l'ouverture de la séance il devait aller prendre du Sultan ses instructions pour les juges afin que ceux-ci établissent par degrés la culpabilité de votre estimé père et jetassent de la poudre aux yeux de l'Europe.

Raghib Bey lui-même admettait que le procès, dans son ensemble, était la plus grande farce, la plus grande tromperie qu'on puisse imaginer.

Que le Sultan ait été le meurtrier de votre père, il n'y a sûrement pas le moindre doute, et je peux me demander avec étonnement comment l'Europe peut permettre qu'un pareil homme occupe un trône qui pourrait être celui de l'un des premiers empires du monde.

Votre bien dévoué.

G. R.

(Traduit de l'anglais).

soutenait qu'Abdul Aziz s'était suicidé. De même Shukri effendi avait à défendre d'un côté Midhat et de l'autre Damad Nouri Pacha qui essayait de se disculper aux dépens de Midhat.

L'idée de paralyser de cette manière ingénieuse la défense, était tout à fait orientale, et rendait superflues les exhortations demi-pathétiques, demi-menaçantes, adressées aux avocats du palais pour les prier de s'abstenir d'ajouter aux nombreux embarras du Sultan et de se fier à la clémence de Sa Majesté. Le fait que, des hommes honorables ne manifestèrent aucune honte d'avoir accepté le rôle de défenseur dans de telles conditions, n'est ni moins oriental, ni moins caractéristique. Il est à peine nécessaire de dire qu'ils s'abstinrent avec soin d'interroger contradictoirement les témoins et de discuter les dépositions. Lorsque le président et le procureur général avancèrent des allégations sans preuves, ils ne firent aucune objection.

Quant à la manière dont Midhat a été traité, il est difficile d'en parler sans indignation. Pas la moindre preuve n'a été produite contre lui, on lui a même refusé les moyens de se défendre contre les assertions non prouvées de ses accusateurs, bien qu'il eût démontré, le code en main, que ses réclamations étaient fondées. S'il est condamné, son exécution sera un meurtre judiciaire perpétré pour des motifs de vengeance politique et d'inimitié personnelle.

Pour ce qui est des autres accusés, je ne puis rien affirmer sur leur culpabilité, qui n'a pas été prouvée légalement.

L'enquête judiciaire a été, comme je vous l'ai dit, instituée pour effrayer des conspirateurs possibles et prévenir une révolution future ; mais on peut douter qu'à la longue elle produise l'effet qu'on en attendait ; car j'ai remarqué que, même parmi les sujets ottomans entourés d'espions du Palais, l'indignation était parfois plus forte que la crainte.

Times, 7 juillet 1881. — Constantinople, 5 juillet. — L'appel des prisonniers condamnés pour l'assassinat d'Abdul-Aziz sera examiné sous peu par la Cour de cassation. Il est presque certain que, malgré de flagrantes irrégularités et illégalités de procédure, le jugement sera confirmé. Mercredi, immédiatement après la fin du procès, les juges de cette cour suprême ont été appelés au Palais et ont reçu leurs instructions, qui seront naturellement suivies, sans égard pour aucune considération de justice et d'équité. Il faut donc mettre hors de compte l'espoir que le jugement sera annulé et un nouveau procès ordonné. La seule question pratique qui demeure est de savoir si l'intention du Sultan est que la sentence soit exécutée ou non. Pendant quelques jours, l'opinion générale au Palais était que tous les neuf condamnés à mort seraient exécutés ; mais j'ai maintenant de bonnes raisons de croire, comme je vous en ai informé dimanche, que ceux qui ne prirent réellement pas part à l'assassinat verront leur peine commuée en celle de détention perpétuelle à Taïf, près de la Mecque. On doit attribuer cette clémence inattendue, au moins en partie, à l'excitation et à l'indignation que la conduite du procès a produites à Stamboul et à Péra. Le Sultan a appris, que les drogmans des ambassades avaient tous condamné la procédure comme irrégulière, que les ambassadeurs ont télégraphié dans ce sens à leurs gouvernements respectifs, que les correspondants de journaux ont décrit et critiqué sans ménagements la manière dont les débats ont été conduits, et que même à Stamboul, parmi les bons musulmans, le jugement a produit une impression très différente de celle qu'on en attendait. Dans ces conditions, Sa Majesté, comprenant qu'il serait dangereux d'exécuter la sentence, s'est décidée à une commutation des peines. En même temps, dans le but de détruire, dans les esprits, la conviction que l'histoire de l'assassinat a été une invention, il a fait propager par la presse locale et par toutes sortes de moyens, le bruit que tous les accusés avaient fait des aveux partiels. Par exemple, le *Vakyt* a publié hier le récit des récriminations qui se seraient échangées entre Mahmoud et Nouri, et aujourd'hui celles de Midhat et de Mehmed Ruchdi. Il faut n'accepter qu'avec une grande réserve toute ces histoires racontées certainement et peut-être même inventées avec l'intention de nuire aux prisonniers dans l'opinion publique. Malgré toute cette pression exercée pour suppléer à l'évidence légale, beaucoup de personnes, et, parmi elles, la mère d'Abdul Aziz, et quelques-uns des docteurs qui examinèrent le corps de ce dernier, gardent la conviction qu'il n'y eut pas assassinat mais suicide. Même sans adhérer à cette opinion je puis hardiment affirmer que le procès n'a nullement éclairci le mystère. *Les annonces semi-officielles disant que la validé Sultane a remercié le Sultan d'avoir livré les assassins à la Justice sont inexactes, car la mère d'Abdul Aziz a, durant toute l'enquête, soutenu obstinément que son fils s'est suicidé, et qu'elle était en partie coupable de lui avoir donné les fameux ciseaux.*

Je suis maintenant en mesure de vous expliquer pourquoi les juges ont eu une si grande envie de voir Midhat condamné, et employé à cet effet, des moyens aussi illégaux. On se rappelle peut-être que, quelques mois auparavant, le Sultan a été très alarmé par une propagande révolutionnaire dont on crut l'ex-Khédive le principal instigateur. Un magistrat, qui prit une part active au procès, reçut l'ordre de faire une enquête et en vint à conclure que Midhat avait participé à la propagande. La conclusion était probablement inexacte, mais elle impressionna vivement le Sultan, et, dès ce moment, le sort de Midhat fut décidé. Comme on ne produisit aucune preuve de sa complicité dans l'agitation séditieuse, il fallut recourir à d'autres moyens pour se défaire de lui, et on prit alors le prétexte de la mort d'Abdul-Aziz.

Times, 11 juillet 1881. — Constantinople, 10 juillet. —
Durant ces derniers jours des représentations ont été faites
au Sultan à deux reprises par l'ambassadeur britannique,
concernant le procès d'État. On croit au Palais que lord
Dufferin a agi la première fois spontanément, et la seconde
d'après les ordres formels de lord Granville. On dit que
cette dernière communication était conçue en termes vifs,
priant instamment Sa Majesté de s'abstenir, dans son intérêt, d'exécuter la sentence du tribunal. Le Sultan a reçu
également un télégramme de l'ambassade ottomane à
Londres, dans lequel Musurus Pacha décrit l'impression
défavorable que le jugement a produit en Angleterre, et
implore Sa Majesté d'empêcher au moins que la peine
capitale soit infligée [1].

Times, 18 juillet 1881. — Constantinople, 26 juillet. —
Depuis que le jugement a été prononcé, une hésitation et
un embarras considérables ont accablé le Sultan, et qui ont fait
naître d'innombrables rumeurs aussi exagérées que contradictoires ; j'ai jugé peu convenable de rapporter ces
rumeurs à l'époque où elles se sont produites, parce qu'elles
étaient, dans certains cas, manifestement dénuées de
fondement, et dans d'autres très invraisemblables. Ces
derniers jours, cependant, le Sultan a songé à dégager sa
responsabilité dans l'affaire ; il a réuni un grand conseil
composé des plus hauts dignitaires de l'État, en fonction
ou hors de fonctions. Ce conseil comptait vingt-sept
membres, dont cinq ex-grands Vizirs, quatorze ministres
actuels ou anciens, et huit Ulémas. Nous avons appris que
dans cette assemblée solennelle, qui siégea pendant trois
jours au Palais, les opinions ont été très partagées et que
finalement une importante minorité a voté courageuse-

---

1. Les termes pressants de ce télégramme ont valu à Musurus
Pacha une disgrâce qui dura jusqu'à sa mort : le Sultan lui en a
voulu au point de défendre que la photographie de l'éminent diplomate fût exposée aux vitrines des marchands.

ment contre l'exécution de la peine capitale, surtout pour les accusés qui n'avaient pas fait d'aveux, et contre lesquels il n'existe aucune preuve de culpabilité. On dit que cette minorité comprenait les membres les plus éminents, savoir quatre ex-grands Vizirs, le premier ministre actuel, trois ministres du cabinet, un des plus grands et des plus influents Ulémas, et un ex-ministre. La majorité, dit-on, a voté, dans le sens d'une confirmation du jugement, et pour la clémence impériale. Elle comprenait dix ministres en fonction, dont la plupart étaient les principaux adversaires de Midhat et sept Ulémas. Le Sultan a préféré adopter l'opinion de la minorité et décidé que les condamnés seraient exilés à perpétuité. On ne sait pas encore le motif de cette résolution de Sa Majesté ; car on supposait que le conseil avait été réuni dans le but de lui faire partager la responsabilité dans l'exécution de la sentence que, sans la sanction des grands fonctionnaires de l'État, Sa Majesté hésitait à signer. On sait la répugnance du Sultan à ordonner une exécution : depuis son avènement il n'en a pas signé une seule [1]. En assurant le transport des criminels dans une localité lointaine où ils ne pourraient nuire, il annulait, en même temps, la publication du fatal décret si contraire à ses sentiments.

Ce résultat est dû en grande partie à l'action de notre gouvernement. Les débuts de la mission de lord Dufferin ont donc été très brillants ; il a déjà obtenu ici la faveur publique des nationaux et des étrangers.

En considération de la popularité et de la valeur personnelle remarquable d'au moins un des pachas accusés, l'impression que sa vie a été sauvée par l'intervention de

---

1. Voici un fait qui confirme cette assertion du correspondant du *Times* et que nous tenons de bonne source : En 1880 ou 81, le Sultan ayant à sanctionner une sentence prononcée contre un parricide fit mieux que de lui laisser la vie sauve; il le prit à son service particulier : il y est peut-être encore.

l'ambassadeur britannique tend à faire disparaître beaucoup
des préjugés défavorables à l'Angleterre ; et il est significatif que l'un des organes turcs semi-officiel publie aujour-
d'hui un article préconisant une alliance anglo-turque. Il
y a quelques mois ce même journal semi-officiel proclamait
hautement que l'amitié de l'Angleterre était plus nuisible
à la Turquie que l'inimitié de n'importe quelle autre puissance.

Times, 1er août 1881. — *Constantinople, 30 juillet.* —
Le Sultan est vivement contrarié de l'effet produit par la
conclusion du procès d'État. Il espérait que la procédure
aurait reçu l'approbation de l'opinion publique, tant en
Turquie que dans l'Europe occidentale, et c'est tout le contraire qui arrive. La cour d'appel, ainsi que je l'avais prévu,
a confirmé la sentence, mais les ulémas qui sont les gar-
diens et les interprètes de la loi sacrée ont répondu évasi-
vement aux questions qui leur furent posées. Il y a eu
divergence d'opinion et désaccord entre les membres du
grand conseil composé de ministres et de personnages
influents, qui votèrent la peine capitale et ceux qui deman-
dèrent la remise de la peine. A l'assemblée des ulémas,
comme au Grand conseil, les débats, très curieux, ont fait
la preuve que, même sous le régime actuel de terreur, il
existe quelques hommes qui ont le courage de soutenir des
opinions qu'ils savent être mal vues dans les sphères
influentes. Par exemple, l'obséquieux Cheik-ul-Islam, qui
dissimula sous des artifices des poursuites illégales, se
heurta à la résistance arrêtée du Fetva Emini [1], dont la
fonction est de donner une réponse écrite à toutes les questions légales qui peuvent lui être adressées. Ce vieillard
dit d'un ton calme et ferme : « Durant ma longue existence,
je n'ai jamais émis volontairement une décision injuste,
et maintenent que j'ai un pied dans la tombe, je ne com-

---

1. Noury Effendi.

mencerai certainement pas à m'écarter sciemment du chemin de la justice. Les accusés ont été jugés et condamnés par un tribunal civil, selon des lois et une procédure dont nous n'avons aucune connaissance professionnelle ; si nous devons donner un avis, il faut que la cause soit jugée de nouveau depuis le commencement, d'après la procédure prescrite par la loi sacrée. A la question telle qu'elle se pose actuellement, la loi sacrée ne fournit pas de réponse, et par conséquent aucun Fetva ne peut être délivré ».

D'autres manifestèrent le même courage, notamment quelques-uns des fonctionnaires civils tels que Haïreddin Pacha, qui, avec sa franchise et son intrépidité habituelle, condamna sans réserves la procédure du tribunal criminel. Les ex-grands Vizirs Safvet et Kadri, parlèrent dans le même sens avec plus de précautions. Le Gazi Osman, Mahmoud Nédim et Djevdet, ministre de la justice, votèrent pour l'exécution de la sentence. Soubhi Pacha proposa une solution intermédiaire. Il admit que des irrégularités pouvaient avoir été commises par le tribunal, mais en même temps il soutint que le conseil n'avait pas le pouvoir de casser la sentence. Cet argument fut poliment réfuté par Haïreddin qui rappela à ses collègues qu'ils étaient appelés non à reviser une sentence, mais simplement à donner leur avis sur l'exercice de la clémence impériale. Le Sultan, comme vous l'avez appris, a commué la peine de ses deux beaux-frères, comme ayant obéi à des ordres supérieurs. Cette manière de procéder répondait mieux aux fins que visait le procès, car l'ex-Sultan Murad, à qui on prêtait encore des partisans était ainsi compromis et considéré comme le vrai coupable.

CHAPITRE XIII

DÉBAT DU PARLEMENT ANGLAIS SUR LE PROCÈS DE MIDHAT PACHA.

1ᵉʳ juillet 1881. — *M. M'Coan* demande au sous-secrétaire d'État des affaires étrangères s'il a reçu un autre rapport que celui qui a été délivré par le docteur Dickson, médecin de l'Ambassade de Sa Majesté à Constantinople, et membre de la commission médicale qui examina le corps de feu le Sultan Abdul-Aziz immédiatement après sa mort, et s'il voudrait bien déposer ce rapport sur le bureau de l'assemblée. Il demande en outre si, dans l'intérêt de la justice et de l'humanité, et en conséquence du rapport fait à cette époque par certaine commission médicale, le gouvernement de Sa Majesté a l'intention d'offrir à la Porte ou directement au Sultan ses bons offices pour sauver Midhat Pacha et quelques autres personnes, ou même tous les condamnés. Il désire, avant de recevoir une réponse, exprimer ses doutes absolus sur la probité et la capacité des membres de la cour turque qui a dirigé le procès, et prend sur lui la responsabilité de les déclarer indignes du respect de l'Europe et de ce Parlement.

Sir Charles W. Dilke. — Le résumé d'un rapport du Dʳ Dickson (*Blue book*, nº 3, 1876), a été soumis au Parlement; aucun autre rapport n'a été reçu. Lord Granville est en communication avec Lord Dufferin au sujet du récent procès d'État ; à l'heure actuelle, il serait prématuré de faire une déclaration quelconque à ce sujet.

4 juillet 1881. — *Le comte De la Warr* demande au secrétaire d'État des affaires Étrangères s'il pourrait fournir quelques renseignements sur le procès de Midhat Pacha, qui se plaide actuellement à Constantinople. Il sait parfaitement qu'une intervention, de la part du gouvernement de Sa Majesté, serait difficile, mais le pays en général et leurs seigneuries auraient grand intérêt à savoir si tout ce qui était possible a été fait pour assurer un jugement équitable, car la vie d'un grand et distingué homme d'État pourrait dépendre de l'issue du procès.

Le comte de Granville. — Mylords, j'ai été en communication avec Lord Dufferin à propos de ce procès qui excite un vif intérêt en Europe. N'ayant reçu aucun rapport authentique, il ne serait évidemment pas opportun d'exprimer une opinion officielle quelconque. Pour le moment, je ne suis pas à même de donner à vos Seigneuries d'autres renseignements sur cette question.

7 juillet 1881. — *M. Stavely Hill* demande au sous-secrétaire des affaires étrangères s'il y a des nouvelles de Constantinople sur le sort de Midhat Pacha.

Sir Charles W. Dilke. — Je ne puis vous donner aucun renseignement à ce sujet ; les télégrammes qui ont été échangés jusqu'à présent ne disent pas quelles sont les vues de Lord Dufferin ; mais actuellement des représentations sont faites.

11 juillet 1881. — *Le Vicomte Folkestone* demande au Sous-Secrétaire d'État des affaires étrangères si l'ambassadeur de Sa Majesté à Constantinople a reçu des instructions pour appeler l'attention des conseillers du Sultan sur les graves irrégularités commises au procès de Midhat Pacha, et pour dire à Sa Majesté que l'exécution de cet homme d'État distingué, à la suite d'un pareil procès, pouvait être considérée comme un meurtre judiciaire accompli par des rivaux politiques.

M. M'Coan demande au Sous-Secrétaire d'État des affaires étrangères, si Christoforidès effendi, qui présidait le récent procès de Midhat Pachat est le même qui, en mai 1871, était employé au Ministère de la police turque.

Sir Charles W. Dilke. — Pour ce qui est de la première question, je dois déclarer qu'il s'agit d'une affaire délicate. J'ai déjà dit que des communications avaient lieu. Dans l'intérêt même du but que l'honorable orateur se propose, il ne me semble pas prudent, quant à présent, de faire un compte rendu public. Je peux répondre affirmativement à la seconde question.

21 juillet 1881. — *M. M'Coan* demande s'il est vrai, ainsi que le rapportent tous les journaux de ce jour, que Midhat Pacha allait être envoyé en exil dans un endroit situé près de la Mecque.

Sir Charles Dilke dit que aucun télégramme, jusqu'à quatre heures de cet après-midi, n'était parvenu à ce sujet au ministre des affaires étrangères.

22 juillet 1881. — *M. M'Coan* demande au Sous-Secrétaire des affaires étrangères s'il avait reçu des nouvelles au sujet de l'exécution de la sentence prononcée contre Midhat Pacha.

Sir Charles Dilke dit que dans les dernières quarante-huit heures il n'avait pas reçu de Lord Dufferin d'autre information.

M. M'Coan dit qu'à la suite d'un télégramme particulièrement significatif, publié ce matin, et qui paraissait prévoir une décision presque immédiate, à l'égard de la sentence prononcée au récent procès d'État à Constantinople, il lui faudrait plaider l'urgence et la gravité du cas, et s'il dérobait quelques instants au Parlement, c'était parce qu'il croyait indispensable de terminer sa question par une motion. Voici l'affaire en peu de mots : Une des figures les plus remarquables parmi les hommes politiques européens, un homme d'État dont les brillants antécédents lui ont

valu une réputation exceptionnelle, au moins pour un
homme d'Etat oriental, a été jugé de la façon que le Parlement connaît ; et à l'heure actuelle la vie de cet homme
est en danger. Il ne prétend pas que le gouvernement de
Sa Majesté aurait dû exercer sur la Porte plus de pression
qu'elle n'a fait. Il savait combien ce sujet était délicat et
difficile et aussi l'impossibilité pour un gouvernement quelconque d'exercer une pression sur le Sultan, autrement que
par une intercession amicale qui n'avait d'ailleurs eu jusqu'ici aucun effet. Il désirait aujourd'hui obtenir du Parlement, qu'il émette une opinion sur le récent jugement; à
savoir quelles étaient les intentions du gouvernement turc
quant à l'exécution de ce jugement; il a des raisons de
croire qu'une expression de ce genre de l'opinion anglaise
produirait les meilleurs effets à Constantinople. Midhat
Pacha, après avoir rempli une carrière publique distinguée,
fut nommé gouverneur de la Bulgarie qu'il trouva ravagée
par le brigandage et dans un état tel que les impôts ne
pouvaient être perçus. Il supprima en peu de mois le brigandage, fit percevoir les impôts, et, sous son gouvernement, la Bulgarie devint l'une des provinces les plus pros-
pères de l'empire turc. L'ambassadeur russe fut un de ses
adversaires les plus acharnés. Midhat fit tout pour faire
revivre en Turquie la confiance européenne, et comme cela
ne convenait pas aux vues de la Russie, le général Ignatiff
devint son ennemi le plus terrible, et noua contre lui des
intrigues.

M. Newdegate rappelle l'orateur à l'ordre, et ajoute
que l'honorable et éclairé membre demande au Parlement
d'exprimer une opinion sur une motion d'ajournement,
qui mettrait le Parlement dans une fausse posture, parce que
ses règlements l'empêchent d'exprimer une motion sur
un tel sujet.

Le Speaker dit que le Parlement savait bien que la
seule question sur laquelle il pouvait se prononcer, était
de savoir si la Chambre devait ou non ajourner la motion.

M. M'Coan dit que ses observations seraient brèves... Subséquemment, Midhat Pacha devint gouverneur de Bagdad. Les uns disent qu'il est pauvre, et sans doute un honnête homme ; d'autres, qu'il est riche, et, par conséquent, corrompu. Il regrettait d'avoir à dire qu'une très haute autorité — le premier ministre — avait exprimé dans un article cette dernière opinion. Il est cependant notoire que bien que les revenus des provinces, qu'il gouvernait, aient passé par les mains de Midhat Pacha, il revenait toujours pauvre, parfois dépourvu des fonds suffisants pour payer ses propres frais de voyage et ceux de sa suite, et parfois avec 500 Lt pour toute fortune. Plus tard, il devint Grand Vizir, et sa fameuse Constitution obtient partout l'éloge et l'admiration des politiciens libéraux ; si cet admirable projet n'est pas devenu une loi organique de la Turquie ce n'est pas sa faute. Il échoua dans ses efforts pour réformer l'administration et pour transformer la tyrannie corrompue en bon gouvernement. Par suite, tour à tour en Syrie et à Smyrne, il exécuta les mêmes réformes administratives. Il prit sans doute une part à la déposition du sultan Aziz, mais on est persuadé qu'il n'a pas participé à sa mort, si cette mort fut autre qu'un suicide. Le Sous-Secrétaire d'État aux affaires étrangères avait admis que le rapport de la commission médicale concluait à un suicide. Le Dr Dickson, médecin de l'Ambassade anglaise à Constantinople, adhérait à cette opinion, et lui avait affirmé qu'après un examen attentif du corps on avait nettement conclu à un suicide. Qu'arrive-t-il de ce soi-disant procès ? Pourquoi les deux docteurs Marco Pacha et Castro qui s'étaient, comme commissaires, prononcés pour le suicide, parlent-ils maintenant de meurtre ? Une telle déposition était digne du tribunal qui l'avait reçue. Dans une réponse à une question posée par lui, le Sous-Secrétaire d'État aux affaires étrangères a dit que le président du tribunal avait été autrefois employé à la police municipale de Constantinople, et qu'il était personnellement sûr de la corruption de ce personnage lorsqu'il arriva à la situation qu'il occupe actuellement. Il avait aussi la preuve non moins certaine que cette même personne avait continué d'être un des fonctionnaires judiciaires les plus corrompus au service de la Porte ; et que les autres membres de la Cour qui jugea les prisonniers d'État n'étaient pas, le moins du monde, d'un caractère plus honorable. Par conséquent, aucune société européenne, ne pendrait un chien après le verdict rendu par un pareil tribunal. Il savait que le gouvernement de Sa Majesté ne pouvait pas intervenir directement, et qu'un appel non officiel ou indirect de la part de l'ambassadeur de Sa Majesté ne pouvait avoir aucun effet ; mais il était fier de penser qu'aucune autre opinion en Europe ne pourrait produire, sur la Porte ou sur le Palais, un effet plus salutaire que celle de la Chambre des communes, dont le sentiment réfléchissait celle du pays tout entier, et influençait l'action du gouvernement. Il a pris la liberté de présenter une motion d'ajournement de la Chambre, dans l'espoir que celle-ci exprimerait son avis en faveur d'un homme d'État innocent, distingué, et faussement condamné.

Un autre appuie la motion.

Sir H. Drummond Wolff dit qu'il n'imitera pas le dernier orateur en critiquant le procès qui vient d'avoir lieu à Constantinople, et qui, croit-il, ne saurait être jugé favorablement dans ce pays. Il ne veut pas faire un appel au juste et honorable gentilhomme chef du gouvernement pour qu'il intervienne dans cette affaire, mais il veut lui rappeler que, en plus d'une occasion, l'intervention du gouvernement britannique avait sauvé la vie d'hommes qui avaient été condamnés à mort en Turquie. Il espère que le premier ministre trouvera le moyen de faire des démarches pour amener le gouvernement de Sa Majesté à peser sur la Porte, de toute son influence, en vue de faire commuer, à tout prix, la sentence prononcée contre Midhat Pacha, cet homme d'esprit très libéral, qui a toujours rempli ses fonctions avec une impartialité remarquable et beaucoup d'intelligence, eu égard aux difficultés contre lesquelles il avait eu à lutter. Il ose espérer que le premier ministre accomplira un acte d'humanité en employant sa grande influence en faveur de cet homme d'État infortuné.

M. Ashmed Bartlett dit qu'il est remarquable de voir l'intérêt intense que prend aux pachas turcs l'honorable gentilhomme qui n'a jamais perdu jusqu'ici une occasion de les dénoncer. Le procès n'a nullement été aussi injuste qu'on l'a représenté, et les preuves invoquées contre la plupart des accusés sont très fortes. Tout le monde sympathise avec Midhat Pacha, qui est un grand homme d'État et un patriote ; et ce serait une chose bien triste si sa mort devait être une conséquence de ce procès. Il doute toutefois que ce danger soit réel. Le Sultan actuel est un homme très humain, au cœur bon, et ni Midhat Pacha, ni les deux autres ministres condamnés avec lui ne courent le risque d'être exécutés. Il pense que la question peut être laissée en toute sûreté à l'appréciation du gouvernement de Sa Majesté sans qu'il soit nécessaire à la Chambre d'exprimer une opinion quelconque. Il serait malheureux que des représentations fussent faites en faveur des autres ministres condamnés, Mahmoud Damad et Nouri Pachas, dont la corruption est notoire et dont la conduite a été une offense aux intérêts de leur pays et de la civilisation. Il serait préférable que des représentations fussent faites diplomatiquement par le gouvernement sans l'intervention directe de la Chambre ; et bien que l'influence du gouvernement ne soit pas ce qu'elle a été autrefois, il ne doute pas qu'elles produiront un effet favorable.

M. Gladstone. — Je ne sais pas s'il y aurait avantage à prolonger cette discussion. En réponse aux appels faits spécialement par l'honorable membre de Portsmouth (Sir H. Drummond-Wolff), je crois devoir exposer brièvement une chose très simple : les limites d'action qui nous sont imposées sont nécessairement étroites, et nous ne nous sommes pas fait faute d'agir dans ces limites. Je suis fâché d'entendre l'honorable gentleman, qui a présenté cette motion, faire une description si piquante du caractère des personnes qui ont été appelées à diriger l'enquête. Il peut être sûr personnellement de ses affirmations; mais il est matériellement impossible, si nous voulons être justes envers ces personnes, d'entrer ici dans les considérations dont il parle. Si le procès a été mal dirigé, la tentative, dans une assemblée comme celle-ci, d'éclairer l'opinion publique sur ce procès et d'en provoquer la révision, soulèverait bien des objections.

La véritable question est celle-ci : — Avons-nous le droit d'intervenir dans une affaire de ce genre? Évidemment non. J'emploie les mots « droit d'intervention », car il est des précédents, des cas où, par politique ou par humanité, le droit d'intervention a été exercé d'une manière plus ou moins formelle dans certaines affaires privées, pour soutenir des principes généraux de justice dans l'intérêt même de la grande puissance dont les décisions vous paraissent de nature à justifier notre ingérence. Sans doute, bien que nous n'ayons pas le pouvoir de nous prononcer d'une manière définitive sur la procédure suivie à Constantinople, il y a sur ces poursuites là-bas et en général en Europe une opinion publique qui nous autorise à croire que le Sultan aurait grand intérêt à s'inspirer des sentiments de générosité et d'humanité. Nous n'avons donc pas hésité à agir en conséquence, à telles enseignes que, le 4 juillet, des instructions ont été envoyées à Lord Dufferin, le priant d'employer les moyens les plus opportuns, mais, en même temps, les plus confidentiels, les plus directs et les plus efficaces pour faire le genre de représentations que nous désirerions voir faites. Lord Dufferin a, je crois, avec autant de tact et de délicatesse qu'il est possible à un homme de déployer, agi sans hésiter d'après ces instructions ; autant qu'il est en son pouvoir, il a fait des représentations dans le sens général que je viens d'indiquer. Nous ne doutons pas que cette marche pleine de prudence et de modération n'ait l'approbation des hommes éclairés de l'Europe, et qu'elle ne fasse beaucoup pour la préservation des intérêts et de la tranquillité de la Turquie. A ce que je viens de dire, je crois que je ferai bien de ne rien ajouter. Je ne vois aucun avantage à compromettre qui que ce soit ou à essayer de prononcer un jugement sur personne. Nous nous sommes trop étendu sur cette affaire d'ordre général, et je crois que la Chambre sera disposée à croire, d'après le compte rendu que j'en ai donné, que nous nous sommes acquittés simplement de notre devoir.

M. J. Cowen dit qu'il est sûr que la Chambre a écouté avec satisfaction les observations humaines et généreuses du premier ministre. Il espère que son honorable ami, le représentant de Wicklow, après avoir obtenu cette satisfaction, serait content et n'exposera pas sa motion à une *division*. Il sympathise entièrement avec lui dans le dessein qu'il a suivi. Il est désirable que le parlement britannique trouve une occasion d'exprimer son opinion sur les poursuites très exceptionnelles qui ont récemment eu lieu à Constantinople sous le voile d'un procès. Midhat Pacha a servi son pays habilement et honorablement, dans les plus grandes charges que le Sultan lui a conférées. Il s'est révélé comme un ami de l'Angleterre, et un ami du progrès. Lui-même (Mc Cowen) ayant eu l'avantage de le connaître, il peut confirmer les grandes qualités dont l'honorable membre de Wicklow a parlé. Reconnaissant que la situation est délicate, il apprécie les difficultés auxquelles le premier ministre a fait allusion. Une intervention dans l'action des tribunaux turcs, de quelque manière qu'elle se produise, pourrait être considérée comme une atteinte à la liberté d'un État indépendant. Des représentations faites avec trop d'énergie pourraient indisposer le Sultan, et produire juste l'effet contraire à celui qu'on désire. C'est là une éventualité qu'il ne faut pas perdre de vue, et dont le gouvernement, sans doute, avait conscience. Il est impossible à la Chambre de réviser le procès du tribunal de Constantinople ; chacun peut avoir son opinion, mais personne ne connaît, ni ne peut connaître l'affaire dans tous ses détails. Quoi qu'il en soit le gouvernement anglais a, dans d'autres occasions, intercédé auprès de gouvernements étrangers en faveur d'hommes d'État déchus. Il y a dans l'histoire plus d'un exemple d'une pareille intervention amicale, et l'on pouvait invoquer ces précédents pour faire la démarche dont il est question. Il espère que le gouvernement intercédera en faveur de Midhat Pacha avec toute l'énergie qu'il se sent le droit d'employer, comme avec toute la bienveillance possible. Le premier ministre a dit qu'il enverra des instructions à cet effet à Lord Dufferin, et la Chambre et le pays sont convaincus que cette cause gagnera a être défendue par un homme de grand talent, de caractère élevé et d'âme généreuse. Après ces observations, il émet l'avis de laisser la conduite de l'affaire aux soins du gouvernement de Sa Majesté.

M^e *M'Coan* demande la permission de retirer sa motion.

CHAMBRE DES LORDS

29 juillet 1881. Lord Stratheden et Campbel, — se lève pour demander au gouvernement s'il a exercé à Constantinople son influence en vue de suspendre les poursuites contre Midhat Pacha ; il espère qu'en l'absence — qu'il regrette — du noble comte, le secrétaire d'État aux affaires étrangères, un membre du gouvernement sera à même de faire une réponse à sa question. Sans doute, tous les membres du gouvernement savent la réponse à faire, parce que le premier ministre qui décide, en ces circonstances, a dû tenir ses collègues au courant de ses projets. Le sort de Midhat Pacha est une question à laquelle le peuple de ce pays prend un vif intérêt. Il n'y a pas de doute que le procès n'a pas été fait dans les formes légales et que la défense a subi toutes les entraves. Il n'y a pas non plus de doute qu'Abdul-Aziz a lui-même mis fin à sa vie ; à son avis il fallait invoquer en faveur de Midhat ce droit public de l'Europe, dont il avait été tant parlé dans ces dernières années. S'il était vrai de dire que l'exercice de ce droit serait un obstacle aux démarches faites pour arrêter les poursuites, il faudrait reconnaître que ce droit public a été foulé aux pieds par tous les ambassadeurs que la reine a envoyés récemment à Constantinople.

———

L'intervention humanitaire du gouvernement anglais eut pour conséquence de faire commuer la sentence de mort prononcée contre Midhat Pacha en un emprisonnement à perpétuité. Mais il convient d'ajouter que le Sultan aurait passé outre à toute intervention s'il avait cru pouvoir justifier l'exécution de Midhat, même par une apparence de culpabilité de ce dernier.

Abdul-Hamid savait mieux que personne que Midhat était innocent, et qu'Abdul-Aziz s'était suicidé ; s'il avait eu une preuve certaine pour fonder au regard de l'Europe et de la loi son accusation contre Midhat, rien n'eût pu l'empêcher de lui appliquer la peine de mort. Ayant perdu l'espoir de le tuer dans les formes légales, le Sultan ne renonça pas à son projet et suivit pour l'atteindre des sentiers cachés. Les documents qui suivent prouvent de quels moyens il usa pour arriver à ses fins.

CHAPITRE XIV

L'EXIL DE MIDHAT PACHA A TAÏF
ET SON ASSASSINAT
PAR ORDRE DU SULTAN ABDUL HAMID II

Le Sultan désigna Taïf en Arabie comme lieu d'exil pour Midhat Pacha. C'est une ville située au sud de la Mecque, renommée par la richesse de sa végétation et la forteresse qui l'entoure. Midhat, Damad Mahmoud et Nouri Pacha avec les autres détenus y furent envoyés sur un bateau spécial qui les débarqua à Djeddah. Midhat y trouva en arrivant le Cheik-ul-Islam Haïroullah effendi, qui y avait été interné à son retour du pèlerinage à la Mecque.

Après l'exil de Midhat, sa famille fut reléguée à Smyrne, son fils et sa fille qui avaient cherché un refuge au Consulat britannique pendant plus de trois mois, ne revinrent auprès de leur mère que lorsque l'orage fut passé.

Deux ans après ils recevaient de leur père les nouvelles les plus alarmantes dans les lettres apportées par des messagers dévoués et dont nous donnons ici la traduction.

Ma chère femme, mes chers enfants,

Il y a environ un mois, je vous faisais parvenir, par les soins de Saïd Bey, une lettre — celle qui a précédé la présente — et où était indiqué le nombre des lettres numérotées que je vous avais antérieurement expédiée. Une semaine après, je tombais malade d'un abcès à l'omoplate droite. On diagnostica plus tard l'anthrax. J'en souffris beaucoup. Pour tout médecin, il n'y a ici qu'un jeune homme sans expérience. Mes compagnons d'exil [1], voyant mon état, furent très inquiets et, sans me prévenir, ils prirent sur eux d'adresser une lettre au Gouverneur de la Mecque, demandant qu'un médecin me fût envoyé. Mais ils n'eurent aucune réponse de ce personnage, qui d'ailleurs venait de recevoir, par l'entremise d'un aide de camp envoyé de Constantinople, en même temps que le firman lui octroyant le grade de Maréchal, l'ordre secret et péremptoire de nous faire périr par la faim ou par quelque autre moyen.

Le vali choisit pour exécuter cet ordre le major Békir effendi chargé de nous surveiller. Dès son arrivée, Békir congédia nos domestiques et nos cuisiniers et supprima nos rations. Je gardais le lit, souffrant beaucoup de ma tumeur, lorsque Békir vint me communiquer, sur un ton sévère et rude, les instructions qu'il avait reçues. Il nous dit à tous que nous devions nous contenter d'un peu de soupe et de légumes, qui nous seraient servis dans une de ces gamelles à l'usage des soldats, nous défendant absolument de nous procurer des vivres en dehors de ceux que l'on nous donnerait. Il nous interdit également de faire blanchir notre linge, besogne que chacun de nous devait accomplir de ses mains. En outre, il fit enlever encrier, plume et papier, qui étaient à notre disposition, et tout ce qui peut servir à la correspondance. Heureusement j'avais brûlé vos lettres, bien qu'elles n'eussent rien de compromettant; mais des complications pouvaient résulter, si elles étaient tombées entre les mains de nos geôliers.

Cette partie de sa mission accomplie, le major Békir fit envoyer la nuit même à la Mecque la femme et le jeune enfant de Haïroullah effendi, qui occupaient ici une maison à part. Nos gens et nos cuisiniers les suivirent bientôt après.

Le traitement auquel nous sommes soumis est un moyen comme un autre de nous faire disparaître. Car mes compagnons, accoutumés qu'ils sont au bien-être et à l'aisance, même si la faim les oblige à absorber la maigre pitance des soldats, leur estomac ne pourra pas supporter un pareil régime, et ils finiront certainement par y succomber, mais Dieu sait après combien de souffrances et de tourments. Je ne puis vous donner une idée de la tristesse où ils sont plongés. Ils prient constam-

---

1. Le Cheikh-ul-Islam Haïroullah effendi et les deux beaux-frères d'Abdul Hamid : Damad-Mahmoud et Damad-Nouri pacha.

ment le ciel pour leur délivrance. Quant à moi, ce qui m'est le plus pénible, c'est d'être privé de mon domestique qu'on m'a enlevé par force, et dont les soins m'étaient plus que jamais nécessaires, dans un moment où mon état de santé a empiré.

Le refus du Gouverneur général de la Mecque d'envoyer un médecin, les propos et l'inqualifiable conduite de Békir n'ont pas peu contribué à aggraver mon état. Aussi n'avais-je, pour patienter, que l'espérance de quitter la vie et d'échapper enfin à mes souffrances. Mais, que voulez-vous, l'heure suprême n'avait pas sonné et il me fallait encore souffrir. J'avais perdu tout espoir quoique le ciel, dans sa clémence, réserve souvent des consolations aux malheureux et des soulagements à leurs maux.

Je désespérais donc de ma guérison lorsque, grâce aux soins de mes compagnons, mon état s'améliora. Les douleurs ont diminué et la plaie commence à se cicatriser. Au moment même où la femme et l'enfant de Hairoullah effendi s'embarquaient à Djeddah à destination de Constantinople, et que nos domestiques s'y rendaient également, un ordre télégraphique les fit retourner à Taïf en compagnie du major Békir. Ainsi, à peine délivrés, les malheureux furent de nouveau jetés en prison !

Voilà, en résumé, ma situation, et si aucun changement ne survient dans les conditions de notre existence, il me sera très difficile de vous faire parvenir des lettres, comme auparavant. Le linge, les vivres et l'argent que vous voulez m'envoyer ne me parviendront pas. Renoncez à m'expédier de l'argent, car il est défendu de faire acheter des vivres tels que viande, légumes, riz, etc., etc.; quant au café, au charbon et au savon, j'ai assez d'argent pour me les procurer.

Je vous embrasse tous affectueusement,

(Signé) MIDHAT.

8 Djemazi-ul-Ahir 1301 (1883).
(Année de l'hégire).

P.-S. — Tous les matins, on nous apporte une écuelle de soupe pour huit personnes et un plat de feuilles de radis ou autres choses semblables ; le soir, tout le monde se rassemble autour : ceux qui ont grand'faim y goûtent forcément, les autres se contentent d'un morceau de pain conservé de la veille. Ceux qui ont de l'argent achètent du savon, du charbon et chauffent l'eau pour blanchir leur linge. Ceux qui en sont dépourvus se servent d'eau mêlée de cendre. Quant à moi, qui n'ai plus mes dents, je me nourris de panade. L'abcès est en voie de guérison, mais ma faiblesse est grande. Tout cela, ainsi que je vous l'ai déjà dit, ne vise qu'à nous anéantir. Voyons qui se chargera le premier de nous donner le coup de grâce.

> Ma chère femme, mes bien-aimées filles,
> mon cher fils Ali-Haïdar.

Cette lettre est peut-être la dernière que je vous écris ; car, ainsi que je vous le faisais prévoir dans mes deux lettres précédentes, il est maintenant avéré qu'en modifiant notre régime et en nous enlevant tout ce qui peut servir à la correspondance, ils n'ont d'autre but que de se débarrasser de nous. Ils ont, du reste, essayé de nous empoisonner.

Il y a dix jours, mon domestique Arif, à qui j'avais fait acheter du lait par l'intermédiaire d'un officier, a découvert, en le faisant bouillir, qu'il était empoisonné. Quatre jours après, Arif s'étant procuré de la viande, l'a préparée le soir et l'a déposée dans sa chambre. Le matin nous nous sommes aperçu que le métal de la casserole portait des traces de poison. Quelques jours après, on a empoisonné l'eau de la cruche où nous buvions. Toutes ces tentatives ont été déjouées par l'attention et la surveillance du domestique. Ils essaient maintenant d'autres moyens. Nous sommes entourés de gens très dangereux, notamment par le major Tcherkesse Békir, un des camarades de collège du fameux Tcherkesse Hassan, envoyé il y a deux ans de Constantinople pour nous surveiller. Ce Tcherkesse Békir a comme complices trois sous-officiers qui logent avec nous. Tous les jours, des ordres sinistres sont transmis au vali Osman Pacha (Gouverneur de la Mecque) qui, en récompense de ses services, a reçu le bâton de Maréchal. Hier aussi est arrivé le colonel Tcherkesse Mehmed avec des ordres analogues. Nous sommes en présence des plus grands dangers, des plus noirs projets ; je crois que nous ne pourrons pas nous y soustraire. Peut-être, avant de recevoir cette lettre apprendrez-vous la nouvelle de ma mort. En ce cas, il est inutile d'être en grande affliction. Que Dieu nous pardonne nos péchés. Si nous sommes destinés à mourir de la sorte, il ne peut y avoir de plus grand bienfait pour nous que de périr, martyrs d'une sainte cause.

Mon suprême désir est que vous viviez en paix en vous

réunissant tous dans le foyer familial. Que le Tout-Puissant vous protège.

(Signé) MIDHAT.

10 septembre 1301 (Hégire).
(24 septembre 1883).

Mᵐᵉ Midhat porta ces faits à la connaissance de l'Ambassadeur d'Angleterre à Constantinople. A ce moment précisément, le duc de Sutherland qui s'y rendait passa par Smyrne et vint voir la famille de Midhat en l'assurant qu'il ferait son possible auprès du Sultan pour la mise en liberté du malheureux patriote. Lord Dufferin, de son côté, fit des représentations au gouvernement ottoman et chargea le drogman du Consulat Britannique à Djeddah de se procurer, par le Grand Chérif de la Mecque, des nouvelles de la santé de Midhat Pacha. Le drogman eut l'assurance que Midhat se trouvait en bonne santé ; mais le Sultan, effrayé des relations d'Adul-Mutalib avec le fonctionnaire anglais accusa le Grand Chérif d'entretenir des intelligences secrètes avec l'Angleterre dans le but de faire évader Midhat et de mettre en péril, d'accord avec ce dernier, sa propre sécurité. Il le révoqua et le fit jeter en prison dans la forteresse de Taïf. C'est à ce propos que Midhat écrivait à sa famille, sur l'arrestation du Grand Chérif de la Mecque, la lettre suivante :

Autre lettre de Midhat Pacha à sa famille.
Ma chère famille.

Il y a deux jours, il s'est passé ici un étrange événement. Dans la nuit du 30 août, à minuit, la maison de l'Emir de la Mecque Chérif Abdul-Muttalib, qui se trouvait en villégiature à Taïf, a été subitement cernée par quatre bataillons d'infanterie et quatre canons. Dès l'aurore, il a été arraché de son lit et transporté dans la forteresse où nous sommes enfermés. Il a été remplacé dans ses fonctions par le Chéri Abdullah Pacha. Il est à croire qu'Abdul-Muttalib sera envoyé à Constantinople ou ailleurs. On l'accuse d'avoir entretenu une correspondance avec les Anglais.

Le fait que ce personnage qui, dans le désir de plaire en haut lieu, nous a fait subir tant de souffrances, en est maintenant réduit à être jeté à son tour, dans cette misérable prison, est un grand exemple. Cependant, on ne peut que s'apitoyer sur son sort, quand on pense à son grand âge, — il a cent ans — et à sa qualité de descendant du Prophète.

(Signé) MIDHAT.

2 septembre 1300
(14 septembre 1883).

Le Sultan, tout en protestant auprès des Anglais de ses bonnes intentions, mûrissait, néanmoins, son projet de tyran criminel. Damad Nouri Pacha, son beau-frère, était déjà mort fou ; comme il est difficile de faire mettre à mort un Cheik-ul-Islam sans pouvoir justifier un pareil acte aux yeux des ulémas et des softas (étudiants en théologie) Harsan Haïroullah Effendi fut mis à part. Le Vali du Hedjaz, Maréchal Osman Nouri Pacha reçut l'ordre transmis par des envoyés spéciaux de tenir la main à l'exécution des autres détenus. Le 26 avril 1883 on entra pendant la nuit dans la chambre de Midhat qui, surpris dans son lit, se laissa étrangler sans résistance avec une corde. Damad Mahmoud Pacha (l'autre beau-frère du Sultan) se défendit, mais finit par succomber au nombre de ses assassins. Témoin occulaire du crime le Cheik-ul-Islam Harsan Haïroullah envoya la lettre suivante à la famille de Midhat Pacha.

A la famille de Midhat Pacha.

J'ai l'honneur de présenter mes respectueux et humbles hommages à l'épouse et à la fille de Midhat Pacha ainsi qu'à son fils Ali Haydar Bey avec l'expression de mes profonds regrets et de mes condoléances à l'occasion de la mort de notre bien aimé maître : Que le Tout-Puissant leur accorde le bonheur sous autant de formes différentes qu'il y a de grains de poussière dans la terre qui recouvre la dépouille du martyr.

Midhat Pacha.   15

Vous avez dû apprendre sa mort tragique et les circonstances dans lesquelles elle est survenue. Son Altesse n'a point succombé, comme les journaux l'ont annoncé, à la maladie dont elle souffrait. Elle a bien eu un anthrax, mais de nature bénigne. La vérité est qu'en une même nuit et dans le même instant Midhat Pacha et Damad Mahmoud Pacha ont été étranglés. Que la clémence et la bénédiction divine soient sur eux !

J'ai bien des choses à vous faire savoir ; mais je n'ose écrire davantage, car je crains nos bourreaux. Accusez-moi, je vous prie, reception de cette lettre et ne faites pas connaître le nom de son expéditeur. Si vous avez à me demander quelque chose, vous pouvez me l'écrire.

La moitié des effets de Son Altesse ont été volés par les employés, le reste a été envoyé à Constantinople.

Le domestique de notre regretté Midhat Pacha, qui a si fidèlement servi son maître, mérite d'être secouru ; Son Altesse lui avait légué avant sa mort cent livres turques. A cet effet, il m'avait remis un billet signé de lui que je vous envoie avec prière de faire parvenir cette somme à ce pauvre homme.

Recevez, Madame et Mesdemoiselle, l'expression de ma respectueuse affection.

Taïf (Arabie), 15 zilhidzé 1301 = 1883.

HARSAN HAÏROULLAH [1],
ex-Cheik-ul-Islam.

Voulant rendre un dernier service à son pays le Cheik-ul-Islam Harsan Haïroullah envoya à la famille, pour être communiqué au parti réformateur, un compte rendu détaillé de cet horrible crime que nous publions intégralement.

DÉTAILS SUR L'ASSASSINAT DE MIDHAT PACHA

PAR HARSAN HAÏROULLAH EFFENDI

Dans le courant de la troisième année de son exil à Taïf, Midhat Pacha eut à l'épaule droite une grosse

---

1. Le Cheik-ul-Islam Harsan Haïrullah effendi est celui qui délivra le (fetva), acte du détrônement du Sultan Abdul-Aziz. C'était

tumeur. Le médecin qu'on lui donna pour le soigner, un certain Nachid effendi mit quinze jours à diagnostiquer un anthrax ; il ne fit pas l'opération qu'exige cette maladie, prétextant l'âge avancé de Son Altesse.

Ce médecin fraîchement sorti de l'école de médecine, pécha-t-il par inexpérience, ou agissait-il par ordre supérieur ? Ce qui est certain. c'est que Damad Mahmoud Pacha, compagnon d'exil de Midhat, peu confiant dans la capacité et dans l'honnêteté de Nachid, appréhendant un dessein criminel, sollicita par dépêche, du gouverneur général du Hédjaz qui réside à la Mecque, Osman Nouri Pacha, aujourd'hui maréchal et aide de camp du Sultan, l'envoi d'un autre médecin en accusant Nachid d'incapacité. Mais Osman Nouri n'eut même pas la politesse de lui répondre. L'anthrax s'ouvrit heureusement de lui-même et ce fut toujours ce Nachid, accompagné d'un officier, le capitaine Ibrahim Aga, qui pansa la blessure. Mais l'état de santé du malade s'aggrava de jour en jour, peut-être à la suite d'un certain traitement qu'on fit subir à Son Altesse. Il faut dire que, grâce à un autre traitement tout à fait primitif, le mal disparut bientôt. Après chaque visite le médecin faisait un rapport au gouverneur général, et celui-ci, immédiatement, le transmettait par le télégraphe au Palais de Yildiz.

Un jour Nachid avec Ibrahim, après un pansement, demanda brusquement à Midhat Pacha, à la stupéfaction générale, s'il était bien vrai qu'en Europe on n'exécutât plus les criminels autrement que par le chloroforme. Cette question, qui ne dit pas grand'chose au fond, donna à réfléchir à plus d'une personne présente.

Le Major Békir [1], du 3ᵉ bataillon, 10ᵉ régiment chargé

un homme éminent sous tous les rapports et un partisan résolu des idées de Midhat ; il jouissait d'une grande popularité dans son pays ; il est mort en exil à Taïf en 1896.

1. Il fut promu, en récompense de ses services, général de division au deuxième corps d'armée et mourut en 1903.

spécialement de la surveillance des détenus, était allé, quelques jours auparavant, à la Mecque et à Médine. Ce fut une grande surprise lorsque nous le vîmes entrer dans la chambre de Midhat Pacha en compagnie du médecin et d'Ibrahim Aga. On lui demanda la cause de son retour inattendu ; mais Békir répondit, naïvement, avec une finesse déguisée, que c'était pour régler certaines affaires de la garnison et pour percevoir des impôts dans les villages situés du côté de Farié. Il ajouta qu'il avait fait ce voyage sur un ordre spécial du Muchir.

C'était là un impudent mensonge et nous verrons tout à l'heure de quelle mission on l'avait chargé.

Le sixième jour de l'arrivée du Major Békir était un vendredi et les domestiques des prisonniers se rendirent comme d'habitude, accompagnés d'un surveillant à la mosquée de la ville pour la prière de ce jour. Arif Aga, domestique de Midhat Pacha resta auprès de son maître souffrant.

Le Major Békir, à leur retour, les arrêta tous devant le corps de garde et ne voyant pas Arif Aga parmi eux, le fit aussitôt appeler.

Celui-ci refusa d'obeir à cet ordre, sous prétexte qu'il ne pouvait pas laisser seul le malade. Quand les pachas s'aperçurent que Békir insistait, ils prièrent l'ordonnance de l'appeler pour savoir de lui la raison de cet ordre. Békir, en recevant cette communication, bondit et, se rendant à la chambre de Midhat Pacha, dans le Fort, déclara, d'un air hautain et insolent, que les domestiques seraient remerciés de leur service, qu'ils auraient dorénavant à se contenter de manger dans les marmites et qu'il ne serait plus permis aux Pachas de se faire apporter ni œufs, ni fromage, ni olives, à l'exception de tabac ; enfin qu'ils ne seraient plus autorisés à présenter des requêtes au Sultan.

Tel fut le langage arrogant de Békir. Mais peu après, changeant de ton, il ajouta, avec moins d'impertinence, qu'il était chargé d'une mission spéciale et qu'il avait ordre d'envoyer à La Mecque et de là, à Constantinople, l'épouse de Hassan Haïroullah effendi qui demeurait en ville avec son jeune enfant. Ces nouvelles alarmèrent beaucoup de personnes, car elles dénotaient certaines machinations secrètes. On dut, bon gré mal gré, attendre la fin avec résignation.

Cependant, Damad Mahmoud Pacha qui était d'une constitution très sanguine et qui s'emportait facilement, à bout de patience, riposta aux déclarations de Békir en demandant qu'il fût permis, tout au moins, aux domestiques ainsi congédiés de revenir auprès de leurs maîtres, pour le règlement de leurs comptes. Békir, cette fois, devenu presque aimable, leur dit que ce désir était contraire aux ordres reçus; mais que, pour leur être agréable, il prendrait sous sa responsabilité de faire venir les domestiques accompagnés d'un officier surveillant.

Après le règlement de leurs comptes on installa les domestiques dans une chambre donnant sur la grande porte de la caserne. Les ustensiles de cuisine, les plumes, le papier et les encriers qui se trouvaient jusque-là à la disposition des Pachas leur furent enlevés ; Békir, pour faire ses préparatifs de voyage, passa cette nuit-là à la caserne.

J'étais indigné de la manière dont on traitait un homme qui avait rempli plusieurs fois les fonctions de Grand-Vizir et rendu au pays d'éminents services. En ces circonstances, ont eût dû au moins, eu égard à son âge avancé et à son état maladif, lui manifester quelques attentions.

Or c'était un soldat infirmier, ignorant les habitudes de Son Altesse, qui faisait son service. Midhat Pacha, il faut rendre hommage à son énergie, subit toutes ces humiliations avec le plus grand calme et même avec indifférence.

Le 8 mai, un samedi, Békir vint chez Midhat, dans l'intention, après avoir causé avec lui, de rapporter de fraîches nouvelles au Pacha du Hédjaz, car ce même jour il devait partir pour la Mecque et y conduire l'épouse de Hassan Haïroullah, son enfant, les domestiques et les cuisiniers.

— Partez-vous maintenant, demanda Midhat Pacha à Békir?

— Oui, dans quelques heures, répondit-il ; si vous avez quelques communications à me faire, je vous écoute.

— Eh bien ! Écoutez-moi attentivement. S. M. Abdul-Hamid a élevé récemment le vali au rang de Maréchal et je félicite de tout mon cœur ce dernier. Vous savez les services que j'ai rendus à mon pays ; personne aujourd'hui ne peut les nier. Vous n'ignorez pas non plus les situations brillantes que j'ai occupées successivement. Aujourd'hui, vous voyez comment on me traite ; j'entrevois pour moi un avenir des plus terribles et c'est par vous qu'on veut se défaire de moi. Vous serez les instruments et chacun de vous probablement aura sa récompense ; l'officier deviendra colonel, le colonel sera général et ainsi de suite. Mais considérez que vous pouvez mourir après Abdul-Hamid. Si vous mourez avant, vos titres seront inscrits sur vos tombes. Dans le cas contraire, oh ! il en sera, j'en suis sûr, tout autrement. Pensez-y dès maintenant, consultez votre conscience, pesez votre propre intérêt moral et matériel ; et sans envisager les choses de si loin, pendant que Sa Majesté est encore vivante, voyons un peu ce qu'est devenu le premier président de ce tribunal arbitraire qui me condamna si lâchement, sans aucune preuve recevable. Il est vrai que Sururi Effendi a été nommé Cadi-Asker ; mais n'a-t-il pas été exilé peu après à Magnésie, comme Gouverneur. Quant à Djevdet Pacha, second président, il est, on le sait, destitué de ses fonctions et relégué, disgracié, dans sa maison. Pensez donc à tout cela et vous vous ferez une idée exacte de la situation. Je vois le crime s'avancer vers moi ; rappelez-vous le verset du Coran qui dit: « Celui qui tue, aura son châtiment par l'enfer et les tortures éternelles ». Et maintenant que vous connaissez mon sentiment, voulez-vous le communiquer fidèlement au gouverneur général ? »

Békir pâlit, mais retrouvant son sang-froid, il répondit : « J'ai assisté à plusieurs batailles ; mais, sauf à la guerre, je n'ai jamais coupé de tête, pas même celle d'une poule ». La conversation ayant pris fin, Békir sortit de la chambre des détenus et se mit aussitôt en route pour son voyage à la Mecque avec les personnes que nous avons citées plus haut.

Le septième jour de son départ, un vendredi soir, nous le vîmes rentrer à Taïf. A la surprise générale, il fit reprendre leur service aux domestiques des Pachas. Après quelques jours, l'épouse de Haïroullah effendi revenait également de Djeddah avec son enfant et sa cuisinière. Haïroullah effendi chargea son domestique Ibrahim de veiller sur son ménage en ville, se contentant des services d'un soldat.

Le lendemain de son retour, Békir fit de nouveau son apparition chez les Pachas, disant qu'un nouvel iradé venait d'arriver télégraphiquement, ordonnant de diminuer les rations des détenus et d'éloigner les cuisiniers. Il leur transmit les salutations du Gouverneur général qui tolérait, néanmoins, l'achat au bazar de ce dont on aurait besoin.

Pourquoi cette tolérance après la diminution des rations et le retrait des cuisiniers ? A cela Békir répondit malicieusement qu'un pareil service le contrarierait beaucoup ; mais qu'étant soldat, il devait obéir à ses chefs, tout en regrettant de ne pouvoir agir autrement.

A ce moment, par bonheur, Midhat Pacha était presque entièrement guéri de sa maladie ; cependant on continuait toujours à télégraphier au Gouverneur général l'état de sa santé.

Un jour Midhat Pacha envoya en ville son infirmier pour acheter du lait chez un laitier du nom d'Echreff. Aussitôt un des officiers chargés de la garde des prisonniers, un nommé Nouri, apprenant que le soldat se rendait en ville, voulut l'accompagner jusque chez le marchand. Echreff déclara qu'il n'avait que trois ocks de lait commandées par le major, mais qu'il en distrairait une ock du moment que c'était pour Son Altesse ; Nouri accepta et ordonna à un soldat de porter le lait à la Daïra. Cette amabilité exceptionnelle et inattendue de Nouri fut remarquée et soupçonnée. Saïd Bey, un autre condamné, qui surveillait les mets préparées par Arif Aga, domestique de Midhat, s'empressa d'examiner le pot qui contenait ce lait. Quel fut son étonnement lorsqu'il vit que sa couleur n'était pas naturelle. Il en goûta une petite cuillerée et constata que le lait avait un goût âcre qui saisissait à la gorge. Saïd en fit la remarque à plusieurs personnes présentes et particulièrement au lieutenant Mehmed Aga ; tous y goûtèrent, quelques-uns s'alitèrent même pendant plusieurs jours ayant eu l'imprudence d'en absorber une certaine quantité.

Midhat Pacha fit appeler sur-le-champ Mehmed Aga et lui dit en contenant son indignation :

« Aujourd'hui j'ai envoyé chercher du lait chez le laitier du major qui en avait commandé aussi. On a remarqué que mon lait contenait du vert-de-gris ; tous ceux qui en ont bu ont constaté le fait, je crois que vous aussi vous y avez goûté ».

Mehmed Aga reconnut parfaitement que le lait était fortement altéré. Midhat, sans perdre son sang-froid, continua en ces termes : « Puisqu'il en est ainsi pourquoi n'allez-vous pas dire au major qu'il prenne garde de boire de ce lait. »

L'officier partit précipitamment et revint peu après dire : « que le Major appellerait le laitier, qu'il ouvrirait une enquête et qu'il le punirait sévèrement s'il y avait lieu ». Or nous avons appris plus tard, qu'avant que Mehmed allât raconter cette histoire au major, celui-ci se trouvait dans le jardin de l'hôpital militaire entouré de ses confidents et, de temps en temps, il leur demandait si tout avait bien marché... si le lait était absorbé, enfin s'il produisait son effet.

On fit courir le bruit que quelques soldats qui avaient bu du lait réservé au major étaient tombés malades. Mais ce n'était qu'une ruse, et ce fait n'a jamais été confirmé par quelqu'un digne de foi.

Un échantillon de ce lait fut envoyé officiellement, pour être analysé par les médecins, au major qui envoya dire simplement en réponse : « Qu'on n'avait pas les appareils nécessaires à l'analyse. »

Pour dégager la responsabilité du Major, Békir fit appeler Echreff, le laitier, et lui fit des remontrances. Mais Echreff, de son côté, ne manqua pas de protester énergiquement. Du reste, tous les pots se trouvaient en bon état. Il s'écria que le lait avait dû être altéré par un médicament quelconque après être sorti de sa laiterie. L'incident fut clos ainsi et le Major ne donna aucune suite à cette affaire qu'il voulait simplement laisser oublier.

Une autre fois, nous constatâmes un nouveau fait étrange. Le domestique de Midhat, Arif, passait ses nuits dans la chambre de Son Altesse après avoir bien fermé à clef la sienne où se trouvaient très souvent les mets préparés pour le jour suivant.

Arif s'aperçut un matin que les couvercles de ses marmites étaient dérangés et que leur contenu présentait un aspect étrange. Il vint immédiatement raconter son extraordinaire découverte à Midhat, qui fit aussitôt appeler Damad Mahmoud et les autres détenus, les priant d'examiner les marmites. On constata en effet, après un examen sommaire, qu'un corps étranger y avait été introduit. L'auteur de cet odieux attentat demeura inconnu comme celui du lait vert-de-grisé. On donna à manger tout le contenu des marmites aux chiens et aux chats. Mais ces animaux, ne s'en trouvant pas indisposés, nous pensâmes que le corps ajouté ne devait pas être un poison. Cependant après l'assassinat de Midhat Pacha nous apprîmes que les sous-lieutenants Mehmed et Nouri, s'étant introduits nuitamment par la fenêtre, avaient réussi à empoisonner tous ces plats destinés à nourrir Midhat le lendemain matin : ces deux individus firent même, quelque temps après, des aveux complets sur cette tentative criminelle.

Il y avait un brave soldat, Mehmed de Yosgad qui était chargé de préparer du café. Nous savons aujourd'hui qu'on lui proposa plusieurs fois de faire avaler aux prisonniers du poison en le mélangeant au café. Mais cet honnête homme refusa énergiquement d'accomplir ce crime et c'est alors d'autres qui en furent chargés.

Mahmoud Damad Pacha, qui aimait beaucoup le café, commença à s'en abstenir et à ne plus fumer le *narghilé*. Mais pour témoigner sa confiance à ce digne et honnête Mehmed, il ne refusait jamais les cafés préparés par lui.

Une autre fois on remarqua que l'eau contenue dans un « alcarazas » avait un goût désagréable. On cassa le vase et l'on prit de sérieuses précautions pour l'avenir.

Le Major *Békir* était un méchant homme, très rusé. Il s'environnait de beaucoup de précautions pour perpétrer le crime qu'il allait commettre et pour le choix de ses complices. L'empoisonnement n'ayant pas jusque-là réussi, il fallait employer d'autres moyens.

Le 9 rédjeb, de l'an 1301, 23 avril (V S) 1883, un dimanche, un détachement d'artillerie avec deux canons arriva à Taïf, sous le commandement d'un colonel circassien du nom de Mehemed Loutfi appartenant au 53e régiment du 7e corps d'armée ; il choisit aussitôt une quarantaine de soldats de très forte constitution et augmenta la garde des détenus.

Avant qu'il fût arrivé à Taïf, Békir avait, à plusieurs reprises, appelé dans sa chambre particulière, à une heure très avancée de la nuit, alors que tout le monde dormait profondément, Hadji Chukri Aga, domestique de Mahmoud Pacha, pour l'entretenir de choses insignifiantes sans oser jamais lui faire la proposition qui lui brûlait la langue, comprenant que Chukri n'était pas homme à devenir son complice et à commettre un crime quelconque contre son bienfaiteur.

Ainsi qu'on vient de le dire, le colonel réorganisa la garde des prisonniers à sa manière. Le même jour il appela Arif Aga pour qu'il lui expliquât l'incident du lait, mais, en réalité, il lui proposa d'empoisonner Midhat.

« Le poison est prêt, lui dit-il, et si tu arrives à le faire absorber à Midhat, tu recevras une grande récompense de S. M. J. le Sultan : un autre est chargé d'empoisonner Damat Mahmoud Pacha ; mais, au cas où tu voudrais t'en charger également, ta récompense sera doublée ; si jamais tu divulgues le secret tu seras tué. »

La récompense qu'on promettait pour Midhat était de mille livres turques et pour Mahmoud de six cents livres turques.

Arif était un serviteur dévoué et fidèle et un bon musulman. Il refusa non seulement les récompenses, mais brava les intimidations en protestant énergiquement contre les résolutions lâches et indignes qu'on voulait prendre contre son maître. Aussi s'empressa-t-il d'aller raconter à son maître et à Mahmoud Pacha tout ce qu'il venait d'apprendre. Émus au plus haut point, les deux victimes désignées conférèrent longuement, mais inutilement. Que pouvaient-ils faire ? Du reste, ils entrevoyaient, de longue date, leur fin prochaine.

Le colonel qui n'avait pas pensé à aller leur rendre visite paraissait très préoccupé. La deuxième nuit de son arrivée, il fit cerner le logement des détenus par de nombreux soldats et donna des ordres spéciaux à ceux qui étaient de garde à l'intérieur. Cette nuit-là, un mardi soir, il voulut terminer cette affaire ; mais les circonstances l'obligèrent à en remettre l'exécution à la nuit suivante. Ibrahim Aga, le capitaine et trois lieutenants appelèrent Arif Aga et lui déclarèrent nettement que, cette nuit-là, ils étaient obligés, d'après un ordre venu du Palais de Yildiz, d'en finir avec Midhat, qu'on espérait qu'il aurait le bon sens d'ouvrir vers minuit la porte de la chambre de Son Altesse, qu'il ne refuserait pas « ce petit service » comme il avait refusé d'empoisonner son maître, mais que, s'il n'obéissait pas, on saurait à quoi s'en tenir sur son compte.

Le pauvre Arif, exaspéré de l'odieux attentat qui allait se commettre contre son bien-aimé maître, bondit de colère et cria frénétiquement à ces bourreaux : « Non ! Je ne ferai pas ce que vous me dites et je ne vous ouvrirai pas la porte. Je ne saurais être votre complice. J'ai peur de ma conscience et d'Allah ! »

Alors on se prit à le maltraiter, et, à ce moment, les prisonniers gagnaient leur chambre à coucher. Midhat, qui s'y rendait comme les autres, descendait les escaliers lorsqu'il entendit la voix de son fidèle domestique qui ne cessait de crier : « Maître, ne descendez pas et retournez vite trouver vos amis pour rester toute la nuit ensemble. Ces lâches vont vous assassiner cette nuit. »

Midhat Pacha remonta l'escalier, assembla les détenus et leur fit part de cette sinistre nouvelle. En ce moment, un des officiers alla instruire son chef, le colonel, de ce fait, qui ordonna immédiatement l'arrestation d'Arif et la séparation des détenus. On l'entraîna alors à la caserne où il fut fait à son tour prisonnier, tandis qu'un officier, Mémiche, arrivait, de la part du colonel, avec la mission de séparer les prisonniers et de les tranquilliser.

« Le colonel, dit Mémiche, vous salue tous et vous prie d'aller dans vos chambres à coucher comme la loi l'exige. » Mais à cela Midhat et Mahmoud répondirent qu'ils ne se sépareraient que par la force. Ils appelèrent aussitôt Ibrahim qui arriva tout troublé de ce qui se passait.

Pour s'expliquer on fit venir aussi Békir. Celui-ci, en entrant dans la chambre, s'écria ; « Ce mauvais sujet d'Arif ne sait pas ce qu'il dit ; 'on croirait qu'il agit dans la seule pensée de se sauver d'ici, à moins qu'il ne soit véritablement fou. » Les Pachas ne purent cacher leur inquiétude et leur trouble, puisqu'enfin tout faisait présager le crime. « A l'heure qu'il est, reprend Békir, un pareil ordre n'existe pas, cependant nous sommes des soldats et nous devons obéissance aveugle à nos chefs ; il jura, sur tout ce qu'il y avait de plus sacré au monde, qu'ils n'avaient rien à craindre ». Pendant ce temps Arif était appliqué à la torture pour avoir divulgué le secret.

Midhat Pacha passa cette nuit-là avec Ali Bey, un autre prisonnier (fils du Maréchal Namyk Pacha).

Le colonel Mehmed Loutfi et le Major Békir se tinrent dans la chambre qui ouvre sur la porte de la caserne; c'est de là qu'ils dirigèrent les opérations. On donna aux soldats les mêmes ordres que la nuit précédente et on leur distribua des cartouches. Un capitaine et trois lieutenants se trouvaient dans la maison des prisonniers pour diriger l'acte criminel en préparation, et à la porte de chaque prisonnier deux soldats, baïonnette au fusil, se tenaient pieds nus, pour la circonstance, enfin de ne pas faire de bruit.

Vers cinq heures, à la Turque, c'est-à-dire vers minuit, on réveilla Hadji Chukri Aga, domestique de Damad Mahmoud Pacha et on le transféra à la caserne où on l'emprisonna.

Le colonel Mehmed Loutfi resta dans la caserne, tandis que le Major Békir commanda l'exécution de la chambre des officiers:

Voici d'abord la liste des officiers et soldats qui ont commis l'assassinat de Son Altesse Midhat Pacha, le 29 Rédjed 1301 de l'Hédjir ou 10/26 avril 1883 :

Le capitaine   Ibrahim, Circassien.
Le sous-officier   Noury, originaire de Couma.

Le soldat	Ahmed Chaouch, de la 1re division d'Adrémide.
»	Coundiredji Ismaïl, » de Yozgad.
»	Ahmed, de la 2e division de Kutahié.
»	Mehmed, » »
»	Redjeb, » de Kumuldjiné.
»	Asman, de la 4e division de Kara Hissar.
»	Berber Ismaïl, de la 2e division d'Andrinople.

Les personnes suivantes étaient chargées de Son Altesse Damad Mahmoud Pacha (beau-frère du Sultan).

Le sous-officier	Mémiche, originaire de Sparta.
	Mehmed, » d'Eudémiche.
Le soldat	Hassan Chaouche, de la 2e division de Kutahié.
»	Suleiman Chaouche, » de Karahissar.
»	Mehmed Oubachi, de la 4e division d'Adalia.
»	Osman Baltadji, de la 1re division de Kara Hissar.
»	Ahmed, » de Fchoroum.
»	Ali (Rouméliote), » de Samanli-Kienï.
»	Berber Moustafa, 4e division de Démotika.
»	Ali, » de Zilé.

Nous avons raconté plus haut, en témoin oculaire, qu'Ali Bey partageait la chambre de Midhat Pacha. Vers six heures et demi à la Turque, vers une heure après minuit, on força la porte et on arracha Ali Bey de la chambre ; puis on égorgea Midhat Pacha incapable d'opposer aucune résistance [1].

Mais lorsqu'on enfonça la porte de Damad Mahmoud

1. Nous tenons d'un autre témoin, que quand Midhat Pacha vit entrer les assassins dans sa chambre, il se tourna vers eux et d'une voix émue, leur dit qu'il regrettait que des soldats, dont le seul devoir était de défendre le pays, acceptassent d'accomplir une pareille besogne.

Pacha, on jeta au cou de celui-ci une corde savonnée que l'on avait préparée dans ce dessein. On savait qu'il était doué d'une force herculéenne. Damad Mahmoud Pacha résista désespérément en poussant des cris lamentables. Pour hâter la mort de Damad Mahmoud on eut recours à tous les moyens. On pressa ses organes génitaux avec une férocité telle que ses cris s'entendaient au loin et ils cessèrent dans un dernier appel à Allah ! A cette heure tardive de la nuit, l'univers parut trembler dans le lugubre silence qui succéda à ces égorgements[1].

Quelques instants après, on transporta les deux cadavres enveloppés de draps dans une chambre de l'hôpital[2]. On attendit le jour pour creuser des fosses dans le cimetière destiné aux soldats et situé hors des fortifications de la ville. C'est là que les deux martyrs dorment d'un sommeil éternel.

Les prescriptions religieuses concernant l'enterrement ne furent pas respectées, sans doute afin de mieux cacher les circonstances du crime. Mais on ne savait pas que le temps révélerait toutes ces horreurs.

Quelques jours avant son exécution Midhat Pacha s'était complètement remis de sa maladie. Un soir, méditant longuement, il dit à ses amis: « Je pense à la mort. Les douleurs ne durent que cinq minutes ; mais je ne sais pourtant quel est le genre de mort le moins pénible. Sera-ce le poison, une balle ou la fin qui vient à la suite d'une maladie quelconque. Mon corps de soixante ans est usé. Après cet

1. Les autres détenus, à la voix de Damad Mahmoud Pacha, accoururent aux fenêtres des chambres et crièrent des injures aux assassins et des malédictions au tyran.

2. Croyant Damad Mahmoud Pacha mort, on transporta son corps à l'hôpital militaire avec celui de Midhat Pacha, mais le beau-frère du Sultan Abdul-Hamid respirait encore: il se leva subitement, fit quelques pas, et retomba de nouveau. Les assassins appelés par les gardes revinrent et s'acharnèrent si bien sur le cadavre qu'ils le rendirent méconnaissable.

âge, à quoi bon vivre pour souffrir plus longtemps. J'aurais désiré que ma dernière maladie m'eût emporté ; car tant d'innocents se trouvent ici prisonniers à cause de moi ; j'aurais voulu les rendre à la liberté. »

Ces réflexions causèrent une profonde tristesse à ses amis, et les inquiétèrent vivement.

Aussitôt après l'horrible meurtre, les portes et les serrures étaient réparées avant le jour ; le surlendemain les principaux effets des Pachas étaient transportés dans une chambre de la caserne. Mais pendant deux jours consécutifs les agents du Sultan allaient et venaient pour enlever les menus objets.

Tout le temps que dura l'accomplissement du crime, la terreur régna dans le cœur de tous les autres prisonniers ; et lorsqu'ils allèrent faire leur prière du matin, ils s'embrassèrent tous et se dirent un suprême adieu, les yeux remplis de larmes, en hommes qui attendent leur tour et qui veulent se résigner à leur sort.

Tel est, dans sa simplicité, le récit du Cheick-Islam Hassan Haïroullah Effendi ; mais le drame a un épilogue. Midhat était mort ; de tous côtés arrivait au Sultan l'assurance que ses ordres avaient été exécutés à la lettre : sa nature inquiète et soupçonneuse n'en conservait pas moins des doutes. Il lui fallait la preuve absolue, tangible que l'homme d'État détesté n'était plus de ce monde. Il envoya à Taïf un de ses favoris, le général aide de camp Husni Pacha qui, suivi de fossoyeurs et de quelques acolytes, se rendit une nuit au cimetière, déterra le cadavre de Midhat et en détacha la tête.....

.... Un mois plus tard, le secrétaire[1] du maréchal Osman Noury Pacha, Vali du Hedjaz, arrivait à Yildiz avec une boîte portant l'inscription suivante : IVOIRES JAPONAIS. — OBJETS D'ART. — POUR S. M. LE SULTAN. On l'ouvrit devant Abdul-Hamid : Sa Majesté possédait enfin *la preuve* qu'elle avait été fidèlement servie[2].

1. Emin Effendi, membre du Conseil de l'instruction publique. Le fils de Midhat lui entendit un jour raconter ce haut fait au Vali de Smyrne Abdul Rahman Pacha, aujourd'hui ministre de la justice, qui le chassa de sa présence.

2. Plus d'une personne à Paris a pu entendre les détails de cette scène macabre, de la bouche d'un général ancien aide de camp réfugié depuis 1905 en France, et qui donne le frisson lorsqu'il décrit la joie féroce du Sultan à la vue de la tête de sa victime.

APPENDICES

CONSTITUTION PROMULGUÉE LE 7 ZILHIDJÉ 1293 (11/23 DÉCEMBRE 1876)

De l'Empire ottoman.

ARTICLE PREMIER. — L'Empire ottoman comprend les contrées et possessions actuelles et les provinces privilégiées.

Il forme un tout indivisible dont aucune partie ne peut jamais être détachée pour quelque motif que ce soit.

ART. 2. — Constantinople est la capitale de l'Empire ottoman.

Cette ville ne possède, à l'exclusion des autres villes de l'Empire, aucun privilège ni immunité qui lui soit propre.

ART. 3. — La souveraineté ottomanc qui réunit dans la personne du Souverain le Kalifat suprême de l'Islamisme, appartient à l'aîné des Princes de la dynastie d'Osman, conformément aux règles établies *ab antiquo*.

ART. 4. — Sa Majesté le Sultan est, à titre de Kalife suprême, le protecteur de la religion musulmane.

Il est le Souverain et le Padichah de tous les Ottomans.

ART. 5. — Sa Majesté le Sultan est irresponsable ; sa personne est sacrée.

ART 6. — La liberté des membres de la Dynastie Impériale ottomane, leurs biens personnels, immobiliers et mobiliers, leur liste civile pendant toute leur vie, sont sous la garantie de tous.

ART. 7. — Sa Majesté le Sultan compte au nombre de ses droits souverains les prérogatives suivantes :

Il nomme et révoque les Ministres, et confère les grades, les fonctions et les insignes de ses Ordres ; il donne l'investiture aux chefs des provinces privilégiées dans les formes déterminées par les privilèges qui leur ont été concédés ; il fait frapper la monnaie ; son nom est prononcé dans les mosquées pendant la prière publique ; il conclut les traités avec les puissances ; il déclare la guerre ; il fait la paix ; il commande les armées de terre et de mer ; il ordonne les mouvements militaires ; il fait exécuter les dispositions du Chéri (la loi sacrée) et des lois ; il fait les règlements d'administration publique ; il remet ou commue les peines prononcées par les tribunaux criminels ; il convoque et proroge l'Assemblée générale ; il dissout, s'il le juge nécessaire, la Chambre des Députés, sauf à faire procéder à la réélection des députés.

Du Droit public des Ottomans.

Art. 8. — Tous les sujets de l'Empire sont indistinctement appelés Ottomans, quelle que soit la religion qu'ils professent.

La qualité d'Ottoman s'acquiert et se perd suivant les cas spécifiés par la loi.

Art. 9. — Tous les Ottomans jouissent de la liberté individuelle, à la condition de ne.pas porter atteinte à la liberté d'autrui.

Art. 10. — La liberté individuelle est absolument inviolable.

Nul ne peut, sous aucun prétexte, subir une peine quelconque, que dans les cas déterminés par la loi et suivant les formes qu'elle prescrit.

Art. 11. — L'Islamisme est la religion de l'État.

Tout en sauvegardant ce principe, l'État protège le libre exercice de tous les cultes reconnus dans l'Empire et maintient les privilèges religieux accordés aux diverses communautés, à la condition qu'il ne soit pas porté atteinte à l'ordre public et aux bonnes mœurs.

Art. 12. — La presse est libre dans les limites tracées par la loi.

Art. 13. — Les Ottomans ont la faculté de former des associations commerciales, industrielles ou agricoles, dans les limites déterminées par les lois et les règlements.

Art. 14. — Une ou plusieurs personnes appartenant à la nationalité ottomane ont le droit de présenter des pétitions à l'autorité compétente au sujet d'infractions aux lois ou règlements, commises soit à leur préjudice personnel, soit au préjudice de l'intérêt public, et pourront également adresser, sous forme de réclamation, des pétitions signées, à l'Assemblée générale ottomane, pour se plaindre de la conduite des fonctionnaires ou employés de l'État.

ART. 15. — L'enseignement est libre.

Chaque Ottoman peut faire des cours publics ou privés, à la condition de se conformer aux lois.

ART. 16. — Toutes les écoles sont placées sous la surveillance de l'État.

Il sera avisé aux moyens propres à unifier et à régulariser l'enseignement donné à tous les Ottomans ; mais il ne pourra pas être porté atteinte à l'enseignement religieux des diverses communautés.

ART. 17. — Tous les Ottomans sont égaux devant la loi.

Ils ont les mêmes droits et les mêmes devoirs envers le pays, sans préjudice de ce qui concerne la religion.

ART. 18. — L'admission aux fonctions publiques a pour condition la connaissance du turc, qui est la langue officielle de l'État.

ART. 19. — Tous les Ottomans sont admis aux fonctions publiques suivant leurs aptitudes, leur mérite et leur capacité.

ART. 20. — L'assiette et la répartition des impôts s'établissent, conformément aux lois et aux règlements spéciaux, en proportion de la fortune de chaque contribuable.

ART. 21. — La propriété immobilière et mobilière, régulièrement établie, est garantie.

Aucune expropriation ne peut avoir lieu que pour cause d'utilité publique dûment constatée et contre le paiement préalable, conformément à la loi, de la valeur de l'immeuble à exproprier.

ART. 22. — Le domicile est inviolable.

L'autorité ne peut pénétrer de force dans le domicile de qui que ce soit, que dans les cas déterminés par la loi.

ART. 23. — Nul ne peut être astreint à comparaître devant un tribunal autre que le tribunal compétent, suivant la loi de procédure qui sera édictée.

ART. 24. — La confiscation des biens, la corvée et le Djérimé (exaction sous forme de pénalité pécuniaire) sont prohibés,

Toutefois, les contributions levées légalement en temps de guerre et les mesures nécessitées par l'état de guerre, sont exceptées de cette disposition.

ART. 25. — Aucune somme d'argent ne peut être perçue, à

titre d'impôt ou de taxe ou sous toute autre dénomination, qu'en vertu d'une loi.

Art. 26. — La torture et la question, sous toutes les formes, sont complètement et absolument prohibées.

Des Ministres.

Art. 27. — Sa Majesté le Sultan investit de la charge du Grand Vizir et de celle de Cheick-ul-Islam, les personnages que sa haute confiance croit devoir y appeler.

La nomination des autres Ministres a lieu par iradé (ordonnance) impérial.

Art. 28. — Le Conseil des Ministres se réunit sous la présidence du Grand Vizir.

Les attributions du Conseil des Ministres comprennent toutes les affaires importantes, intérieures ou extérieures, de l'État.

Celles de ses délibérations qui doivent être soumises à la sanction de Sa Majesté le Sultan sont rendues exécutoires par iradé impérial.

Art. 29. — Chaque chef de département ministériel administre, dans la limite de ses attributions, les affaires qui ressortissent à son département.

Pour celles qui dépassent cette limite, il en réfère au Grand Vizir.

Le Grand Vizir donne suite aux rapports qui lui sont adressés par les chefs des divers départements, soit en les déférant, s'il y a lieu, au Conseil des Ministres et ensuite en les présentant à la sanction impériale, soit, dans le cas contraire, en statuant lui-même ou en les soumettant à la décision de Sa Majesté le Sultan.

Un règlement spécial déterminera ces diverses catégories d'affaires pour chaque département ministériel.

Art. 30. — Les Ministres sont responsables des faits ou actes de leur gestion.

Art. 31. — Si un ou plusieurs membres de la Chambre des Députés veulent porter plainte contre un Ministre, en raison de sa responsabilité et à l'occasion de faits dont la Chambre a le droit de connaître, la demande contenant la plainte est remise au président, qui la renvoie, dans les trois jours, au bureau chargé, en vertu du règlement intérieur, d'examiner la plainte et de décider s'il y a lieu de la soumettre aux délibérations de la Chambre.

La décision du bureau est prise, à la majorité des voix, après que les renseignements nécessaires ont été obtenus et que des explications ont été fournies par le Ministre en cause.

Si le bureau est d'avis de soumettre la plainte à la Chambre, le rapport constatant cette décision est lu en séance publique, et la Chambre, après avoir entendu les explications du Ministre en cause, appelé à assister à la séance, ou de son délégué, vote à la majorité absolue des deux tiers des voix, sur les conclusions du rapport.

En cas d'adoption de ces conclusions, une adresse, demandant la mise en jugement du Ministre en cause, est transmise au Grand Vizir qui la soumet à la sanction de Sa Majesté le Sultan, et le renvoi devant la Haute Cour a lieu en vertu d'un iradé impérial.

ART. 32. — Une loi spéciale déterminera la procédure à suivre pour le jugement des Ministres.

ART. 33. — Il n'existe aucune différence entre les Ministres et les particuliers en ce qui concerne les procès privés et qui sont en dehors de leurs fonctions.

Les procès de ce genre sont déférés à la juridiction ordinaire.

ART. 34. — Le Ministre, dont la mise en jugement a été prononcée par la Chambre d'accusation de la Haute Cour, est suspendu de ses fonctions jusqu'à ce qu'il ait été déchargé de l'accusation portée contre lui.

ART. 35. — En cas de rejet, par un vote motivé de la Chambre des Députés, d'un projet de loi pour l'adoption duquel le Ministre croit devoir insister, Sa Majesté le Sultan ordonne, soit la dissolution de la Chambre, à charge de réélection des députés dans le délai fixé par la loi.

ART. 36. — En cas de nécessité urgente, si l'Assemblée générale n'est pas réunie, le Ministre peut prendre des dispositions en vue de prémunir l'État contre un danger ou de sauvegarder la sécurité publique.

Ces dispositions, sanctionnées par iradé impérial, ont provisoirement force de loi, si elles ne sont pas contraires à la Constitution.

Elles doivent être soumises à l'Assemblée générale dès que celle-ci est réunie.

ART. 37. — Chaque Ministre a le droit d'assister aux séances du Sénat et de la Chambre des Députés ou de s'y faire représenter par un fonctionnaire supérieur de son département.

Il a également le droit d'être entendu avant tout membre de la Chambre qui aurait demandé la parole.

Art. 38. — Lorsqu'à la suite d'une décision prise à la majorité des voix, un Ministre est invité à se rendre à la Chambre des Députés pour fournir des explications, il est tenu de répondre aux questions qui lui sont adressées, soit en se présentant personnellement, soit en déléguant un fonctionnaire supérieur de son Département.

Néanmoins, il a le droit d'ajourner sa réponse, s'il le juge nécessaire, en prenant sur lui la responsabilité de cet ajournement.

Des Fonctionnaires publics.

Art. 39. — Toutes les nominations aux diverses fonctions publiques auront lieu conformément aux règlements qui détermineront les conditions de mérite et de capacité exigées pour l'admission aux emplois de l'État.

Tout fonctionnaire nommé dans ces conditions ne pourra être révoqué ou changé :

S'il n'est pas prouvé que sa conduite justifie légalement sa révocation ;

S'il n'a pas donné sa démission, ou bien encore si sa révocation n'est pas jugée indispensable par le Gouvernement.

Les fonctionnaires qui auront fait preuve de bonne conduite et d'honnêteté, ainsi que ceux dont la mise en disponibilité aura été jugée indispensable par le Gouvernement, auront droit, soit à l'avancement, soit à la pension de retraite, soit au traitement de disponibilité, conformémeut aux dispositions qui seront déterminées par un règlement spécial.

Art. 40. — Les attributions des différentes fonctions seront fixées par des règlements spéciaux.

Chaque fonctionnaire est responsable dans la limite de ses attributions.

Art. 41. — Tout fonctionnaire est tenu de respecter son supérieur ; mais l'obéissance n'est due qu'aux ordres donnés dans les limites tracées par la loi.

Pour les actes contraires à la loi, le fait d'avoir obéi à un supérieur ne peut dégager la responsabilité du fonctionnaire qui les a exécutés.

De l'Assemblée générale.

Art. 42. — L'Assemblée générale se compose de deux Chambres :
la Chambre des Seigneurs ou Sénat et la Chambre des Députés.

Art. 43. — Les deux Chambres se réunissent le 1er novembre
de chaque année ; l'ouverture a lieu par iradé impérial.

La clôture, fixée au 1er mars suivant, a également lieu en
vertu d'un iradé impérial.

Aucune des deux Chambres ne peut se réunir hors le temps
de session de l'autre Chambre.

Art. 44. — Sa Majesté le Sultan peut, suivant l'exigence des
circonstances, avancer l'époque de l'ouverture et abréger ou prolonger la session.

Art. 45. — La solennité de l'ouverture a lieu en présence de
Sa Majesté le Sultan, soit en personne, soit représenté par le
Grand Vizir et en présence des Ministres et des membres des
deux Chambres.

Il est donné lecture d'un discours impérial exposant la situation intérieure de l'Empire et l'état de ses relations extérieures,
dans le cours de l'année écoulée, et indiquant les mesures dont
l'adoption, pour l'année suivante, est jugée nécessaire.

Art. 46. — Tous les membres de l'Assemblée générale prêtent
le serment d'être fidèles à Sa Majesté le Sultan et à la Patrie,
d'observer la Constitution, de remplir le mandat qui leur est
confié et de s'abstenir de tout acte contraire à leurs devoirs.

La prestation de serment a lieu, pour les nouveaux membres,
à l'ouverture de la session, en présence du Grand Vizir et,
après l'ouverture, en présence de leurs présidents respectifs, et
en séance publique de la Chambre dont ils font partie.

Art. 47. — Les membres de l'Assemblée générale sont libres
dans l'émission de leurs opinions ou de leurs votes.

Aucun d'eux ne peut être lié par des instructions ou promesses,
ni influencé par des menaces.

Il ne peut être poursuivi pour les opinions ou les votes émis
par lui au cours des délibérations de la Chambre dont il fait
partie, à moins qu'il n'ait contrevenu au règlement intérieur de
cette Chambre ; auquel cas les dispositions édictées par le règlement lui sont appliquées.

Art. 48. — Tout membre de l'Assemblée générale qui, à la
majorité absolue des deux tiers de la Chambre dont il fait partie, est accusé de trahison, de tentative de violation de la Cons-

titution ou de concussion, ou qui a été frappé légalement d'une condamnation à l'emprisonnement ou à l'exil, est déchu de sa qualité de Sénateur ou de Député.

Le jugement et l'application de la peine appartiennent au tribunal compétent.

Art. 49. — Chaque membre de l'Assemblée générale émet son vote en personne. Il a le droit de s'abstenir au moment du vote.

Art. 50. — Nul ne peut être à la fois membre des deux Chambres.

Art. 51. — Aucune délibération ne peut avoir lieu, dans l'une ou l'autre Chambre, qu'autant que la moitié plus un de ses membres se trouvent réunis.

Hors les cas où la majorité des deux tiers est requise, toute résolution est prise à la majorité absolue des membres présents.

En cas de partage, la voix du président est prépondérante.

Art. 52. — Toute pétition relative à des intérêts privés, présentée à l'une ou l'autre Chambre, est rejetée si les recherches auxquelles elle donne lieu ont eu pour résultat de constater que le pétitionnaire ne s'est pas adressé en premier lieu aux fonctionnaires publics que la demande concerne ou à l'autorité de laquelle relèvent ces fonctionnaires.

Art. 53. — L'initiative de la proposition d'une loi ou de la modification d'une loi existante appartient au ministère.

Le Sénat et la Chambre des Députés peuvent aussi demander une nouvelle loi ou la modification d'une loi existante sur des matières comprises dans leurs attributions.

Dans ce dernier cas, la demande est soumise par le Grand Vizir à Sa Majesté le Sultan, et, s'il y a lieu, le Conseil d'État est chargé, en vertu d'un iradé impérial, de préparer le projet de loi qui fait l'objet de la proposition, sur les renseignements et éclaircissements fournis par les départements compétents.

Art. 54. — Les projets de loi élaborés par le Conseil d'État sont soumis, en premier lieu, à la Chambre des Députés, et en second lieu, au Sénat.

Ces projets n'ont force de loi que si, après avoir été adoptés par les deux Chambres, ils sont sanctionnés par iradé impérial.

Tout projet de loi définitivement rejeté par l'une des deux Chambres ne peut être soumis à une nouvelle délibération dans le cours de la même session.

Art. 55. — Un projet de loi n'est pas considéré comme adopté s'il n'a été voté successivement par la Chambre des Députés et le Sénat, à la majorité des voix, article par article, et si l'ensemble du projet n'a réuni la majorité des voix dans chacune des deux Chambres.

Art. 56. — A l'exception des Ministres, de leurs délégués et des fonctionnaires convoqués par une invitation spéciale, nul ne peut être introduit dans l'une ou l'autre Chambre, ni admis à faire une communication quelconque, soit qu'il se présente en son nom, soit comme représentant un groupe d'individus.

Art. 57. — Les délibérations des Chambres ont lieu en langue turque.

Les projets sont imprimés et distribués avant le jour fixé pour la discussion.

Art. 58. — Les votes sont émis : par appel nominal ; par des signes de manifestation extérieure, ou par voie de scrutin secret.

Le vote au scrutin secret est subordonné à une décision de la Chambre, prise à la majorité des membres présents.

Art. 59. — La police intérieure de chaque Chambre est exercée par son président.

Du Sénat.

Art. 60. — Le président et les membres du Sénat sont nommés directement par Sa Majesté le Sultan.

Le nombre des Sénateurs ne peut excéder le tiers des membres de la Chambre des Députés.

Art. 61. — Pour pouvoir être nommé Sénateur, il faut :

S'être rendu, par ses actes, digne de la confiance publique ou avoir rendu des services signalés à l'Etat ;

Etre âgé d'au moins quarante ans.

Art. 62. — Les Sénateurs sont nommés à vie.

La dignité de Sénateur peut être conférée aux personnages en disponibilité ayant exercé les fonctions de ministre, gouverneur général (vali) commandant de corps d'armée, cazasker (grand-juge), ambassadeur ou ministre plénipotentiaire, patriarche, khakhambachi (grand-rabbin), aux généraux de division des armées de terre et de mer, et, en général, aux personnes réunissant les conditions requises.

Les membres du Sénat, appelés, sur la demande, à d'autres fonctions perdent leur qualité de Sénateur.

Art. 63. — Le traitement de Sénateur est fixé à la somme mensuelle de dix mille piastres.

Le Sénateur qui reçoit du Trésor un traitement ou des allocations à un autre titre n'a droit qu'au complément, si leur montant est inférieur à dix mille piastres.

Si ce chiffre est égal ou supérieur au traitement de Sénateur, il continue à en toucher le montant.

Art. 64. — Le Sénat examine les projets de loi ou de budget qui lui sont transmis par la Chambre des Députés.

Si, dans le cours de l'examen d'un projet de loi, le Sénat relève une disposition contraire aux droits souverains de Sa Majesté le Sultan, à la liberté, à la Constitution, à l'intégrité territoriale de l'Empire, à la sûreté intérieure du pays, à l'intérêt de la défense de la patrie, ou aux bonnes mœurs, il le rejette définitivement par un vote motivé, ou il le renvoie, accompagné de ses observations, à la Chambre des Députés, en demandant qu'il soit amendé ou modifié dans le sens de ces observations.

Les projets de loi adoptés par le Sénat sont revêtus de son approbation et transmis au Grand Vizir.

Le Sénat examine les pétitions qui lui sont présentées ; il transmet au Grand Vizir celles de ces pétitions qu'il croit mériter ce renvoi, en les accompagnant de ses observations.

De la Chambre des Députés.

Art. 65. — Le nombre des Députés est fixé à raison d'un député sur cinquante mille individus du sexe masculin appartenant à la nationalité ottomane.

Art. 66. — L'élection a lieu au scrutin secret. Le mode d'élection sera déterminé par une loi spéciale.

Art. 67. — Le mandat de Député est incompatible avec les fonctions publiques, à l'exception de celles de Ministre.

Tout autre fonctionnaire public, élu à la députation, est libre de l'accepter ou de le refuser, mais, en cas d'acceptation, il doit résigner ses fonctions.

Art. 68. — Ne peuvent être élus Députés :

1° Ceux qui n'appartiennent pas à la nationalité ottomane ;

2° Ceux qui, en vertu du règlement spécial en vigueur,

jouissent des immunités attachées au service étranger qu'ils exercent ;

3° Ceux qui ne connaissent pas le turc ;

4° Ceux qui n'ont pas l'âge de trente ans révolus ;

5° Les gens attachés au service d'un particulier ;

6° Les faillis non réhabilités ;

7° Ceux qui sont notoirement déconsidérés par leur conduite ;

8° Les individus qui ont été frappés d'interdiction judiciaire, tant que cette interdiction n'est pas levée ;

9° Ceux qui ne jouissent pas de leurs droits civils ;

10° Ceux qui prétendent appartenir à une nation étrangère.

Après l'expiration de la première période de quatre années, l'une des conditions de l'éligibilité à la députation sera de savoir lire le turc et, autant que possible, écrire dans cette langue.

Art. 69. — Les élections générales des Députés ont lieu tous les quatre ans.

Le mandat de chaque Député ne dure que quatre ans ; mais il est rééligible.

Art. 70. — Les élections générales commencent, au plus tard, quatre mois avant le 1er novembre, qui est la date fixée pour la réunion de la Chambre.

Art. 71. — Chaque membre de la Chambre des Députés représente l'universalité des Ottomans et non exclusivement la circonscription qui l'a nommé.

Art. 72. — Les électeurs sont tenus de choisir leurs Députés parmi les habitants de la province à laquelle ils appartiennent.

Art. 73. — *En cas de dissolution de la Chambre par iradé impérial, les élections générales doivent commencer en temps nécessaire pour que la Chambre puisse se réunir de nouveau, au plus tard, dans les six mois de la date de la dissolution.*

Art. 74. — En cas de décès, d'interdiction judiciaire, d'absence prolongée, de perte de la qualité de député résultant d'une condamnation ou de l'acceptation de fonctions publiques, il est procédé à un remplacement, conformément aux prescriptions de la loi électorale, et, dans un délai tel que le nouveau Député puisse exercer son mandat, au plus tard, dans la session suivante.

Art. 75. — Le mandat des Députés élus pour remplir une place vacante ne dure que jusqu'aux prochaines élections générales.

Art. 76. — Il sera alloué par le Trésor, à chaque Député,

vingt mille piastres par session et ses frais de voyage pour l'aller et le retour.

Le chiffre de ces frais sera établi conformément aux dispositions du règlement qui régit les indemnités de route payées aux fonctionnaires civils de l'Etat, et calculé sur la base d'un traitement mensuel de cinq mille piastres.

Art. 77. — Le président et les deux vice-présidents de la Chambre des Députés sont choisis, par Sa Majesté le Sultan, sur une liste de neuf candidats élus par la Chambre, à la majorité des voix, dont trois pour la présidence, trois pour la première vice-présidence et trois pour la deuxième vice-présidence. La nomination du président et des vice-présidents a lieu par iradé impérial.

Art. 78. — Les séances de la Chambre des Députés sont publiques.

Toutefois, la Chambre pourra se former en comité secret si la proposition en est faite par les Ministres, ou par le président ou par quinze membres, et que cette proposition est votée en comité secret.

Art. 79. — Aucun Député ne peut, pendant la durée de la session, être arrêté ou poursuivi, sauf le cas de flagrant délit, que sur une décision prise par la majorité de la Chambre accordant l'autorisation de poursuivre.

Art. 80. — La Chambre des Députés discute les projets de loi qui lui sont soumis.

Elle adopte, amende ou rejette les dispositions concernant les finances ou la Constitution.

Elle examine en détail les dépenses générales de l'Etat comprises dans la loi du budget, et en arrête le montant avec les Ministres.

Elle détermine également, d'accord avec les Ministres, la nature, le montant et le mode de répartition et de réalisation des recettes destinées à faire face aux dépenses.

Du Pouvoir judiciaire.

Art. 81. — Les juges nommées conformément à la loi spéciale sur cette matière et munis du brevet d'investiture (bérat), sont inamovibles ; mais ils peuvent donner leur démission.

L'avancement des juges dans l'ordre hiérarchique, leur déplacement, leur mise à la retraite, leur révocation en cas de condamnation judiciaire, sont soumis aux dispositions de la même loi.

Cette loi détermine les conditions et qualités requises pour exercer les fonctions de juge ou les autres fonctions de l'ordre judiciaire.

Art. 82. — Les audiences de tous les tribunaux sont publiques.

La publication des jugements est autorisée.

Toutefois, dans les cas spécifiés par la loi, le tribunal peut tenir audience à huis clos.

Art. 83. — Tout individu peut, dans l'intérêt de sa défense, faire usage devant le tribunal des moyens permis par la loi.

Art. 84. — Aucun tribunal ne peut se refuser, sous quelque prétexte que ce soit, à juger une affaire qui est de sa compétence.

Il ne peut non plus en arrêter ou ajourner le jugement après qu'il a commencé à procéder à l'examen ou à l'instruction, à moins qu'il n'y ait désistement de la part du demandeur.

Toutefois, en matière pénale, l'action publique continue à s'exercer conformément à la loi, dans le cas même où le demandeur s'est désisté.

Art. 85. — Chaque affaire est jugée par le tribunal auquel cette affaire ressortit.

Les procès entre les particuliers et l'Etat sont de la compétence des tribunaux ordinaires.

Art. 86. — Aucune ingérence ne peut être exercée dans les tribunaux.

Art. 87. — Les affaires concernant le Chéri sont jugées par les tribunaux du Chéri; le jugement des affaires civiles appartient aux tribunaux civils.

Art. 88. — Les diverses catégories de tribunaux, leur compétence, leurs attributions et les émoluments des juges, sont réglés par les lois.

Art. 89. — En dehors des tribunaux ordinaires, il ne peut être institué, sous quelque dénomination que ce soit, de tribunaux extraordinaires, ni de commissions pour juger certaines affaires spéciales.

Toutefois, l'arbitrage (takkin) et la nomination de muvella (juge-délégué) sont permis dans les formes déterminées par la loi.

Art. 90. — Aucun juge ne peut cumuler ses fonctions avec d'autres fonctions rétribuées par l'État.

Art. 91. — Il sera institué des procureurs impériaux chargés d'exercer l'action publique.

Leurs attributions et leur hiérarchie sont fixées par la loi.

De la Haute Cour.

Art. 92. — La Haute Cour est formée de trente membres, dont dix Sénateurs, dix conseillers d'État et dix membres choisis parmi les présidents et les membres de la Cour de cassation et de la Cour d'appel.

Tous les membres sont désignés par le sort.

La Haute Cour est convoquée, lorsqu'il y a lieu, par iradé impérial et se réunit à l'Hôtel du Sénat.

Ses attributions consistent à juger :

Les Ministres ;

Le président et les membres de la Cour de cassation ;

Et toutes autres personnes accusées du crime de lèse-majesté ou d'attentat contre la sûreté de l'État.

Art. 93. — La Haute Cour se compose de deux Chambres : la Chambre d'accusation et la Chambre de jugement.

La Chambre d'accusation est formée de neuf membres désignés par le sort parmi les membres de la Haute Cour, et dont trois Sénateurs, trois conseillers d'État et trois membres de la Cour de cassation ou de la Cour d'appel.

Art. 94. — Le renvoi devant la Chambre du jugement est prononcé par la Chambre d'accusation, à la majorité des deux tiers de ses membres.

Les membres appartenant à la Chambre d'accusation ne peuvent prendre part aux délibérations de la Chambre de jugement.

Art. 95. — La Chambre de jugement est formée de vingt et un membres, dont sept Sénateurs, sept conseillers d'État et sept membres de la Cour de cassation et de la Cour d'appel.

Elle juge à la majorité des deux tiers de ses membres, et conformément aux lois en vigueur, les procès qui lui sont renvoyés par la Chambre d'accusation.

Ses jugements ne sont susceptibles ni d'appel ni de recours en cassation.

Des Finances.

Art. 96. — Aucun impôt au profit de l'État ne peut être établi, réparti, ni perçu qu'en vertu d'une loi.

Art. 97. — Le budget contient les prévisions des recettes et des dépenses de l'État.

Les impôts au profit de l'État sont régis par cette loi quant à leur assiette, leur répartition et leur perception.

Art. 98. — L'examen et le vote, par l'Assemblée générale, de la loi du budget ont lieu par articles.

Les tableaux annexes, comprenant le détail des recettes et des dépenses, sont divisés en sections, chapitres et articles, conformément au modèle défini par les règlements.

Ces tableaux sont votés par chapitres.

Art. 99. — Le projet de loi du budget est soumis à la Chambre des Députés immédiatement après l'ouverture de la session, afin de rendre possible sa mise à exécution à partir du commencement de l'exercice auquel il se rapporte.

Art. 100. — Aucune dépense extra-budgétaire ne peut être affectée sur les fonds de l'État qu'en vertu d'une loi.

Art. 101. — En cas d'urgence motivée par des circonstances extraordinaires, les Ministres peuvent, pendant l'absence de l'Assemblée générale, créer, par iradé impérial, les ressources nécessaires et effectuer une dépense non prévue au budget, à la condition d'en saisir l'Assemblée générale par un projet de loi, au début de sa plus prochaine réunion.

Art. 102. — Le budget est voté pour un an ; il n'a force de loi que pour l'année à laquelle il se rapporte.

Toutefois, et par suite de circonstances exceptionnelles, la Chambre des Députés est dissoute avant le vote du budget, les Ministres peuvent, par un arrêté pris en vertu d'un iradé impérial, appliquer le budget de l'année précédente jusqu'à la session prochaine, sans que l'application provisoire de ce budget puisse dépasser le terme d'une année.

Art. 103. — La loi de règlement définitif du budget indique le montant des recettes réalisées et des paiements effectués sur les revenus et les dépenses de l'année à laquelle elle se rapporte.

Sa forme et ses divisions doivent être les mêmes que celles du budget.

Art. 104. — Le projet de loi de règlement définitif est soumis à la Chambre des Députés, au plus tard, dans le terme de quatre ans, à partir de la fin de l'année à laquelle il se rapporte.

Art. 105. — Il sera institué une Cour des Comptes chargée de l'examen des opérations des comptables de finances, ainsi que des comptes annuels dressés par les divers départements ministériels.

Elle adressera chaque année à la Chambre des Députés un rapport spécial comprenant le résultat de ses travaux, accompagné de ses observations.

A la fin de chaque trimestre, elle présentera à Sa Majesté le Sultan, par l'intermédiaire du Grand Vizir, un rapport contenant l'exposé de la situation financière.

Art. 106. — La Cour des Comptes sera composée de douze membres inamovibles, nommés par iradé impérial.

Aucun d'eux ne pourra être révoqué sans que la proposition motivée de sa révocation ne soit approuvée par une décision de la Chambre des Députés, prise à la majorité des voix.

Art. 107. — Les conditions et qualités exigées des membres de la Cour des Comptes, le détail de leurs attributions, les règles applicables en cas de démission, de remplacement, d'avancement et de mise à la retraite, ainsi que l'organisation des bureaux de la Cour, seront déterminés par une loi spéciale.

De l'Administration provinciale.

Art. 108. — L'administration des provinces aura pour base le principe de la décentralisation.

Les détails de cette organisation seront fixés par une loi.

Art. 109. — Une loi spéciale réglera sur des bases plus larges l'élection des Conseils administratifs de province (vilayet), de district (sandjak) et de canton (kasa), ainsi que celle du Conseil général, qui se réunit annuellement au chef-lieu de chaque province.

Art. 110. — Les attributions du Conseil général provincial seront fixées par la même loi spéciale, et elles comprendront :

La faculté de délibérer sur les objets d'utilité publique, tels que l'établissement de voies de communications, l'organisation de caisses de crédit agricole, le développement de l'industrie, du commerce et de l'agriculture, et la propagation de l'instruction publique ;

Le droit de porter plainte aux autorités compétentes pour obtenir le redressement des faits ou actes commis en contravention des lois et règlements, soit dans la répartition ou la perception des impôts, soit en toute autre matière.

Art. 111. — Il y aura dans chaque kaza un Conseil afférent à chacune des différentes communautés. Ce Conseil sera chargé de contrôler ;

1° L'administration des revenus des immeubles ou des fonds vakoufs (fondations pieuses), dont la destination spéciale est fixée par les dispositions expresses des fondateurs ou par l'usage ;

2° L'emploi des fonds ou des biens affectés, par disposition testamentaire, à des actes de charité ou de bienfaisance ;

3° L'administration des fonds des orphelins, conformément au règlement spécial qui régit la matière.

Chaque Conseil sera composé de membres élus par la communauté qu'il représente, conformément aux règlements spéciaux à établir.

Ces Conseils relèveront des autorités locales et des Conseils généraux de province.

Art. 112. — Les affaires municipales seront administrées, à Constantinople et dans les provinces, par des Conseils municipaux élus.

L'organisation des Conseils municipaux, leurs attributions et le mode d'élection de leurs membres, seront déterminés par une loi spéciale.

Dispositions diverses.

Art. 113. — En cas de constatation de faits ou d'indices de nature à faire prévoir des troubles sur un point du territoire de l'Empire, le Gouvernement impérial a le droit d'y proclamer l'état de siège.

Des effets de l'état de siège consistent dans la suspension temporaire des lois civiles.

Le mode d'administration des localités soumises au régime de l'état de siège sera réglé par une loi spéciale.

A Sa Majesté le Sultan appartient le pouvoir exclusif d'expulser du territoire de l'Empire ceux qui, à la suite d'informations dignes de confiance recueillies par l'administration de la police, sont reconnus comme portant atteinte à la sûreté de l'État.

Art. 114. — L'instruction primaire sera obligatoire pour tous les Ottomans.

Les détails d'application seront déterminés par une loi spéciale.

Art. 115. — *Aucune disposition de la Constitution ne peut, sous quelque prétexte que ce soit, être suspendue ou délaissée.*

Art. 116. — En cas de nécessité, dûment constatée, la Constitution peut être modifiée dans quelques-unes de ses dispositions. Cette modification est subordonnée aux conditions suivantes :

Toute proposition de modification présentée soit par le Ministère, soit par l'une ou l'autre Chambre, devra être soumise en premier lieu aux délibérations de la Chambre des Députés.

Si la proposition est approuvée à la majorité des deux tiers des membres de cette Chambre, elle sera transmise au Sénat.

Dans le cas où le Sénat adopterait également la modification proposée à la majorité des deux tiers des Sénateurs, elle sera soumise à la sanction de Sa Majesté le Sultan.

Si elle est sanctionnée par iradé impérial, elle aura force de loi

Toute disposition de la Constitution faisant l'objet d'une proposition de modification reste en vigueur jusqu'au moment où la proposition, après avoir subi l'épreuve des délibérations des Chambres, a été sanctionnée par iradé impérial.

Art. 117. — L'interprétation des lois appartient :

A la Cour de cassation, pour les lois civiles et pénales ;

Au Conseil d'État, pour les lois administratives,

Et au Sénat, pour les dispositions de la Constitution.

Art. 118. — Toutes les dispositions des lois, règlements, us, coutumes actuellement en vigueur continueront d'être appliquées, tant qu'elles n'auront pas été modifiées ou abrogées par des lois ou règlements.

Art. 119. — L'instruction provisoire du 10 Chéval 1293 (16/28 octobre 1876), concernant l'Assemblée générale, cessera d'avoir son effet à partir de la clôture de la première session.

TABLE DES MATIÈRES

CHAPITRE XII

CHAPITRE XIII

CHAPITRE XIV

APPENDICES

MACON, PROTAT FRÈRES, IMPRIMEURS